修订版

冯友兰文集

【第三卷】

中国哲学史（上）

长春出版社
国家一级出版社
全国百佳图书出版单位

图书在版编目（CIP）数据

中国哲学史. 上 / 冯友兰著；邵汉明编. —修订本. —长春：长春出版社，2017.1

（冯友兰文集；第三卷）

ISBN 978－7－5445－4654－6

Ⅰ.①中… Ⅱ.①冯… ②邵… Ⅲ.①哲学史—中国 Ⅳ.①B2

中国版本图书馆CIP数据核字（2016）第276715号

冯友兰文集

著　　者：	冯友兰
编　　者：	邵汉明
责任编辑：	张中良　李春龙
封面设计：	王国擎

出版发行	長春出版社	总编室电话：0431－88563443
地　　址：	吉林省长春市建设街1377号	发行部电话：0431－88561180
邮　　编：	130061	
网　　址：	www.cccbs.net	
制　　版：	吉林省久慧文化有限公司	
印　　刷：	吉广控股有限公司	
经　　销：	新华书店	

开　　本：	787毫米×1092毫米　1/16
字　　数：	3960千字
印　　张：	209
版　　次：	2017年1月第1版
印　　次：	2017年1月第1次印刷
印　　数：	3 000册
定　　价：	（全十二卷）598.00元

版权所有　盗版必究

如有印装质量问题，请与印厂联系调换　　　印厂电话：0431－81067999

1923年，冯友兰与弟冯景兰留美归来后在开封同家人合影。中间坐者为母亲吴清芝，左一为冯缢兰；后排右一为冯友兰，右二为任载坤，左一为冯景兰。

1928年在清华大学任教的冯友兰。

目 录

自 序 …………………………………………………………………… 001

第一篇 子学时代

第一章 绪 论 …………………………………………………… 005
第一节 哲学之内容 …………………………………………… 005
第二节 哲学之方法 …………………………………………… 006
第三节 哲学中论证之重要 …………………………………… 007
第四节 哲学与中国之"义理之学" …………………………… 007
第五节 中国哲学之弱点及其所以 …………………………… 008
第六节 哲学之统一 …………………………………………… 010
第七节 哲学与哲学家 ………………………………………… 011
第八节 历史与哲学史 ………………………………………… 012
第九节 历史与写的历史 ……………………………………… 013
第十节 叙述式的哲学史与选录式的哲学史 ………………… 014
第十一节 历史是进步的 ……………………………………… 015
第十二节 中国哲学史取材之标准 …………………………… 016

第二章 泛论子学时代 …………………………………………… 018
第一节 子学时代之开始 ……………………………………… 018
第二节 子学时代哲学发达之原因 …………………………… 019
第三节 子学时代之终结 ……………………………………… 023
第四节 古代大过渡时期之终结 ……………………………… 024
第五节 古代著述体裁 ………………………………………… 025

第三章 孔子以前及其同时之宗教的哲学的思想 ……………… 027
第一节 鬼 神 ………………………………………………… 027

第二节　术　数 ·· 029
　　第三节　天 ·· 033
　　第四节　一部分人较开明之思想 ··· 034
　　第五节　人之发现 ·· 035
第四章　孔子及儒家之初起 ·· 041
　　第一节　孔子在中国历史中之地位 ····································· 042
　　第二节　孔子对于传统的制度及信仰之态度 ························· 047
　　第三节　正名主义 ·· 051
　　第四节　孔子以述为作 ··· 054
　　第五节　直，仁，忠，恕 ·· 057
　　第六节　义利及性 ·· 062
第五章　墨子及前期墨家 ·· 065
　　第一节　关于墨子之考证 ·· 065
　　第二节　《经》《经说》及《大取》《小取》，六篇之时代 ········· 067
　　第三节　墨者为一有组织的团体 ··· 068
　　第四节　墨子哲学为功利主义 ·· 070
　　第五节　何为人民之大利 ·· 072
　　第六节　兼　爱 ··· 075
　　第七节　宗教的制裁 ·· 078
　　第八节　政治的制裁 ·· 080
　　第九节　余　论 ··· 082
第六章　孟子及儒家中之孟学 ·· 085
　　第一节　孟子之抱负及其在中国历史中之地位 ······················ 085
　　第二节　孟子对于周制之态度 ·· 086
　　第三节　孟子之理想的政治及经济制度 ································ 089
　　第四节　性　善 ··· 094
　　第五节　孟子反功利 ·· 099
　　第六节　天，性，及浩然之气 ·· 100
第七章　战国时之"百家之学" ·· 103
　　第一节　杨朱及道家之初起 ··· 104
　　第二节　陈仲子 ··· 110
　　第三节　许行，陈相 ·· 111
　　第四节　告子及其他人性论者 ·· 112

第五节　尹文，宋牼 …………………………………………… 114
　　第六节　彭蒙，田骈，慎到 …………………………………… 118
　　第七节　驺衍及其他阴阳五行家言 …………………………… 122

第八章　《老子》及道家中之《老》学 ………………………………… 128
　　第一节　老聃与李耳 …………………………………………… 128
　　第二节　《老》学与庄学 ……………………………………… 129
　　第三节　楚人精神 ……………………………………………… 131
　　第四节　道　德 ………………………………………………… 132
　　第五节　对于事物之观察 ……………………………………… 135
　　第六节　处世之方 ……………………………………………… 138
　　第七节　政治及社会哲学 ……………………………………… 140
　　第八节　《老子》对于欲及知之态度 ………………………… 142
　　第九节　理想的人格及理想的社会 …………………………… 144

第九章　惠施、公孙龙及其他辩者 …………………………………… 146
　　第一节　辩者学说之大体倾向 ………………………………… 146
　　第二节　惠施与庄子 …………………………………………… 148
　　第三节　《天下篇》所述惠施学说十事 ……………………… 150
　　第四节　惠施与庄子之不同 …………………………………… 153
　　第五节　公孙龙之"白马论" ………………………………… 155
　　第六节　公孙龙所谓"指"之意义 …………………………… 156
　　第七节　公孙龙之"坚白论" ………………………………… 157
　　第八节　公孙龙之"指物论" ………………………………… 159
　　第九节　公孙龙之"通变论" ………………………………… 160
　　第十节　"合同异"与"离坚白" …………………………… 162
　　第十一节　《天下篇》所述辩者学说二十一事 ……………… 163
　　第十二节　感觉与理智 ………………………………………… 166

第十章　庄子及道家中之庄学 ………………………………………… 167
　　第一节　庄子与楚人精神 ……………………………………… 167
　　第二节　道，德，天 …………………………………………… 168
　　第三节　变之哲学 ……………………………………………… 170
　　第四节　何为幸福 ……………………………………………… 171
　　第五节　自由与平等 …………………………………………… 174
　　第六节　死与不死 ……………………………………………… 177

第七节	纯粹经验之世界	180
第八节	绝对的逍遥	182
第九节	庄学与杨朱之比较	184

第十一章 《墨经》及后期墨家 185

第一节	战国时墨家之情形	185
第二节	《墨经》中之功利主义	186
第三节	论知识	189
第四节	论"辩"	194
第五节	《墨经》中"同异之辩"	197
第六节	《墨经》中"坚白之辩"	199
第七节	《墨经》对于其他辩者之辩论	203
第八节	《墨经》对于兼爱之说之辩护	204
第九节	对于当时其余诸家之辩论	206

第十二章 荀子及儒家中之荀学 209

第一节	荀子之为学	209
第二节	荀子对于孔子、孟子之意见	210
第三节	荀子对于周制之意见	211
第四节	天及性	213
第五节	荀子之心理学	215
第六节	社会国家之起源	218
第七节	礼论，乐论	220
第八节	王　霸	221
第九节	正　名	223

第十三章 韩非及其他法家 229

第一节	法家之学与当时社会政治经济各方面之趋势	229
第二节	法家之历史观	231
第三节	法家之三派	232
第四节	三派与韩非	233
第五节	法之重要	234
第六节	正名实	236
第七节	严赏罚	237
第八节	性　恶	238
第九节	无　为	241

| 第十节 | 法家与当时贵族 | 243 |

第十四章 秦汉之际之儒家 … 245
第一节	关于礼之普通理论	245
第二节	关于乐之普通理论	249
第三节	关于丧礼之理论	250
第四节	关于祭礼之理论	254
第五节	关于婚礼之理论	258
第六节	关于孝之理论	260
第七节	《大学》	262
第八节	《中庸》	268
第九节	《礼运》	273

第十五章 《易传》及《淮南鸿烈》中之宇宙论 … 274
第一节	《周易》之起源及《易传》之作者	274
第二节	八卦及阴阳	276
第三节	宇宙间诸事物之发展变化	280
第四节	宇宙间事物变化之循环	281
第五节	易象与人事	282
第六节	《淮南鸿烈》中之宇宙论	287

第十六章 儒家之六艺论及儒家之独尊 … 290
| 第一节 | 儒家之六艺论 | 290 |
| 第二节 | 儒家所以能独尊之原因 | 292 |

附录一　审查报告一 … 295

附录二　审查报告二 … 297

自　序

吾非历史家，此哲学史对于"哲学"方面，较为注重。其在"史"之方面，则似有一点可值提及。

中国近来，史学颇有进步。吾人今日研究中国古代史所持之观点，与前人不同。吾人今日对于中国古代之知识，与前人所知者亦大异。前人对于古代事物之传统的说法，吾人今日已多加以辨正。对于此种"古史辨"，王船山、崔东壁即已有贡献；不过近人更有意地向此方向努力耳。

吾于写此哲学史时，对于中国古代史，亦往往有自己之见解。积之既久，乃知前人对于古代事物之传统的说法，亦不能尽谓为完全错误。官僚查案报告中常有"事出有因，查无实据"之语。前人对于古代事物之传统的说法，近人皆知其多为"查无实据"者。然其同时亦多为"事出有因"，则吾人所须注意者也。

吾亦非黑格尔派之哲学家；但此哲学史对于中国古代史所持之观点，若与他观点联合观之，则颇可为黑格尔历史哲学之一例证。黑格尔谓历史进化常经"正"、"反"、"合"三阶段。前人对于古代事物之传统的说法，"正"也。近人指出前人说法多为"查无实据"，此"反"也。若谓前人说法虽多为"查无实据"，要亦多"事出有因"；此"合"也。顾颉刚先生云："反"之方面之工作，尚多未做。吾深信之。吾亦非敢妄谓此哲学史中所说之中国古史，即真与事实相合。不过在现在之"古史辨"中，此哲学史，在"史"之方面，似有此一点值提及而已。

此书初稿成名，先在清华印为讲义，分送师友请正。其经改正者，及书中采用师友之说之处，皆随文注明。谨乘此机会，向诸师友致谢。

冯友兰

民国十九年（1930年）8月15日清华园

第一篇　子学时代

第一章 绪 论

第一节 哲学之内容

哲学本一西洋名词。今欲讲中国哲学史，其主要工作之一，即就中国历史上各种学问中，将其可以西洋所谓哲学名之者，选出而叙述之。在做此工作之先，吾人须先明在西洋哲学一名词之意义。

哲学一名词在西洋有甚久的历史，各哲学家对于"哲学"所下之定义亦各不相同。为方便起见，兹先述普通所认为哲学之内容。知其内容，即可知哲学之为何物，而哲学一名词之正式的定义，亦无需另举矣。

希腊哲学家多分哲学为三大部：

物理学（Physics）；

伦理学（Ethics）；

论理学（Logic）。

此所谓物理学、伦理学与论理学，其范围较现在此三名所指为广。以现在之术语说之，哲学包含三大部：

宇宙论——目的在求一"对于世界之道理"（A Theory of World）；

人生论——目的在求一"对于人生之道理"（A Theory of Life）；

知识论——目的在求一"对于知识之道理"（A Theory of Knowledge）。

此三分法，自柏拉图以后，至中世纪之末，普遍流行；即至近世，亦多用之。哲学之内容，大略如此。

就以上三分中若复再分，则宇宙论可有两部：

一、研究"存在"之本体及"真实"之要素者，此是所谓"本体论"（Ontology）；

二、研究世界之发生及其历史、其归宿者，此是所谓"宇宙论"（Cosmology）（狭义的）。

人生论亦有两部：

一、研究人究竟是什么者，此即心理学所考究；

二、研究人究竟应该怎么者，此即伦理学（狭义的）政治社会哲学等所考究。

知识论亦有两部：

一、研究知识之性质者，此即所谓知识论（Epistemology）（狭义的）；

二、研究知识之规范者，此即所谓论理学（狭义的）。

就上三部中，宇宙论与人生论，相即不离，有密切之关系。一哲学之人生论，皆根据于其宇宙论。如《列子·杨朱》篇以宇宙为物质的、盲目的、机械的，故人生无他希望，只可追求目前快乐。西洋之伊壁鸠鲁学派（Epicureanism）以同一前提，得同一断案，其一例也。哲学家中有以知识论证成其宇宙论者（如贝克莱［Berkeley］、康德［Kant］以及后来之知识论的唯心派［Epistemological Idealism］及佛教之相宗等）；有因研究人之是什么而联带及知识问题者（如洛克［Locke］、休谟［Hume］等）。哲学中各部分皆互有关系也。①

第二节　哲学之方法

近人有谓研究哲学所用之方法，与研究科学所用之方法不同。科学的方法是逻辑的、理智的；哲学之方法，是直觉的、反理智的。其实凡所谓直觉、顿悟、神秘经验等，虽有甚高的价值，但不必以之混入哲学方法之内。无论科学哲学，皆系写出或说出之道理，皆必以严刻的理智态度表出之。凡著书立说之人，无不如此。故佛家之最高境界，虽"不可说，不可说"，而有待于证悟，然其"不可说，不可说"者，非是哲学；其以严刻的理智态度说出之道理，方是所谓佛家哲学也。故谓以直觉为方法，吾人可得到一种神秘的经验（此经验果与"实在"符合否是另一问题）则可，谓以直觉为方法，吾人可得到一种哲学则不可。换言之，直觉能使吾人得到一个经验，而不能使吾人成立一个道理。一个经验之本身，无所谓真妄；一个道理，是一个判断，判断必合逻辑。各种学说之目的，皆

---

① 孟太葛先生（W. P. Montague。《中国大百科全书》哲学卷作"蒙塔古"。——编者注）亦谓哲学有三部分，即方法论、形上学与价值论。方法论即上所谓知识论，复分为二部；形上学即上所谓宇宙论，亦复分为二部；皆与上所述同。价值论复分为二部：（一）伦理学，研究善之性质及若何可以应用之于行为；（二）美学，研究美之性质及若何可以应用之于艺术（Montague: The Ways of Knowing, 第1页）。

不在叙述经验，而在成立道理，故其方法，必为逻辑的、科学的。近人不明此故，于科学方法，大有争论；其实所谓科学方法，实即吾人普通思想之方法之较认真、较精确者，非有若何奇妙也。惟其如此，故反对逻辑及科学方法者，其言论仍须依逻辑及科学方法。以此之故，吾人虽承认直觉等之价值，而不承认其为哲学方法。科学方法，即是哲学方法，与吾人普通思想之方法，亦仅有程度上的差异，无种类上的差异。

第三节　哲学中论证之重要

自逻辑之观点言之，一哲学包有二部分：即其最终的断案，与其所以得此断案之根据，即此断案之前提。一哲学之断案固须是真的，然并非断案是真即可了事。对于宇宙人生，例如神之存在及灵魂有无之问题，普通人大都各有见解；其见解或与专门哲学家之见解无异。但普通人之见解乃自传说，或直觉得来。普通人只知持其所持之见解，而不能以理论说明何以须持之。专门哲学家则不然，彼不但持一见解，而对于所以持此见解之理由，必有说明。彼不但有断案，且有前提。以比喻言之，普通人跳进其所持之见解；而专门哲学家，则走进其所持之见解（参看 William James: The Pluralistic Universe，第 13—14 页）。

故哲学乃理智之产物；哲学家欲成立道理，必以论证证明其所成立。荀子所谓"其持之有故，其言之成理"（《非十二子篇》，《荀子》卷三，"四部丛刊"本，第 12 页）是也。孟子曰："余岂好辩哉？余不得已也。"（《滕文公下》，《孟子》卷六，"四部丛刊"本，第 14 页）辩即以论证攻击他人之非，证明自己之是；因明家所谓显正摧邪是也。非惟孟子好辩，即欲超过辩之《齐物论》作者，亦须大辩以示不辩之是。盖欲立一哲学的道理以主张一事，与实行一事不同。实行不辩，则缄默即可；欲立一哲学的道理，谓不辩为是，则非大辩不可；既辩则未有不依逻辑之方法者。其辩中或有逻辑的误谬，然此乃能用逻辑之程度之高下问题，非用不用逻辑之问题也。

第四节　哲学与中国之"义理之学"

吾人观上所述哲学之内容，可见西洋所谓哲学，与中国魏晋人所谓玄学，宋明人所谓道学，及清人所谓义理之学，其所研究之对象，颇可谓约略相当。若参用孟太葛先生之三分法（见本章第一节注），吾人可将哲学分为宇宙论、人生论及方法论三部分。《论语》云"夫子之言性与天道"（《公冶长》，《论语》卷三，"四部丛刊"本，第5页），此一语即指出后来义理之学所研究之对象之二部分。其研究天道之部分，即约略相当于西洋哲学中之宇宙论。其研究性命之部分，即约略相当于西洋哲学中之人生论。惟西洋哲学方法论之部分，在中国思想史之子学时代，尚讨论及之；宋明而后，无研究之者。自另一方面言之，此后义理之学，亦有其方法论。即所讲"为学之方"是也。不过此方法论所讲，非求知识之方法，乃修养之方法；非所以求真，乃所以求善之方法。

吾人本亦可以中国所谓义理之学为主体，而作中国义理之学史。并可就西洋历史上各种学问中，将其可以义理之学名之者，选出而叙述之，以成一西洋义理之学史。就原则上言，此本无不可之处。不过就事实言，则近代学问，起于西洋，科学其尤著者。若指中国或西洋历史上各种学问之某部分，而谓为义理之学，则其在近代学问中之地位，与其与各种近代学问之关系，未易知也。若指而谓为哲学，则无此困难。此所以近来只有中国哲学史之作，而无西洋义理之学史之作也。

以此之故，吾人以下即竟用中国哲学及中国哲学家之名词。所谓中国哲学者，即中国之某种学问或某种学问之某部分之可以西洋所谓哲学名之者也。所谓中国哲学家者，即中国某种学者，可以西洋所谓哲学家名之者也。

第五节　中国哲学之弱点及其所以

中国哲学家之哲学，在其论证及说明方面，比西洋及印度哲学家之哲学，大有逊色。此点亦由于中国哲学家之不为，非尽由于中国哲学家之不能，所谓"乃折枝之类……非携泰山以超北海之类"也。盖中国哲学家多未有以知识之自身为自有其好，故不为知识而求知识。不但不为知识而求知识也，即直接能为人增进幸福之知识，中国哲学家亦只愿实行之以增进人之幸福，而不愿空言讨论之，所谓"吾欲托之空言，不如见之行事之深切著明也"。故中国人向不十分重视著书立说。"太上有立德，其次有立功，其次有立言。"中国哲学家，多讲所谓内圣外王之道。"内圣"即"立德"，"外王"即"立功"。其最高理想，即实有圣人之德，实举帝王之业，成所谓圣王，即柏拉图所谓哲学王者。至于不能实举帝王之业，以推行其圣人之道，不得已然后退而立言。故著书立说，中国哲学家视之，乃最倒霉之事，不得已而后为之。故在中国哲学史中，精心结撰，首尾贯串之哲学书,比较少数。往往哲学家本人或其门人后学,杂凑平日书札语录,便以成书。成书既随便,故其道理虽足自立,而所以扶持此道理之议论,往往失于简单零碎,此亦不必讳言也。①

总之,中国哲学家多注重于人之是什么,而不注重于人之有什么。如人是圣人,即毫无知识亦是圣人;如人是恶人,即有无限之知识亦是恶人。王阳明以精金喻圣人,以为只须成色精纯,即是圣人,至于知识才器,则虽有大小不同,如八千镒之金,与九千镒之金,分量虽不同,然其为精金一也。金之成色,属于"是什么"之方面;至其分量,则属于"有什么"之方面。中国人重"是什么"而不重"有什么",故不重知识。中国仅有科学萌芽,而无正式的科学,其理由一部分亦在于此(参见拙著 *Why China Has No Science etc.*,The International Journal of Ethics,Vol. 32,No. 3.)。

中国哲学亦未以第一节所述之知识问题(狭义的)为哲学中之重要问题。其所以,固由于中国哲学家之不喜为知识而求知识,然亦以中国哲学迄未显著地将个人与宇宙分而为二也。西洋近代史中,一最重要的事,即是"我"之自觉。"我"已自觉之后,"我"之世界即中分为二:"我"与"非我"。"我"是主观的,"我"以外之客观的世界,皆"非我"也。"我"及"非我"既分,于是主观客观之间,乃有不可逾之鸿沟,于是"我"如何能知"非我"之问题,乃随之而生,于是知识论乃成为西洋哲学中之一重要部分。在中国人之思想中,迄未显著地有"我"之自觉,故亦未显著地将"我"与"非我"分开,故知识问题(狭义的)未成为中国哲学上之大问题。

哲学家不辩论则已,辩论必用逻辑,上文已述。然以中国哲学家多未竭全力以立言,故除一起即灭之所谓名家者外,亦少人有意识地将思想辩论之程序及方法之自身,提出研究。故知识论之第二部,逻辑,在中国亦不发达。

中国哲学家,又以特别注重人事之故,对于宇宙论之研究,亦甚简略。故上列哲学中之各部分,西洋哲学于每部皆有极发达之学说;而中国哲学,则未能每部皆然也。不过因中国哲学家注重"内圣"之道,故所讲修养之方法,即所谓

---

① 按中国古代用以写书之竹简,极为夯重。因竹简之夯重,故著书立言务求简短,往往仅将其结论写出。及此办法,成为风尚,后之作者,虽已不受此物质的限制,而亦因仍不改,此亦可备一说。

"为学之方"，极为详尽。此虽或未可以哲学名之，然在此方面中国实甚有贡献也。①

第六节　哲学之统一

由上述宇宙论与人生论之关系，亦可见一哲学家之思想皆为整个的。凡真正哲学系统，皆如枝叶扶疏之树，其中各部，皆首尾贯彻，打成一片。如一树虽有枝叶根干各部分，然其自身自是整个的也。威廉·詹姆斯谓哲学家各有其"见"（Vision）；又皆以其"见"为根本意思，以之适用于各方面；适用愈广，系统愈大。孔子曰："吾道一以贯之。"（《里仁》，《论语》卷二，第14页）其实各大哲学系统，皆有其一以贯之。黄梨洲曰："大凡学有宗旨是其人之得力处，亦是学者之入门处。天下之义理无穷，苟非定以一二字，如何约之使其在我？故讲学而无宗旨，即有嘉言，是无头绪之乱丝也。学者而不能得其人之宗旨，即读其书，亦犹张骞初至大夏，不能得月氏要领也。杜牧之曰：'丸之走盘，横斜圆直，不可尽知；其必可知者，知是丸不能出于盘也。'夫宗旨亦若是而已矣。"（《明儒学案·发凡》）

中国哲学家中荀子善于批评哲学。荀子以为哲学家皆有所见；故曰："慎子有见于后，无见于先。老子有见于诎，无见于信（同伸）。墨子有见于齐，无见于畸。宋子有见于少，无见于多。"（《天论》，《荀子》卷十一，第24页）荀子又以为哲学家皆有所蔽；故曰："墨子蔽于用而不知文；宋子蔽于欲而不知得；慎子蔽于法而不知贤；申子蔽于势而不知智；惠子蔽于辞而不知实；庄子蔽于天而不知人。"（《解蔽》，《荀子》卷十五，第5页）威廉·詹姆斯谓：若宇宙之一方面，引起一哲学家之特别注意，彼即执此一端，以概其全（见所著 Pluralistic Universe）。故哲学家之有所蔽，正因其有所见。惟其如此，所以大哲学家之思想，不但皆为整个的，而且各有其特别精神、特别面目。

---

① 近人有谓："吾国哲学略于方法组织，近人多以此为病，不知吾国哲学之精神，即在于此。盖哲学之微言大义，非从悟入不可……文字所以载道，而道且在文字之外，遑论组织？遑论方法？"（陆懋德《周秦哲学史》第4页）此言可代表现在一部分人之意见。吾人亦非不重视觉悟，特觉悟所得，乃是一种经验，不是一种学问，不是哲学。哲学必须是以语言文字表出之道理，"道"虽或在语言文字之外，而哲学必在语言文字之中。犹之科学所说之事物，亦在语言文字之外；然此等事物，只是事物，不是科学；语言文字所表之原理公式等，方是科学。依此原理公式所做成之事物，例如各种工业产品，亦是东西，不是科学。

中国哲学家之书，较少精心结撰、首尾贯串者，故论者多谓中国哲学无系统。上文所引近人所谓"吾国哲学略于方法组织"者，似亦指此。然所谓系统有二：即形式上的系统与实质上的系统。此两者并无连带的关系。中国哲学家的哲学，虽无形式上的系统；但如谓中国哲学家的哲学无实质上的系统，则即等于谓中国哲学家之哲学不成东西，中国无哲学。形式上的系统，希腊较古哲学亦无有。苏格拉底本来即未著书。柏拉图之著作，用对话体。亚里士多德对于各问题皆有条理清楚之论文讨论。按形式上的系统说，亚里士多德之哲学，较有系统。但在实质上，柏拉图之哲学，亦同样有系统。依上所说，则一个哲学家之哲学，若可称为哲学，则必须有实质的系统。所谓哲学系统之系统，即指一个哲学之实质的系统也。中国哲学家之哲学之形式上的系统，虽不如西洋哲学家；但实质上的系统，则同有也。讲哲学史之一要义，即是要在形式上无系统之哲学中，找出其实质的系统。

第七节　哲学与哲学家

由上所述，亦可知一哲学家之哲学，与其自己之人格（即一人之性情气质经验等之总名）或个性有大关系。在此点哲学与文学宗教相似。盖一切哲学问题，比于各科学上之问题，性质皆较广泛，吾人对之尚不能作完全客观的研究。故其解决多有待于哲学家之主观的思考及其"见"。故科学之理论，可以成为天下所承认之公言，而一家之哲学则只能成为一家之言也。威廉·詹姆斯谓：依哲学家之性情气质，可将其分为二类：一为软心的哲学家；其心既软，不忍将宇宙间有价值的事物归纳于无价值者，故其哲学是唯心论的、宗教的、自由意志论的、一元论的。一为硬心的哲学家；其心既硬，不惜下一狠手，将宇宙间有价值的事物概归纳于无价值者，故其哲学是唯物论的、非宗教的、定命论的、多元论的（见所著 Pluralistic Universe）。海佛定亦谓哲学中诸问题皆在吾人知识之边境上，为精确的方法（Exact methods）所不能及之地，故研究者之人格，乃决定其思想之方向，而或不自知。不特此也，有时哲学中一问题之发生，或正以其研究者之人格为先决条件。有些思想，只能在某种心理状况中发生。其次则研究者所引以为解决问题之根据，于其解决问题，亦有关系。故吾人对于一人之哲学，作历史的研究时，须注意于其时代之情势，及各方面之思想状况（Harald Höffding：History of Modern Philosophy, P. XVI）。此皆研究哲学史者所宜注意者也。孟子曰："诵其诗，读其书，不知其人，可乎？是以论其世也。"（《万章》下，"四部丛刊"本，卷十，第15页）宋儒最注意于古圣人之"气象"；虽其动机在于修养方面，然对于一人之哲学作历史的研究时，实亦须注意于其"气象"也。

第八节 历史与哲学史

历史有二义：一是指事物之自身；如说：中国有四千年之历史，说者此时心中，非指任何史书，如《史记》，如《通鉴》等。不过谓中国在过去时代，已积有四千年之事情而已；此所谓历史，当然是指事情之自身。历史之又有一义，乃是指事情之记述；如说《史记》《通鉴》是历史，即依此义。总之，所谓历史者，或即是其主人翁之活动之全体；或即是历史家对于此活动之记述。若欲以二名表此二义，则事情之自身可名为历史，或客观的历史；事情之记述可名为"写的历史"，或主观的历史。

上谓一时代之情势及各方面之思想状况，能有影响于一哲学家之哲学。然一哲学家之哲学，亦能有影响于其时代及其各方面之思想。换言之，即历史能影响哲学；哲学亦能影响历史。"英雄造时势，时势造英雄"，本互为因果也。一时代有一时代之时代精神；一时代之哲学即其时代精神之结晶也。研究一哲学家之哲学，固须"知其人，论其世"；然研究一时代或一民族之历史，亦须知其哲学。培根曾说：许多人对于天然界及政治宗教，皆有记述；独历代学术之普通状况，尚无有人叙述记录，此部分无记录，则世界历史，似为无眼之造像，最能表示其人之精神与生活之部分，反阙略矣（见培根之《学术之进步》The Advancement of Learning）。叙述一时代一民族之历史而不及其哲学，则如"画龙不点睛"，如培根所说。研究一时代一民族之历史而不研究其哲学，则对于其时代其民族，必难有彻底的了解。"人之相知，贵相知心"；吾人研究一时代一民族，亦当知其心。故哲学史之专史，在通史中之地位，甚为重要；哲学史对于研究历史者，亦甚为重要。

各哲学之系统，皆有其特别精神、特殊面目。一时代一民族亦各有其哲学。现在哲学家所立之道理，大家未公认其为是；已往哲学家所立之道理，大家亦未公认其为非。所以研究哲学须一方面研究哲学史，以观各大哲学系统对于世界及人生所立之道理；一方面须直接观察实际的世界及人生，以期自立道理。故哲学史对于研究哲学者更为重要。

第九节 历史与写的历史

依上所说，已可知"历史"与"写的历史"，乃系截然两事。于写的历史之外，超乎写的历史之上，另有历史之自身，巍然永久存在，丝毫无待于吾人之知识。写的历史随乎历史之后而记述之，其好坏全在于其记述之是否真实，是否与所记之实际相合。

近人多说写的历史，宜注重寻求历史中事情之因果。其实所谓一事之原因，不过一事之不能少的先行者（Antecedent）；所谓一事之结果，不过一事之不能少的后起者（Consequent）。凡在一事之前所发现之事，皆此事之先行者；凡在一事之后所发现之事，皆此事之后起者。一事不能孤起，其前必有许多事，其后必有许多事。写的历史叙述一事，必须牵连叙其前后之事，然其前后之事又太多不能尽叙，故必择其不能少之先行者与后起者，而叙述之。自来写的历史，皆是如此，固不必所谓"新历史"，乃始注重因果也。不过写的历史，所叙一事之不能少的先行者或后起者，有非不能少者。如叙战事之前，先说彗星见；叙帝王无道之后即说日食之类。然此乃由于各时代史家对于一般事物之见解不同，非其写的历史之目的或方法不同也。写的历史之目的，在求与所写之实际相合，其价值亦视其能否做到此"信"字。

历史之活动的事情，既一往而永不再现。写的历史所凭之史料，不过亲见或身与其事者之述说，及与其事情有关之文卷及遗迹，即所谓"文献"是也。此等材料因与所叙之历史直接有关，名曰"原始的史料"（Original Source）。其有对于一事物之正式的或非正式的记录，本为写的历史，但因其对于其事物之发生或存在之时较近，后来史家，即亦引为根据，用作史料。此等史料，名曰"辅助的史料"（Secondary Source）。

历史家凭此史料，果能写出完全的"信"史与否，颇为疑问。世有史家，或为威劫，或为利诱，或因有别种特别的目的，本无意于作信史，如此之流，当然可以不论。即诚意作信史之人，其所写历史，似亦难与历史之实际完全符合。马克斯诺都有言：客观的真实之于写历史者，正如康德所说"物之自身"之于人的知识。写的历史永不能与实际的历史相合（见所著《史释》Nordau: The Interpretation of History，第12页）。此言虽或未免过当，然历史家欲作完全的信史，实有许多困难。《易·系辞》云："书不尽言，言不尽意。"（《易经》卷七，"四部丛刊"本，第11页）《庄子》云："古之人与其不可传也死矣。然则君之所读者，古人之糟粕已夫。"(《天道》，《庄子》卷五，"四部丛刊"本，第35页)言尚不能尽意，即使现在两人对面谈话，尚有不能互相了解之时，况书又不能尽言，又况言语文字，古今不同，吾人即有极完备之史料，吾人能保吾人能完全了解之而无误乎？吾人研究古史，固不全靠书籍，然即金石文字，亦为"书不尽言，言不尽意"者。研究历史，惟凭古人之糟粕，而此糟粕亦非吾人所能完全了解。此其困难一也。即令吾人能完全了解古书，又有好学深思之士，心知作书者之意，然古书不可尽信。孟子云："尽信书则不如无书，吾于《武成》，取二三策而已。"(《尽心下》，《孟子》卷十四，第2页)历史家固可以科学方法审查史料，取其可信者，而去其不可信者，所谓对于史料加以分析工作者；或于书籍文字之外，历史家另有其他可靠的史料。然史料多系片段，不相连属，历史家分析史料之后，必继之以综合工作，取此片段的史料，运以想像之力，使连为一串。然既运用想像，即掺入主观分子，其所叙述，即难尽合于客观的历史。此其困难二也。研究自然科学，若有假设，可以实验定其真伪。而历史家对于史事之假设，则绝对不能实验。韩非子所谓："孔子墨子俱道尧舜，而取舍不同，皆自谓真尧舜。尧舜不复生，将谁使定儒墨之诚乎？"(《显学》，《韩非子》卷十九，"四部丛刊"本，第7页)所谓"人死无对证"。此其困难三也。有此诸困难，故历史家只能尽心写其信史，至其史之果信与否，则不能保证也。

历史有"历史"与"写的历史"之分；哲学史亦有"哲学史"与"写的哲学史"之分。写的历史，与历史既难符合，则写的哲学史，亦难与哲学史符合。且写的哲学史所凭借之史料，纯为书籍文字；则上述三种困难，尤为难免。所以西洋哲学史只有一个，而写的西洋哲学史，则何止百部，其中无有两个完全相同。中国哲学史亦只有一个，而写的中国哲学史，则有日渐加多之势。然此人所写，彼以为非，彼之所写，复有人以为非，古之哲学家不可复生，究竟谁能定之？若究竟无人能定，则所谓写的历史及写的哲学史，亦惟须永远重写而已。

第十节 叙述式的哲学史与选录式的哲学史

写的哲学史约有两种体裁：一为叙述式的；一为选录式的。西洋人所写之哲学史，多为叙述式的。用此方式，哲学史家可尽量叙述其所见之哲学史。但其弊则读者若仅读此书，即不能与原来史料相接触，易为哲学史家之见解所蔽；且对于哲学史家所叙述亦不易有明确的了解。中国人所写此类之书几皆为选录式的；如《宋元学案》《明儒学案》，即黄梨洲所著之宋、元、明哲学史；《古文辞类纂》《经史百家杂钞》，即姚鼐、曾国藩所著之中国文学史也。用此方式，哲学史家、文学史家选录各哲学家、各文学家之原来著作；于选录之际，选录者之主观的见解、自然亦须掺入，然读者得直接与原来史料相接触，对于其研究之哲学史或文学史，易得较明确的知识。唯用此方式，哲学史家或文学史家之所见，不易有有系统的表现，读者不易知之。本书试为兼用上述两种方式，或者可得较完善之结果。

第十一节　历史是进步的

社会组织，由简趋繁；学术由不明晰至于明晰。后人根据前人已有之经验，故一切较之前人，皆能取精用宏。故历史是进步的。即观察中国哲学史，亦可见此例之不诬。中国汉以后之哲学所研究之问题及范围，自不如汉以前哲学所研究之多而广。然汉以后哲学中之理论，比汉以前之哲学，实较明晰清楚。论者不察，见孔子讲尧、舜；董仲舒、朱熹、王阳明讲孔子；戴东原、康有为仍讲孔子，遂觉古人有一切，而今人一切无有。但实际上，董仲舒只是董仲舒，王阳明只是王阳明。若知董仲舒之《春秋繁露》只是董仲舒之哲学，若知王阳明之《大学问》只是王阳明之哲学，则中国哲学之进步，便显然矣。社会组织之由简趋繁，学术之由不明晰进于明晰，乃是实然的，并非当然的。凡当然者，可以有然有不然，实然者则不能有然有不然也。

或者以为董仲舒、王阳明等所说，在以前儒家书中，已有其端，董仲舒、王阳明不过发挥引申，何能为其自己之哲学？有何新贡献之可言？不过即使承认此二哲学家真不过发挥引申，吾人亦不能轻视发挥引申。发挥引申即是进步。小儿长成大人；大人亦不过发挥引申小儿所已潜具之官能而已。鸡卵变成鸡，鸡亦不过发挥引申鸡卵中所已有之官能而已。然岂可因此即谓小儿即是大人、鸡卵即是鸡？用亚里士多德的名辞说，潜能（Potentiality）与现实（Actuallity）大有区别。由潜能到现实便是进步。欲看中国哲学进步之迹，我们第一须将各时代之材料，归之于各时代；以某人之说话，归之于某人。如此则各哲学家之哲学之真面目可见，而中国哲学之进步亦显然矣。

从前研究中国学问者，或不知分别真书伪书，或知分别而以伪书为无价值，此亦中国哲学之所以在表面上似无进步之一原因。吾人研究哲学史，对于史料所以必须分别真伪者，以非如此不能见各时代思想之真面目也。如只为研究哲学起见，则吾人只注重某书中所说之话之本身之是否不错。至于此话果系何人所说，果系何时代所有，则丝毫不关重要。某书虽伪，并不以其为伪而失其价值，如其本有价值。某书虽真，并不以其为真而有价值，如其本无价值。即就哲学史说，伪书虽不能代表其所假冒之时代之思想，而乃是其产生之时代之思想，正其产生之时代之哲学史之史料也。如《列子·杨朱篇》虽非杨朱学说，而正魏晋间一种流行思想之有系统的表现，正魏晋时代哲学史之史料也。故以《杨朱篇》为伪者，非废《杨朱篇》，不过将其时代移后而已。其所以必须将其时代移后者，亦不过欲使写的历史与实际相合，做到一信字而已。

第十二节　中国哲学史取材之标准

哲学一名词，中国本来无有。一般人对于哲学之范围及内容，无明确的观念，几以为凡立言有近于旧所谓"经"、"子"者，皆可为哲学史之材料[①]。但依以上所说，吾人对于哲学之内容，既已有明确的观念，则吾人作哲学史于选取史料，当亦有一定的标准。古人著述之可为哲学史史料者：

（一）上所说哲学之内容已确定哲学之范围，并已指明哲学中所有之问题。古人著述之有关于此诸问题者，其所讨论在上述范围之内者，方可为哲学史史料。否则不可为哲学史史料，如上述兵家著述之类。

（二）依以上所说，哲学家必有其自己之"见"，以树立其自己之系统。故必有新"见"之著述，方可为哲学史史料。如只述陈言者，不可为哲学史史料。黄梨洲云："学问之道，以各人自用得著者为真，凡依门傍户，依样葫芦者，非流俗之士，则经生之业也。……以水济水，岂是学问？"（《明儒学案·发凡》）正此意也。

（三）依上所说，一哲学必有其中心观念（即哲学家之见）。凡无中心观念之著述，即所谓杂家之书，如《吕氏春秋》、《淮南子》之类，不可为哲学史之原始的史料；但以其记述别家之言，有报告之价值，可以作为辅助的史料。

[①] 日本高濑武次郎所著《支那哲学史》，颇可代表此一般人之意见。其书竟为兵家书各作提要，于《孙子》云："《孙子》之文，精到而简约，曲折而峻洁，不愧春秋杰作。……而其文亦虚虚实实，简尽渊通，不能增减一字。……故《孙子》一书，不但为兵家之秘宝，亦为文字上不可多得之一大雄篇也。"（赵正平译本卷上，第286页）读之诚令人疑所读为兵学史，为文学史矣。

（四）依上所说，哲学家之哲学，须以理智的辩论出之，则凡片语只句，如《诗》云"民之秉彝，好是懿德"之言，不可为哲学史之原始的史料；但依上所述，一时代之哲学与其时代之情势及各方面之思想状况，有互为因果之关系，故此等言论，可搜集以见一时流行之思想，以见哲学系统之背景。

（五）依上所述，一哲学家之哲学与其人格有关系。故凡对于一哲学家之叙说，能表现其人格者，亦可为哲学史史料。

依上标准，以搜集中国哲学史之史料，则"虽不中，不远矣"。

第二章　泛论子学时代

第一节　子学时代之开始

中国之文化，至周而具规模。孔子曰："周监于二代，郁郁乎文哉！吾从周。"在孔子心目中，周之典章制度，实可以"上继往圣，下开来学"。孔子一生，以能继文王周公之业为职志。此《论语》所明言者也（详第四章第二节）。

周之文化（即所谓文），周之典章制度（即所谓礼），虽有可观，然自孔子以前，尚无有私人著述之事（今所传孔子以前之私人著述皆伪书，《老子》一书亦系晚出，详下）。章实斋云：

> 古未尝有著述之事也。官师守其典章，史臣录其职载。文字之道，百官以之治，万民以之察，而其用已备矣。是故圣王书同文以平天下，未有不用之于政教典章，而以文字为一人之著述者也。道不行而师儒立其教，我夫子之所以功贤尧舜也。（《文史通义·诗教上》，《章氏遗书》卷一，第23页）

此言虽有理想化古代之嫌，然若除去其理想化之部分，则亦似近于事实。盖古代本为贵族政治，有政权者即有财产者，即有知识者；政治上经济上之统治阶级即智识阶级，所谓官师不分者，即此而已。贵族既须执政任事，自少工夫以著书，且既执有政权，即有理想，亦可使之见诸行事，发为"政教典章"，亦无需要而必著书，著书乃不得已而后为之事，中国哲学家固多抱此见解（详上文）也。哲学为哲学家之有系统的思想，须于私人著述中表现之。孔子以前无私人著述之事，有无正式哲学，不得而知。孔子本人虽亦未"以文字为一人之著述"，然一生竟有未做官不做他事而专讲学之时；此在今虽为常见，而在古实为创例。就其门人所记录者观之，孔子实有有系统的思想[①]。由斯而言，则在中国哲学史中，

[①] 战国以前所为私人著述，本非必本人亲手所写，详本章第五节。

孔子实占开山之地位。后世尊为惟一师表，虽不对而亦非无由也。以此之故，此哲学史自孔子讲起，盖在孔子以前，无有系统的思想，可以称为哲学也。

第二节　子学时代哲学发达之原因

在中国哲学史各时期中，哲学家派别之众，其所讨论问题之多、范围之广，及其研究兴趣之浓厚、气象之蓬勃，皆以子学时代为第一。其所以能有此特殊之情形，必有其特殊之原因①。兹分述之。

自春秋迄汉初，在中国历史中，为一大解放之时代。于其时政治制度、社会组织，及经济制度，皆有根本的改变。盖上古为贵族政治，诸国有为周室所封者，有为本来固有者。国中之卿大夫亦皆公族，皆世其官；所谓庶人皆不能参与政权。《左传》昭七年谓："天有十日，人有十等，下所以事上，上所以共神也。故王臣公，公臣大夫，大夫臣士，士臣皂，皂臣舆，舆臣隶，隶臣僚，僚臣仆，仆有台，马有圉，牛有牧，以待百事。"古代政治上为贵族世家世禄之制，故社会组织上亦应有此种种阶级也。贵族政治破坏，上古之政治及社会制度遂起根本的变化。赵翼曰：

> 盖秦汉间为天地一大变局。自古皆封建，诸侯各君其国，卿大夫亦世其官，成例相沿，视为固然。其后积弊日甚，暴君荒主，既虐用其民，无有底止。强臣大族，又篡弑相仍，祸乱不已。再并而为七国，益务战争，肝脑涂地，其势不得不变，而数千年世侯世卿之局，一时亦难遽变。于是先从在下者起，游说则范雎、蔡泽、苏秦、张仪等，徒步而为相。征战则孙膑、白起、乐毅、廉颇、王翦等，白身而为将。此已开后世布衣将相之例，而兼并之力，尚在有国者。天方借其力以成混一，固不能一旦扫除之，使匹夫而有天下也。于是纵秦皇尽灭六国，以开一统之局。使秦皇当日发政施仁，与民休息，则祸乱不兴，下虽无世禄之臣，而上犹是继体之主也。惟其威虐毒痛，人人思乱，四海鼎沸，草泽竞奋。于是汉祖以匹夫起事，角群雄而定一尊。其君既起自布衣，其臣亦自多亡命无赖之徒，立功以取将相，此气运为

---

① 胡适之先生论老孔以前之时势，归结于"政治那样黑暗，社会那样纷乱，贫富那样不均，民生那样困苦。有了这种形势，自然会生出种种思想的反动"（《中国哲学史大纲》，第42页）。此种形势在中国史中几于无代无之，对于古代哲学之发生，虽不必无关系，要不能引以说明古代哲学之特殊情形。梁任公先生所论是矣。然梁先生所举"当注意"各事，亦多为后世所通有者，兹均不及之（参看《梁任公学术讲演集》第一辑，第11、16页）。

之也。天之变局，至是始定。然楚汉之际，六国各立后，尚有楚怀王心、赵王歇、魏王咎、魏王豹、韩王成、韩王信、齐王田儋、田荣、田广、田安、田市等。即汉所封功臣，亦先裂地以王彭、韩等，继分国以侯绛、灌等。盖人情习见前世封建故事，不得而遽易之也。乃不数年而六国诸王皆败灭。汉所封异姓王八人，其七人亦皆败灭。则知人情犹狃于故见，而天意已另换新局，故除之易易耳。而是时尚有分封子弟诸国，迨至七国反后，又严诸侯王禁制，除吏皆自天朝，诸侯王惟得食租衣税，又多以事失侯。于是三代世侯世卿之遗法，始荡然净尽，而成后世征辟选举科目杂流之天下矣，岂非天哉！(《廿二史札记》卷二，"广雅丛书"本，第9页)

吾人对于赵翼所谓天意，虽不同意，然贵族政治之崩坏实当时大势之所趋。此在春秋之时已见其端，故宁戚以饭牛而得仕于齐，百里奚以奴隶而仕于秦；此庶人之升而为官者也。《诗》有黎侯之赋《式微》，《左传》谓："栾、郤、胥、原、狐、续、庆、伯，降为皂隶。"(昭公三年，《左传》卷二十，"四部丛刊"本，第16页)孔子本宋之贵族，而"为贫而仕"，"尝为委吏矣"，"尝为乘田矣"；此贵族之降而为民者也。如是阶级制度，遂渐消灭，至汉高遂以匹夫而为天子，此政治制度及社会组织之根本的变动也。

与贵族政治相连带之经济制度，即所谓井田制度。《诗》云："普天之下，莫非王土；率土之滨，莫非王臣。"《左传》昭公七年芉尹无宇曰："天子经略，诸侯正封，古之制也。封略之内，何非君土？食土之毛，谁非君臣？"(《左传》卷二十一，第16页)所谓王土王臣，在后世视之，只有政治的意义，然在上古封建制度下，实兼有经济的意义。上所述社会上之诸阶级，亦不只是政治的、社会的，而亦且是经济的也。盖在上古封建制度下，天子、诸侯及卿大夫，在政治上及经济上皆为人民之主。例如周以土地封其子弟为诸侯，即使其子弟为其地之君主兼地主也。诸侯再以其地分与其子弟，其子弟再分与庶人耕种之。庶人不能自有土地，故只能为其政治的经济的主人做农奴而已。《左传》《国语》中所载当时之政治，皆不过有数几家贵族之活动；所谓人民者，但平时为贵族工作，战时为贵族拼命而已。王船山曰：

三代之国，幅员之狭，直今一县耳。仕者不出于百里之中，而卿大夫之子恒为士，故有世禄者有世田，即其所世营之业也。名为卿大夫，实则今乡里之豪族而已。世居其土，世勤其畴，世修其陂池，世治其助耕之氓。(《读通鉴论》卷十九，《船山遗书》本，第16页)

"其助耕之氓"，即系农奴，夏曾佑曰：

> 井田之制，为古今所聚讼。据汉唐儒者所言，则似古人真有此事，且为古人致治之根本。以近人天演学之理解之，则似不能有此。社会之变化，千因万缘，互为牵制，安有天下财产，可以一时匀分者？井田不过儒家之理想。此二说者，迄今未定。兹据秦汉间非儒家之载籍证之，似古人实有井田之制，而为教化之大梗。其实情盖以土地为贵人所专有，而农夫皆附田之奴，此即民与百姓之分也。至秦商君，乃克去之。此亦为社会进化之一端。（《中国历史》第一册，第258页）

史谓商鞅"坏井田，开阡陌……王制遂灭，僭差无度，庶人之富者累巨万"（《食货志》，《汉书》卷二十四上，同"文影殿刊本"，第7页）。此农奴解放后"民"之能崛起占势力为大地主者也。所谓井田制度之崩坏，亦当时之普通趋势，不过商鞅特以国家之力，对之作有意识的、大规模的破坏而已。

其次则商人阶级亦乘时而占势力。《汉书》曰：

> 及周室衰，礼法堕。……其流至乎士庶人莫不离制而弃本，稼穑之民少，商旅之民多，谷不足而货有余。……于是商通难得之货，工作无用之器，士设反道之行，以追时好而取世资。……富者土木被文锦，犬马余肉粟。……其为编户齐民，同列而以财力相君。……（《货殖传》，《汉书》卷九十一，第3页）

此谓因"王制灭"、"礼法堕"，故庶人崛起而营私产，致富豪。然若就经济史观之观点言之，亦可谓因农奴及商人在经济上之势力日益增长，故贵族政治破坏，而"王制灭"、"礼法堕"。商人阶级崛起，弦高以商人而却秦存郑，吕不韦以大贾而为秦相，此资本家之与当时政治外交发生直接关系者。总之，世禄井田之制破，庶民解放，营私产，为富豪，此上古经济制度之一大变动也。[①]

此种种大改变发动于春秋，而完成于汉之中叶。此数百年为中国社会进化之一大过渡时期。此时期中人所遇环境之新，所受解放之大，除吾人现在所遇所受

[①] 《左传》昭公十六年："宣子（韩起）有环，其一在郑商。宣子谒诸郑伯。子产弗与。……曰：'昔我先君桓公，与商人皆出自周。庸次比耦，以艾杀此地。斩之蓬蒿藜藿，而共处之。世有盟誓，以相信也，曰：'尔无我叛，我无强贾。毋或匄夺。尔有利市宝贿，我勿与知。'恃此质誓，故能相保，以至于今。今吾子以好来辱，而谓敝邑强夺商人，是教敝邑背盟誓也。毋乃不可乎？'"（《左传》卷二十三，第14—15页）按誓词所约，在以后皆为不成问题之事，而乃信誓旦旦。可知贵族之欺压商人，在当时为常事，而商人原来地位之低，亦可见矣。

者外，在中国已往历史中，殆无可以比之者。即在世界已往历史中，除近代人所遇所受者外，亦少可以比之者。故此时期诚中国历史中一重要时期也。

在一社会之旧制度日即崩坏之过程中，自然有倾向于守旧之人，目睹"人心不古，世风日下"，遂起而为旧制度之拥护者，孔子即此等人也。不过在旧制度未摇动之时，只其为旧之一点，便足以起人尊敬之心；若其既已动摇，则拥护之者，欲得时君世主及一般人之信从，则必说出其所以拥护之之理由，与旧制度以理论上的根据。此种工作，孔子已发其端，后来儒家者流继之。儒家之贡献，即在于此。

然因大势之所趋，当时旧制度之日即崩坏，不因儒家之拥护而终止。继孔子而起之士，有批评或反对旧制度者，有欲修正旧制度者，有欲另立新制度以替代旧制度者，有反对一切制度者。此皆过渡时代，旧制度失其权威，新制度尚未确定，人皆徘徊歧路之时，应有之事也。儒家既以理论拥护旧制度，故其余方面，与儒家意见不合者，欲使时君世主及一般人信从其主张，亦须说出其所以有其主张之理由，与之以理论上的根据。荀子所谓十二子之言，皆"持之有故，言之成理"者也。人既有注重理论之习惯，于是所谓名家"坚白同异"等辩论之只有纯理论的兴趣者，亦继之而起。盖理论化之发端，亦即哲学化之开始也。

孟子曰：

> 圣王不作，诸侯放恣，处士横议。（《滕文公下》，《孟子》卷六，"四部丛刊"本，第13页）

庄子《天下篇》曰：

> 天下大乱，贤圣不明，道德不一，天下多得一察焉以自好。……天下之人，各为其所欲焉以自为方。（《庄子》卷十，"四部丛刊"本，第25—26页）

《汉书·艺文志》曰：

> 诸子十家，其可观者，九家而已。皆起于王道既微，诸侯力政，时君世主，好恶殊方。是以九家之术，蜂出并作，各引一端，崇其所善。以此驰说，取合诸侯。（《汉书》卷三十，第30页）

所谓"圣王不作"、"贤圣不明"、"王道既微"，即指原有制度组织之崩坏也。因此崩坏，故"道德不一"，故"时君世主，好恶殊方"①；而"天下之人各为其所欲焉以自为方"。上古时代哲学之发达，由于当时思想言论之自由；而其思想言论之所以能自由，则因当时为一大解放时代、一大过渡时代也。

第三节　子学时代之终结

世多以战国之末，为古代哲学终结之时期。盖一般人以为秦始皇焚书，禁天下藏"诗书百家语"，故觉秦时如一野蛮时代，以前学说，至此悉灭。其实秦始皇"第烧民间之书，不烧官府之书；第禁私相授受，可诣博士受业"（崔适《史记探源》卷三。参看郑樵《通志·校雠略》，康有为《新学伪经考》）。秦始皇、李斯之意，盖欲统一思想，非欲尽灭当时之学说也②。故秦始皇所立博士，中有各家学者（王国维《汉魏博士考》，《观堂集林》卷四）。虽在整齐划一制度之下，思想言论，失其自由，学术发展诚受相当阻碍，然秦亡极速，不致有大影响。故在汉初，诸家之学仍盛。文帝好黄老家言，为政以慈俭为宗旨。窦太后亦好黄帝老子言。盖公教曹参以清净治国家。汲黯修黄老术，治民主清净。淮南王延客著书，杂取各家之说③。司马谈叙六家以道家为最高。贾谊明申商。晁错尝学申商刑名。韩安国受韩子杂说。主父偃学长短纵横术。《史记》、《汉书》，均明言之。刘歆《移让太常博士书》云："至孝文皇帝，天下众书，往往颇出。皆诸子传说，犹广立于学官，为置博士。"（《汉书》本传）可见汉文帝时之博士，中亦有各家学者也。至于《礼记》及所谓《易十翼》，为儒家重要典籍，其中亦有为汉初儒家者流所著作者。《春秋》公羊家言，亦至汉始为显学。故儒家哲学，亦在汉初始完备也。观董仲舒对策之词，亦可见当时之情形矣。董仲舒对策曰：

---

① 《艺文志》所谓"时君世主，好恶殊方"一点，本亦为战国时代思想发达之一因。吾人试看后来皇帝显宦及富商巨贾对于学术之关系，便可知矣。但春秋战国时代时君世主，及当时社会所提倡之学术，与后来皇帝等所提倡者，何以不同，则不能不以春秋战国时之政治社会经济的背景说明之。时君世主及社会之提倡学术，非春秋战国时代所特有之情形，故未多论及之。

② 关于秦皇、李斯焚书之事；其所焚之范围及焚书之用意；现在史家尚无定论。然即秦皇、李斯果真欲尽灭当时学说，"以愚黔首"，如传统的说法，然自秦下焚书令至汉兵入关，不过数年之间，尽灭当时学说，事实上亦不可能。

③ 《盐铁论·晁错篇》曰："日者淮南衡山，修文学，招四方游士。山东儒墨，皆聚于江淮之间。讲义集论，著书数十篇。"（"四部丛刊"本，卷二，第6页）可见此时墨家亦尚存。

《春秋》大一统者，天地之常经，古今之通谊也。今师异道，人异论，百家殊方，指意不同。是以上无以持一统，法制数变；下不知所守。臣愚以为诸不在六艺之科、孔子之术者，皆绝其道，勿使并进，邪辟之说灭息，然后统纪可一，而法度可明，民知所从矣。（《董仲舒传》，《汉书》卷五十六，第20—21页）

又曰：

养士之大者，莫大乎太学。太学者，贤士之所关也，教化之本原也。……臣愿陛下兴太学，置明师，以养天下之士。（《汉书》卷五十六，第13页）

"自武帝初，立魏其武安侯为相，而隆儒矣。及仲舒对册，推明孔氏，抑黜百家，立学校之官，州郡举茂材孝廉，皆自仲舒发之。"（同上）自此以后，以利禄之道，提倡儒学，而儒学又须为上所定之儒学。于是"天下英雄，尽入彀中"；春秋以后，言论思想极端自由之空气于是亡矣。

董仲舒之主张行，而子学时代终；董仲舒之学说立，而经学时代始。盖阴阳五行家言之与儒家合，至董仲舒而得一有系统的表现。自此以后，孔子变而为神，儒家变而为儒教。至所谓古文学出，孔子始渐回复为人，儒教始渐回复为儒家。详见第二篇中。

第四节　古代大过渡时期之终结

汉武、董仲舒统一思想之政策，即秦皇、李斯之政策也。秦皇何以行之而失败，汉武何以行之而成功？此中原因，固甚复杂，然有可得言者，则自春秋时代所开始之政治社会经济的大变动，至汉之中叶渐停止；此等特殊之情形既去，故其时代学术上之特点，即"处士横议"、"各为其所欲焉以自为方"之特点，自亦失其存在之根据。上文谓春秋战国时代所起各方面之诸大变动，皆由于旧文化旧制度之崩坏。旧文化旧制度愈崩坏，思想言论愈自由。秦灭六国，成一统，除皇室而外，其余原有之贵族，皆夷为平民。在表面上可谓将春秋以来之变局，作一结束。然实则贵族之余孽，尚有一部分之势力，故秦皇一死，贵族复起，"楚汉之际，六国各立后"。不过此次贵族之复兴，为一种"回光返照"，等于强弩之末，故平民出身之汉高，终灭群雄而定一尊。汉高虽犹封建子弟功臣，然此时及以后之封建，只有政治上的意义，而无经济上的意义。及汉之中叶，政治上社会上之新秩序，已渐定。在经济方面，人亦渐安于由经济自然趋势而发生之新制度。《汉书》曰："其为编户齐民，同列而以财力相君，虽为仆虏，犹无愠色。"（《货殖传》，《汉书》卷九十一，第3页）由贵族政治之眼光观之，编户齐民，何能同列以财力相君！然以经济自然之趋势，竟至如此。"虽为仆虏，犹无愠色"，可见人已安于此等新经济秩序矣。汉虽行重农抑商政策，然对于此等社会的经济的秩序，亦并未有根本的变动也。自春秋时代所开始之大过渡时期至是而终结；一时蓬勃之思想，亦至是而衰。自此而后，至现代以前，中国之政治经济制度及社会组织，除王莽以政治的力量，强改一时外，皆未有根本的变动，故子学时代思想之特殊状况，亦未再现也。

第五节　古代著述体裁

上文谓欲看中国哲学进步之迹，吾人第一须将各时代之材料，归之于各时代；以某人之说话，归之于某人（第一章第十节）。此固为理想的办法，但讲上古哲学史，则行之颇有困难。譬如执此标准以分别普通所认为春秋战国时代之书籍，则如《列子》乃魏晋时人所著，须以之代表魏晋一部分人之思想。此固吾人所认为伪书，应将其移后者。不过即吾人所认为真书，如《墨子》、《庄子》等，固可归之于上古时代，然现在《墨子》、《庄子》书中之思想，何部分果真为墨子、庄子个人所有，则颇难断定。关于此点，吾人不可不明古代著述之体裁。章实斋曰：

……诸子思以其学易天下。固将以其所谓道者争天下之莫可加，而语言文字，未尝私其所出也。……辑其言行，不必尽其身所论述者，管仲之述其身死后事，韩非之载其李斯驳议是也。《庄子》《让王》《渔父》之篇，苏氏谓之伪托；非伪托也，为庄氏之学者所附益耳。《晏子春秋》，柳氏以为墨者之言；非以晏子为墨，为墨学者述晏子事以名其书，犹孟子之《告子》《万章》，名其篇也。……诸子之奋起，由于道术既裂，而各以聪明才力之所偏，每有得于大道之一端，而遂欲以之易天下。其持之有故而言之成理者，故将推衍其学术，而传之其徒焉。苟足显其术而立其宗，而援述于前，与附衍于后者，未尝分居立言之功也。（《文史通义·言公上》，《章氏遗书》卷四，第5页）

此言仍不免有理想化古代之嫌，不过其所述古人著述之体裁，则似合事实。盖古人之历史观念及"著作者"之观念不明，故现在所有题为战国以前某某子之书，原非必谓系某某子所亲手写成。其中"援述于前，与附衍于后者"，在古固视为不必分，在今则多似为不能分也①。故现在所有多数题为战国以前某某子之书，当视为某某子一派之书，不当视为某某子一人之书。如现在题曰《墨子》、《庄子》之书，当视为墨学丛书及庄学丛书，不当视为一人之著作。近人对于此等书籍，固已试加分析之功，如《墨子》中之《经》及《经说》，可认为非墨子本人之言，然即《天志》《尚同》诸篇，其"援述于前，与附衍于后者"，果可绝对地分别乎？此哲学史述上古时代诸家之学说，意但谓上古时代有此学说，有此思想系统，至此系统果为代表此系统之人之一人所立，抑或曾经其"后世"修正补充，则不敢必定也。

古代哲学，大部即在旧所谓诸子之学之内。故在中国哲学史中，上古时代可谓为子学时代。此时代之诸子，司马谈将其分为阴阳、儒、墨、名、法、道德六家（《史记·太史公自序》）。名为家者，以诸子皆以私人讲学故也。刘歆则于六家之外，又加农、纵横、杂、小说四家，共为十家。曰："其可观者，九家而已。"（《汉书·艺文志》）然即此九家，亦有与哲学无关者。今择其与哲学有关者，就其发生之先后，依次论之。

---

① 此点前人多已言之。孙星衍云："凡称子书，多非自著。"（《晏子春秋序》，《问字堂集》卷三，"四部丛刊"本，第11页）严可均云："先秦诸子，皆门弟子，或宾客，或子孙，撰定，不必手著。"（《书管子后》，《铁桥漫稿》，蒋氏刊本，卷八，第7页）大约今所传先秦之书，皆经汉人整理编次。例如《墨子》《庄子》等书，如现在所传者，本先秦所无有。先秦所有者仅为不相连属之各篇，如《尚同》《兼爱》《齐物论》《逍遥游》。汉人于整理先秦典籍之时乃取同一学派之各篇，聚而编为一书，题曰某子，意谓此某学派之著作耳。此例亦有一例外，即《吕氏春秋》虽亦为先秦之著作，而原来即是一部整书。此书成后，吕不韦悬之国门，以自夸耀，可见其在当时为希有之成就也。

第三章　孔子以前及其同时之宗教的哲学的思想

孔子以前，无私人著作，今搜集《诗》《书》《左传》《国语》中所说，足以代表孔子以前及其同时之宗教的、哲学的思想者，以见孔子以前及其同时人智之大概。

第一节　鬼　神

人在原始时代，当智识之初开，多以为宇宙间事物，皆有神统治之。《国语》云：

> 昭王问于观射父曰："《周书》所谓重黎实使天地不通者，何也？若无然，民将能登天乎？"对曰："非此之谓也。古者民神不杂，民之精爽不携贰者，而又能齐肃衷正，其知能上下比义，其圣能光远宣朗，其明能光照之，其聪能听彻之，如是则明神降之，在男曰觋，在女曰巫。是使制神之处、位、次主，而为之牲、器、时服。……于是乎有天、地、神、民、类物之官，谓之五官，各司其序，不相乱也。民是以能有忠信，神是以能有明德，民神异业，敬而不渎。故神降之嘉生；民以物享，祸灾不至，求用不匮。及少皞之衰也，九黎乱德，民神杂糅，不可方物。夫人作享，家为巫史，无有要质。民匮于祀而不知其福。烝享无度，民神同位。民渎齐盟，无有严威。神狎民则，不蠲其为。嘉生不降，无物以享。祸灾荐臻，莫尽其气。颛顼受之，乃命南正重司天以属神，命火正黎司地以属民。使复旧常，无相侵渎。是谓绝地天通。"（《楚语下》，《国语》卷十八，"四部丛刊"本，第1—2页）

此所说虽不尽系历史的事实，然古代人之迷信状况，大约类此。觋巫尚须为神

"制处、位、次主",则神之多可知。神能降福、受享,能凭降于人,则系有人格的可知,及乎"民神杂糅"之际,"民神"且"同位","神"且"狎民则",则神之举动行为,且与人无异矣。此时人有迷信而无知识,有宗教而无哲学。此时人之所信,正如希腊人所信之宗教,其所信之神,正如希腊人之神。至于夏、商以后,则有"天"、"帝"之观念起,似一神论渐有势力,然多神论亦并未消灭。《左传》《国语》除"天"外,尚多言及神。周厉王时芮良夫曰:

夫王人者,将导利而布之上下者也。使神人百物,无不得其极。(《周语上》,《国语》卷一,第6页)

《左传》桓公六年,季梁云:

所谓道,忠于民而信于神也。上思利民,忠也;祝史正辞,信也。(《左传》卷二,"四部丛刊"本,第7页)

又庄公十年,曹刿曰:

小惠未遍,民弗从也。……小信未孚,神弗福也。(《左传》卷三,第6页)

《国语》惠王十五年,有神降于莘。内史过曰:

国之将兴,其君齐明衷正,精洁惠和。其德足以昭其馨香,其惠足以同其民人。神飨而民听,民神无怨,故明神降之。观其政德,而均布福焉。国之将亡,其君贪冒辟邪,淫佚荒怠。……民神怨痛,无所依怀。故神亦往焉,观其苛慝,而降之祸。……若由是观之,其丹朱之神乎?(《周语上》,《国语》卷一,第12—14页)

《左传》僖公五年,宫之奇云:

鬼神非人实亲,惟德是依。……如是则非德,民不和,神不享矣。……若晋取虞,而明德以荐馨香,神其吐之乎?(《左传》卷五,第7页)

《国语·晋语》文公四年,胥臣曰:

> 亿宁百神而柔和万民,故《诗》云:"惠于宗公,神罔时恫。"(《晋语》四,《国语》卷十,第25页)

《国语》周襄王十八年,王曰:

> 昔我先王之有天下也,规方千里;以为甸服,以供上帝山川百神之祀。(《周语中》,《国语》卷二,第5页)

《左传》襄公十四年,师旷曰:

> 夫君,神之主,而民之望也。(《左传》卷十五,第16页)

又昭公元年,刘定公曰:

> ……其赵孟之谓乎?……弃神人矣。神怒民叛,何以能久。(《左传》卷二十,第6页)

以上所引,屡言百神,可知神之众。神人并称,而执政者之最大责任,在于"亿宁百神而柔和万民",否则"神怒民叛",必不能久。周襄王又以上帝与百神并称,则上帝不在百神之内。内史过以有神降于莘之神为丹朱之神,则至少所谓神之一部分,即是人鬼。关于鬼之记载,《左传》中有数处。《墨子·明鬼篇》亦多述古代关于鬼之传说。此对于鬼神之信仰以后渐衰。孔子"敬鬼神而远之"(《雍也》,《论语》卷三,"四部丛刊"本,第17页);"祭如在,祭神如神在"(《八佾》,《论语》卷二,第4—5页)。又曰:"未能事人;焉能事鬼?"(《先进》,《论语》卷六,第4页)盖孔子对于鬼神之存在,已持怀疑之态度,姑存而不论;墨子则太息痛恨于人之不信鬼神,以致天下大乱,故竭力于"明鬼"。

第二节 术 数

宇宙间事物,古人多认为与人事互相影响。故古人有所谓术数之法,以种种法术，观察宇宙间可令人注意之现象，以预测人之祸福。《汉书·艺文志》曰：

> 数术者，皆明堂羲和史卜之职也。史官之废久矣，其书既不能具，虽有其书而无其人。《易》曰："苟非其人，道不虚行。"春秋时，鲁有梓慎，郑有裨灶，晋有卜偃，宋有子韦。六国时，楚有甘公，魏有石申夫。汉有唐都，庶得粗粗。……序数术为六种。(《汉书》卷三十，同"文影殿刊"本，第50页)

六种者，一天文。《艺文志》曰：

> 天文者，序二十八宿，步五星日月，以纪吉凶之象，圣王所以参政也。《易》曰："观乎天文，以察时变。"(《汉书》卷三十，第43页)

二历谱，《艺文志》曰：

> 历谱者，序四时之位，正分至之节，会日月五星之辰，以考寒暑杀生之实。故圣王必正历数以定三统服色之制，又以探知五星日月之会。凶厄之患，吉隆之喜，其术皆出焉。此圣人知命之术也。(《汉书》卷三十，第44页)

三五行，《艺文志》曰：

> 五行者，五常之形气也。《书》云："初一曰五行；次二曰羞用五事。"言进用五事以顺五行也。貌言视听思心失而五行之序乱，五星之变作，皆出于律历之数而分为一者也。其法亦起五德终始，推其极则无不至。(《汉书》卷三十，第46页)

四蓍龟，《艺文志》曰：

> 蓍龟者，圣人之所用也。《书》曰："女则有大疑，谋及卜筮。"《易》曰："定天下之吉凶，成天下之亹亹者，莫善于蓍龟。""是故君子将有为也，将有行也，问焉而以言，其受命也如响。无有远近幽深，遂知来物，非天下之至精，其孰能与于此？"(《汉书》卷三十，第47页)

五杂占，《艺文志》曰：

> 杂占者，纪百事之象，候善恶之征。《易》曰："占事知来。"众占非一，而梦为大。故周有其官，而《诗》载熊罴虺蛇众鱼旐旟之梦，著明大人之占，以考吉凶，盖参卜筮。（《汉书》卷三十，第48页）

六形法，《艺文志》曰：

> 形法者，大举九州之势，以立城郭室舍形。人及六畜骨法之度数，器物之形容，以求其声气贵贱吉凶。犹律有长短，而各征其声，非有鬼神，数自然也。然形与气相首尾，亦有有其形而无其气，有其气而无其形；此精微之独异也。（《汉书》卷三十，第49—50页）

此六种术数中，蓍龟杂占之见称述于《左传》者甚多。《左传》中屡言"卜之"、"筮之"，卜者，龟也；筮者，蓍也。"众占非一，而梦为大。"《左传》中所述占梦之事，皆用杂占之法也。《左传》谓周内史叔服"能相人"。荀子中有《非相篇》，谓："古者有姑布子卿，今之世梁有唐举，相人之形状颜色，而知其吉凶妖祥，世俗称之。"（《荀子》卷三，"四部丛刊"本，页一）即"形法"之术也。其天文历谱五行三术，《左传》中可见者，如昭公八年：

> 楚……灭陈。……晋侯问于史赵曰："陈其遂亡乎？"对曰："未也。……陈，颛顼之族也。岁在鹑火，是以卒灭，陈将如之。今在析水之津，犹将复由。"（《左传》卷二十二，第3页）

又昭公九年：

> 夏四月，陈灾。郑裨灶曰："五年陈将复封，封五十二年，而遂亡。……陈，水属也。火，水妃也，而楚所相也。今火出而火陈，逐楚而建陈也。妃以五成，故曰五年，岁五及鹑火而后陈卒亡，楚克有之，天之道也。故曰五十二年。"（《左传》卷二十二，第4—5页）

又昭公十年：

春，王正月，有星出于婺女。郑裨灶言于子产曰："七月戊子，晋君将死。"（《左传》卷二十二，第6页）

又昭公十五年：

春，将禘于武公，戒百官。梓慎曰："禘之日，其有咎乎！吾见赤黑之祲，非祭祥也，丧氛也，其在莅事乎？"（《左传》卷二十三，第11页）

又昭公十七年：

冬，有星孛于大辰，西及汉。申须曰："彗所以除旧布新也。天事恒象，今除于火，火出必布焉。诸侯其有火灾乎？"梓慎曰："……若火作，其四国当之。……在宋卫陈郑乎？……其以丙子若壬午作乎？……"郑裨灶言于子产曰："……若我用瓘斝玉瓒，郑必不火。"（《左传》卷二十三，第18—19页）

又昭公十八年：

春王二月，乙卯，周毛得杀毛伯过而代之。苌弘曰："毛得必亡，是昆吾（昆吾侈恶积熟，以乙卯日与桀同诛）稔之日也。……"（《左传》卷二十四，第1页）

又昭公三十二年：

夏，吴伐越。……史墨曰："不及四十年。越其有吴乎？越得岁而吴伐之，必受其凶。"（《左传》卷二十六，第14页）

就此所引观之，史赵、裨灶、梓慎、申须、苌弘、史墨，皆即天然现象，及其他"天之道"以预测人事。其所用之术，有显然为"天文"者，有似杂"历谱"、"五行"者。要之所谓"天文"、"历谱"、"五行"，皆注意于所谓"天人之际"，以为"天道"人事，互相影响。以后所谓阴阳五行家，皆即此推衍，于中古哲学史中，有甚大势力。

第三节 天

于百神之外,又有天、帝。《尚书·汤誓》云:

> 有夏多罪,天命殛之。……予畏上帝,不敢不正。……致天之罚。(《尚书》卷四,"四部丛刊"本,第1页)

在不足一百五十字之演说辞中,言天至于三次。《诗·商颂》云:

> 天命玄鸟,降而生商。……古帝命武汤。……方命厥后,……受命不殆……殷受命咸宜。……(《玄鸟》,《诗》卷二十,"四部丛刊"本,第12—13页)

在不满百字之颂辞中,而言天、帝,及受命至于五次。《国语》云:

> 虢公梦在庙,有神人面白毛虎爪执钺立于西阿。公惧而走。神曰:"无走。帝命曰:使晋袭于尔门。"公拜稽首,觉,使史嚚占之。对曰:"如君之言,则蓐收也,天之刑神也,天事官成。"(《晋语二》,《国语》卷八,第5—6页)

《诗》《书》《左传》《国语》中,言天、帝之处甚多,多指有人格的上帝。兹不能具引。据史嚚之言,则天与神之关系,可以概见。大约上帝为至高无上之权威,亦设官任职。诸神地位权力,次于上帝,而服从之。此正中国一般平民之宗教的信仰,盖在古而已然者也。

在中国文字中,所谓天有五义:曰物质之天,即与地相对之天;曰主宰之天,即所谓皇天上帝,有人格的天、帝;曰运命之天,乃指人生中吾人所无奈何者,如孟子所谓"若夫成功则天也"之天是也;曰自然之天,乃指自然之运行,如《荀子·天论篇》所说之天是也;曰义理之天,乃谓宇宙之最高原理,如《中庸》所说"天命之为性"之天是也。《诗》《书》《左传》《国语》中所谓之天,除指物质之天外,似皆指主宰之天。《论语》中孔子所说之天,亦皆主宰之天也。

第四节　一部分人较开明之思想

但至春秋时，有一部分较开明之士，渐不信鬼神及所谓天道。如《左传》庄公三十二年，史嚚云：

> 国将兴，听于民；将亡，听于神。（《左传》卷三，第21页）

昭公十八年，子产云：

> 天道远，人道迩，非所及也。何以知之？（《左传》卷二十四，第1页）

定公元年，士弥牟曰：

> 薛征于人，宋征于鬼，宋罪大矣。（《左传》卷二十七，第1—2页）

此虽未否认所谓天道及鬼神之存在，然对之已取"敬而远之"之态度矣。

此外则即在甚早之时，亦已有试以阴阳之说，解释宇宙间现象者。《国语》幽王三年西周三川皆震，伯阳父曰：

> 周将亡矣。夫天地之气，不失其序。若过其序，民乱之也。阳伏而不能出，阴迫而不能烝，于是有地震。今三川实震，是阳失其所而镇阴也。阳失而在阴，川源必塞。（《周语上》，《国语》卷一，第11页）

《左传》僖公十六年，"六鹢退飞过宋都，风也"。周内史叔兴曰：

> 是阴阳之事，非吉凶所出也。吉凶由人。（《左传》卷六，第1页）

《国语》越王勾践三年（鲁哀公元年），范蠡曰：

> 天道盈而不溢，盛而不骄，劳而不矜其功。夫圣人随时以行，是谓守时。天时不作，弗为人客。人事不起，弗为之始。……惟地能包万物以为

一，其事不失。生万物，容畜禽兽。然后受其名而兼其利。美恶皆成以养其生。时不至，不可强生。事不究，不可强成。……必有以知天地之恒制，乃可以有天地之成利。……因阴阳之恒，顺天地之常。柔而不屈，强而不刚。……天因人，圣人因天。人自生之，天地形之，圣人因而成之。(《越语下》，《国语》卷二十一，第1—3页)

以阴阳解释宇宙现象，虽仍不免笼统混沌之讥，然比之以天帝鬼神解释者，则较善矣。范蠡所说之天，为自然之天，其言颇似《老子》，恐即《老》学之先河也。

第五节　人之发现

至于社会中之种种制度，人初亦以为系天帝所制作，《书》曰：

> 无旷庶官，天工人其代之。天叙有典，敕我五典五惇哉。天秩有礼。自我五礼有庸哉。……天命有德，五服五章哉。天讨有罪，五刑五用哉。(《皋陶谟》，《尚书》卷二，第8页)

又曰：

> 天降下民，作之君，作之师。(《孟子》引，见《梁惠王下》，"四部丛刊"本，卷二，第5页)

又曰：

> 皇帝清问下民……乃命三后，恤功于民。伯夷降典，折民惟刑。禹平水土，主名山川。稷降播种，农殖嘉谷。三后成功，惟殷于民。(《吕刑》，《尚书》卷十二，第8页)

《诗》云：

> 天生烝民，有物有则。(《大雅·烝民》，《诗》卷十八，第17页)

又云：

> 不识不知，顺帝之则。（《大雅·皇矣》，《诗》卷十六，第15页）

"帝之则"即上帝所制之礼教制度也。古时希腊诸国之制度，其人亦以为系神所制作，盖古人大都有此种见解也。

及春秋之世，渐有人试与各种制度以人本主义的（Humanistic）解释。以为各种制度皆人所设，且系为人而设。郑桓公时，史伯云：

> 夫和实生物，同则不继。以他平他谓之和，故能丰长而物归之。若以同裨同，尽乃弃矣。故先王以土与金木水火杂以成百物。是以和五味以调口，刚四支以卫体，和六律以聪耳，正七体以役心，平八索以成人，建九纪以立纯德，合十数以训百体，出千品，具万方，计亿事，材兆物，收经入，行姟极。故王者居九畡之田，收经入以食兆民。周训而能用之，和乐如一。夫如是，和之至也。于是乎先王聘后于异姓，求财于有方，择臣取谏工，而讲以多物，务和同也。声一无听，物一无文，味一无果，物一不讲。（《郑语》，《国语》卷十六，第5—6页）

"以他平他谓之和"；如以咸味加酸味，即另得一味。酸为咸之"他"；咸为酸之"他"，"以他平他"，即能另得一味；此所谓"和实生物"也。若以咸味加咸味，则所得仍是咸味。咸与咸为"同"，是则"以同裨同"、"同则不继"也。推之若只一种声音，则无论如何重复之，亦不能成音乐。如只一种颜色，则无论如何重复之，亦不能成文采。必以其"他"济之，方能有所成。此提出"和""同"之异，以说明礼乐及各种制度之所以须丰繁。后来晏子亦有类此之议论。《左传》昭公二十年云：

> 齐侯至自田，晏子侍于遄台。子犹驰而造焉。公曰："唯据与我和夫。"晏子对曰："据亦同也。焉得为和?"公曰："和与同异乎?"对曰："异。和如羹焉，水火醯醢盐梅，以烹鱼肉，燀之以薪，宰夫和之，齐之以味，济其不及，以泄其过。君子食之，以平其心。君臣亦然。君所谓可而有否焉，臣献其否以成其可。君所谓否而有可焉，臣献其可以去其否。是以政平而不干，民无争心。故《诗》曰：'亦有和羹，既戒既平，鬷嘏无言，时靡有

争。'先王之济五味，和五声也，以平其心，成其政也。声亦如味。一气，二体，三类，四物，五声，六律，七音，八风，九歌，以相成也。清浊，大小，短长，疾徐，哀乐，刚柔，迟速，高下，出入，周疏，以相济也。君子听之，以平其心，心平德和，故《诗》曰：'德音不瑕。'今据不然。君所谓可，据亦曰可。君所谓否，据亦曰否。若以水济水，谁能食之。若琴瑟之专壹，谁能听之。同之不可也如是。"（《左传》卷二十四，第11页）

此外说礼乐政刑之起源及其功用者，《左传》桓公二年，臧哀伯曰：

> 君人者将昭德塞违，以临照百官，犹惧或失之。故昭令德以示子孙。是以清庙茅屋，大路越席，大羹不致，粢食不凿，昭其俭也。衮冕黻珽，带裳幅舄，衡紞纮綖，昭其度也。藻率鞞鞛，鞶厉游缨，昭其数也。火龙黼黻，昭其文也。五色比象，昭其物也。钖鸾和铃，昭其声也。三辰旂旗，昭其明也。夫德俭而有度，登降有数，文物以纪之，声明以发之，以临照百官，百官于是乎戒惧，而不敢易纪律。（《左传》卷二，第2—3页）

此说人君所以用礼乐，乃欲以使"百官戒惧而不敢易纪律"。又昭公六年，叔向诒子产书曰：

> 昔先王议事以制，不为刑辟，惧民之有争心也，犹不可禁御。是故闲之以义，纠之以政，行之以礼，守之以信，奉之以仁。制为禄位以劝其从，严断刑罚以威其淫。惧其未也，故诲之以忠，耸之以行，教之以务，使之以和，临之以敬，莅之以强，断之以刚。犹求圣哲之上，明察之官，忠信之长，慈惠之师，民于是乎可任使也，而不生祸乱。民知有辟，则不忌于上，并有争心，以征于书，而徼幸以成之，弗可为矣。夏有乱政而作禹刑，商有乱政而作汤刑，周有乱政而作九刑。三辟之兴，皆叔世也。今吾子相郑国，作封洫，立谤政，制参辟，铸刑书，将以靖民，不亦难乎？（《左传》卷二十一，第12—13页）

此反对子产之公布刑法，虽为守旧的见解，然固能与刑法以人本主义的解释也。又昭公二十五年，子太叔曰：

> 吉也闻诸先大夫子产曰："夫礼，天之经也，地之义也，民之行也。天

地之经，而民实则之。则天之明，因地之性，生其六气，用其五行。气为五味，发为五色，章为五声，淫则昏乱，民失其性。是故为礼以奉之。为六畜，五牲，三牺，以奉五味；为九文，六采，五章，以奉五色；为九歌，八风，七音，六律，以奉五声；为君臣，上下，以则地义；为夫妇，外内，以经二物；为父子，兄弟，姑姊；甥舅，昏媾，姻亚，以象天明；为政事，庸力，行务，以从四时；为刑罚，威狱，使民畏忌，以类其震曜杀戮；为温慈，惠和，以效天之生殖长育。民有好恶，喜怒，哀乐，生于六气，是故审则宜类，以制六志。哀有哭泣，乐有歌舞，喜有施舍，怒有战斗。喜生于好，怒生于恶。是故审行信令，祸福赏罚，以制死生。生，好物也；死，恶物也；好物，乐也；恶物，哀也。哀乐不失，乃能协于天地之性，是以长久。"（《左传》卷二十五，第7—8页）

此言礼乐刑罚之功用，在于使民不昏乱；而其来源，则由于人之能摹仿天地。

即祭祀，亦有人与以人本主义的解释。观射父曰：

> 祀所以昭孝息民，抚国家，定百姓也，不可以已。夫民气纵则底，底则滞，滞久而不震，生乃不殖，其用不从，其生不殖，不可以封。是以古者先王日祭，月享，时类，岁祀。诸侯舍日，卿大夫舍月，士庶人舍时。天子遍祀群神品物，诸侯祀天地三辰及其土之山川，卿大夫祀其礼，士庶人不过其祖。日月会于龙�，土气含收，天明昌作，百嘉备舍，群神频行，国于是乎蒸尝，家于是乎尝祀。百姓夫妇，择其令辰，奉其牺牲，敬其粢盛，絜其粪除，慎其采服，禋其酒醴，帅其子姓，从其时享，虔其宗祝，道其顺辞，以昭祀其先祖。肃肃济济，如或临之。于是乎合其州乡朋友婚姻，比尔兄弟亲戚；于是乎弭其百苛，殄其谗慝，合其嘉好，结其亲昵，亿其上下，以申固其姓。上所以教民虔也，下所以昭事上也。天子禘郊之事，必自射其牲，王后必自舂其粢。诸侯宗庙之事，必自射牛刲羊击豕，夫人必自舂其盛。况其下之人，其谁敢不战战兢兢，以事百神。天子亲舂禘郊之盛，王后亲繅其服。自公以下，至于庶人，其谁敢不齐肃恭敬，致力于神。民所以摄固者也，若之何其舍之也。（《楚语下》，《国语》卷十八，第4—5页）

"肃肃济济，如或临之"，是不必有临之者也。知不必有神临之，而犹祭祀者，盖欲借此机会，使乡党亲族，得一聚会，并训练其虔敬之心。故祭祀之用，在"民所以摄固者也"。以此观点观之，则祭祀即荀子所谓君子以为"人道"而百姓以为"鬼事"也（《荀子·礼论篇》，参看本书本篇第十四章第四节）。又《国语》展禽曰：

> 夫祀，国之大节也，而节，政之所成也；故慎制祀以为国典。……夫圣王之制祀也，法施于民则祀之，以死勤事则祀之，以劳定国则祀之，能御大灾则祀之，能扞大患则祀之；非是族也，不在祀典。昔烈山氏之有天下也，其子曰柱，能殖百谷百蔬。夏之兴也，周弃继之，故祀以为稷。共工氏之伯九有也，其子曰后土，能平九土，故祀以为社。黄帝能成命百物，以明民共财。颛顼能修之。帝喾能序三辰以固民。尧能单均刑法以仪民。舜勤民事而野死。鲧鄣洪水而殛死。禹能以德修鲧之功。契为司徒而民辑。冥勤其官而水死。汤以宽治民而除其邪。稷勤百谷而山死。文王以文昭。武王去民之秽。故有虞氏禘黄帝而祖颛顼，郊尧而宗舜。夏后氏禘黄帝而祖颛顼，郊鲧而宗禹。商人禘舜而祖契，郊冥而宗汤。周人禘喾而郊稷，祖文王而宗武王。幕，能帅颛顼者也，有虞氏报焉。杼，能帅禹者也，夏后氏报焉。上甲微，能帅契者也，商人报焉。高圉、大王，能帅稷者也，周人报焉。凡禘郊祖宗报，此五者，国之典祀也。加之以社稷山川之神，皆有功烈于民者也；及前哲令德之人，所以为明质也；及天之三辰，民所以瞻仰也；及地之五行，所以生殖也；及九州名山川泽，所以出财用也。非是，不在祀典。（《鲁语上》，《国语》卷四，第7—9页）

此以报恩之义为祭祀之根据。由此观点观之，祭祀亦"人道"而非"鬼事"也。

各种制度，既皆受人本主义的解释，则所谓君者，亦失其圣神不可侵犯之尊严。《国语·鲁语》云：

> 晋人杀厉公，边人以告。成公在朝。公曰："臣杀其君，谁之过也？"大夫莫对。里革曰："君之过也。夫君人者，其威大矣。失威而至于杀，其过多矣。且夫君也者，将牧民而正其邪者也。若君纵私回而弃民事，民旁有慝，无由省之，益邪多矣。若以邪临民，陷而不振，用善不肯专，则不能使。至于殄灭而莫之恤也，将安用之？"（《鲁语上》，《国语》卷四，第15页）

《左传》昭公三十二年曰：

> 赵简子问于史墨曰："季氏出其君，而民服焉，诸侯与之。君死于外，而莫之或罪，何也?"对曰："物生有两，有三，有五，有陪贰。故天有三辰，地有五行，体有左右，各有妃耦。王有公，诸侯有卿，皆有贰也。天生季氏，以贰侯，为日久矣。民之服焉，不亦宜乎？鲁君世从其失，季氏世修其勤。民忘君矣，虽死于外，其谁矜之！社稷无常奉，君臣无常位，自古以然。故《诗》曰：'高岸为谷，深谷为陵。'三后之姓，于今为庶。主所知也。"（《左传》卷二十六，第15—16页）

此以臣弑其君为可，在当时实一种革命的言论也。虽"左氏浮夸"，其所述此诸人之言，难免无增加文饰，然此诸人之言之根本意思，则固皆有人本主义之倾向也。希腊"智者"普鲁太哥拉斯（Protagoras。《简明不列颠百科全书》译作"普罗塔哥拉"。——编者注）有言："人为一切事物之准则（Man is the measure of all things）。"上所引诸人之言，亦有此意。不过诸人或为世业之史官，或为从政之贵族，不能如希腊"智者"之聚徒讲学，宣传主张。所以中国思想史上权威之地位，不得不让孔墨等后起诸子占据也。

第四章　孔子及儒家之初起

《史记》曰：

　　孔子生鲁昌平乡陬邑，其先宋人也。……鲁襄公二十二年而孔子生。……孔子之时，周室微，而礼乐废，《诗》《书》缺。追述三代之礼，序《书传》。上纪唐虞之际，下至秦缪，编次其事，曰："夏礼吾能言之，杞不足征也；殷礼吾能言之，宋不足征也；足，则吾能征之矣。"观殷夏所损益，曰："后虽百世可知也，以一文一质，周监二代，郁郁乎文哉，吾从周。"故《书传》《礼记》自孔氏。孔子语鲁太师："乐其可知也。始作，翕如；纵之，纯如。皦如，绎如也，以成。""吾自卫反鲁，然后乐正，《雅》《颂》各得其所。"古者《诗》三千余篇，及至孔子去其重，取可施于礼义。上采契后稷，中述殷周之盛。至幽厉之缺，始于衽席。故曰"《关雎》之乱，以为风始，《鹿鸣》为《小雅》始，《文王》为《大雅》始，《清庙》为《颂》始"。三百五篇，孔子皆弦歌之，以求合《韶》、《武》、《雅》、《颂》之音。礼乐自此可得而述，以备王道，成六艺。孔子晚而喜《易》，序《彖》、《系》、《象》、《说卦》、《文言》。读《易》韦编三绝，曰："假我数年，若是，我于《易》则彬彬矣。"孔子以《诗》、《书》、《礼》、《乐》教，弟子盖三千焉。身通六艺者，七十有二人。……其于乡党，恂恂似不能言者。其于宗庙朝廷，辩辩言，唯谨尔。朝，与上大夫言，訚訚如也；与下大夫言，侃侃如也。入公门，鞠躬如也；趋进，翼如也；君召使傧，色勃如也；君命召，不俟驾行矣。鱼馁，肉败，割不正，不食；席不正，不坐。食于有丧者之侧，未尝饱也。是日哭，则不歌。见齐衰瞽者，虽童子必变。"三人行，必得我师。""德之不修，学之不讲；闻义不能徙，不善不能改；是吾忧也。"使人歌，善，则使复之，然后和之。子不语怪力乱神。……乃因史记，作《春秋》，上至隐公，下讫哀公十四年，十二公。据鲁，亲周，故殷，运之三代，约其文辞而指博。故吴楚之君自称王，而《春秋》贬之曰"子"。践土之会，实召周天子，而《春秋》讳之曰："天王狩于河阳。"推此类以绳当世。贬损之义，后有王者举而开之，《春秋》之义行，则天下乱臣贼子惧焉。……孔子年七十三，以鲁哀公十六年四月己丑卒。（《孔子世家》，《史记》卷四十七，同"文影殿刊"本，第1—2页，第22—27页）

此数千年来大部分人心目中之孔子也。由今视之，《孔子世家》所说有许多不合事实处；但在西汉时，一般人方以孔子为神，而司马迁仍以孔子为人，不可谓无特识也。在上节所引文中，其根据《论语》者，大略可信，其成为问题者，即孔子与"易""诗""书""礼""乐""春秋"，即所谓六艺或六经者之关系。兹于下节论之。

第一节 孔子在中国历史中之地位

向来所谓经学今文家以六艺为孔子所作，古文家以六艺为孔子所述。其说虽不同，要皆以为孔子与六艺有密切关系也。今谓所谓六艺乃春秋时固有之学问，先孔子而存在，孔子实未制作之。

关于孔子未尝制作六艺之证据，前人及时人已举许多。余于另文中亦已言之（见《燕京学报》第二期），兹不具论。但孔子虽未曾制作六艺，而却曾以六艺教弟子。故后人以六艺为特别与孔子有密切关系，亦非毫无根据。以六艺教人，并不必始于孔子，据《国语》，士亹教楚太子之功课表中，已即有"诗"、"礼"、"乐"、"春秋"、"故志"等。《左传》、《国语》中所载当时人物应答之辞，皆常引"诗"、"书"；他们交接用"礼"，卜筮用"易"。可见当时至少一部分的贵族人物，皆受过此等教育。不过孔子却是以六艺教一般人之第一人。此点下文再详提。现在我们只说，孔子之讲学，与其后别家不同。别家皆注重其自家之一家言，如《庄子·天下篇》所说，墨家弟子诵《墨经》。但孔子则是教育家。他讲学目的，在于养成"人"，养成为国家服务之人，并不在于养成某一家的学者。所以他教学生读各种书，学各种功课。所以颜渊说："博我以文，约我以礼。"（《子罕》，《论语》卷五，"四部丛刊"本，第5页）《庄子·天下篇》讲及儒家，即说："诗"以道志，"书"以道事，"礼"以道行，"乐"以道和，"易"以道阴阳，"春秋"以道名分。此六者正是儒家教人之六种功课。

惟其如此，所以孔子弟子之成就，亦不一律。《论语》谓："德行：颜渊，闵子骞，冉伯牛，仲弓；言语：宰我，子贡；政事：冉有，季路；文学：子游，子夏。"(《先进》,《论语》卷六,第1页)又如子路之"可使治赋";冉有之"可使为宰";公西华之"可使与宾客言";皆能"为千乘之国"办事(《公冶长》,《论语》卷三,第3页)。可见孔子教弟子,完全欲使之成"人",不是教他做一家的学者。

孔子以其时已有之成书教人,教之之时,略加选择,或亦有之。教之之时,更可随时引申,如下节所说。如以此等随时选择讲解,"为删正六经",则孔子实可有"删正"之事;不过此等"删正"实无非常的意义而已。后来儒家因仍旧贯,仍继续用六艺教人,恰又因别家只讲自家新学说,不讲旧书,因之六艺遂似专为儒家所有,为孔子所制作,而删正(如果有删正)亦即似有重大意义矣。

《汉书·艺文志》以为诸子皆六艺之"支流余裔"。《庄子·天下篇》,似亦同此见解。此言亦并非毫无理由,因所谓六艺本来是当时人之共同知识。自各家专讲其自己之新学说后,而六艺乃似为儒家之专有品,其实原本是大家共有之物也。但以为各家之学说,皆六艺中所已有,则不对耳。

就儒家之名言之,《说文》云:"儒,柔也。术士之称。"《论语》云:"子谓子夏曰:'女为君子儒,毋为小人儒。'"(《雍也》,《论语》卷三,第14页)儒本为有知识材艺者之通称,故可有君子小人之别。儒家先起,众以此称之。其后虽为一家之专名,其始实亦一通名也。

总之,孔子是一教育家。"述而不作,信而好古"(《述而》,《论语》卷四,第1页),"为之不厌,诲人不倦"(同上),正孔子为其自己所下之考语。

由此观之,孔子只是一个"老教书匠";但在中国历史中,孔子仍占一极高地位。吾人以为:

(一)孔子是中国第一个使学术民众化的、以教育为职业的"教授老儒";他开战国讲学游说之风;他创立,至少亦发扬光大中国之非农非工非商非官僚之士之阶级。

(二)孔子的行为,与希腊之"智者"相仿佛。

(三)孔子的行为及其在中国历史之影响,与苏格拉底之行为及其在西洋历史上之影响,相仿佛。

上文已说,士亹教楚太子之功课表中,已有"诗"、"礼"、"乐"、"春秋"、"故志"等。但此等教育,并不是一般人所能受。不但当时之平民未必有机会受此等完全教育,即当时之贵族亦未尽人皆有受此等完全教育之机会。韩宣子系晋世卿,然于到鲁办外交之时,"观太史氏书",始得"见《易》象与鲁《春秋》"

（昭公二年，《左传》卷二十，"四部丛刊"本，第12页），季札亦到鲁方能见各国之诗与乐（襄公二十九年，《左传》卷十九，第3—5页），可见"易"、"春秋"、"乐"、"诗"等，在当时乃是极名贵的典籍学问。

孔子则抱定"有教无类"（《卫灵公》，《论语》卷八，第9页）之宗旨，"自行束脩以上，吾未尝无诲焉"（《述而》，《论语》卷四，第2页）。如此大招学生，不问身家，凡缴学费者即收，一律教以各种功课，教读各种名贵典籍，此实一大解放也。故以六艺教人，或不始于孔子；但以六艺教一般人，使六艺民众化，实始于孔子。

说孔子是第一个以六艺教一般人者，因在孔子以前，在较可靠的书内，吾人未闻有人曾经大规模地号召许多学生而教育之；更未闻有人有"有教无类"之说。在孔子同时，据说有少正卯，"其居处足以撮徒成党，其谈说足以饰褒荣众，其强御足以反是独立"（《孔子家语》，"四部丛刊"本，卷一，第5页）。据说少正卯也曾大招学生，"孔子门人三盈三虚，惟颜渊不去"（《心隐篇》，刘勰《新论》卷四，涵芬楼影印"汉魏丛书"本，第8页）。庄子说："鲁有兀者王骀，从之游者与仲尼相若。"（《德充符》，《庄子》卷二，"四部丛刊"本，第29页）不过孔子诛少正卯事，昔人已谓不可靠；少正卯之果有无其人，亦不可知。《庄子》寓言十九。王骀之"与孔子中分鲁"，更不足信。故大规模招学生而教育之者，孔子是第一人。以后则各家蜂起，竞聚生徒，然此风气实孔子开之。

孔子又继续不断游说于君，带领学生，周游列国。此等举动，前亦未闻，而以后则成为风气；此风气亦孔子开之。

再说孔子以前，未闻有不农不工不商不仕，而只以讲学为职业，因以谋生活之人。古时除贵族世代以做官为生者外，吾人亦尝闻有起于微贱之人物。此等人物，在未仕时，皆或为农或为工或为商，以维持其生活。孟子说：

> 舜发于畎亩之中；傅说举于版筑之间；胶鬲举于鱼盐之中；管夷吾举于士；孙叔敖举于海；百里奚举于市。（《告子下》，《孟子》卷十二，"四部丛刊"本，第16页）

孟子之言，虽未必尽可信，但孔子以前，不仕而又别不事生产者，实未闻有人。《左传》中说冀缺未仕时，亦是以农为业（僖公三十三年，《左传》卷七，第15页）。孔子早年，据孟子说，亦尝为贫而仕，"尝为委吏矣"，"尝为乘田矣"（《万章下》，《孟子》卷十，第10页）。但自"从大夫之后"，大收学生以来，即纯以讲学为职业，为谋生之道。不但他自己不治生产，他还不愿教弟子治生产。樊迟"请学稼","请学为圃";孔子说:"小人哉!樊须也。"(《子路》,《论语》卷七,第3页)子贡经商,孔子说:"赐不受命而货殖焉;亿则屡中。"(《先进》,《论语》卷六,第6页)他这种不治生产的办法,颇为其时人所诟病。据《论语》所说,荷蓧丈人谓孔子:"四体不勤,五谷不分。"(《微子》,《论语》卷九,第15页)此外晏婴亦说:

> 夫儒者滑稽而不可轨法;倨傲自顺,不可以为下;崇丧遂哀,破产厚葬,不可以为俗;游说乞贷,不可以为国。(《孔子世家》,《史记》卷四十七,第5页)

《庄子》亦载盗跖谓孔子:

> 尔作言造语,妄称文武。……多辞缪说,不耕而食,不织而衣,摇唇鼓舌,擅生是非,以迷天下之主,使天下学士,不反其本,妄作孝弟,而徼幸于封侯富贵者也。(《盗跖》,《庄子》卷九,第34页)

此等批评,未必果是晏婴、盗跖所说,《庄子》中所说,尤不可认为实事。但此等批评,则是当时可能有者。

战国时之有学问而不仕者,亦尚有自食其力之人。如许行"其徒数十人,皆衣褐,捆屦织席,以为食"(《滕文公上》,《孟子》卷五,第9页),陈仲子"身织屦,妻辟纑"(《滕文公下》,《孟子》卷六,第15页)以自养。但孟子则不以为然。孟子自己是"后车数十乘,从者数百人,以传食于诸侯";此其弟子彭更即以为"泰"(《滕文公下》,《孟子》卷六,第5页),他人当更有批评矣。孟子又述子思受"养"的情形,说:

> 缪公之於子思也,亟问亟馈鼎肉。子思不悦,于卒也,摽使者出诸大门之外,北面稽首再拜而不受,曰:"今而后知君之犬马畜伋。"……曰:"敢问国君欲养君子,如何斯可谓养矣?"曰:"以君命将之,再拜稽首而受。其后廪人继粟,庖人继肉,不以君命将之。子思以为鼎肉使己仆仆尔亟拜也,非养君子之道也。"(《万章下》,《孟子》卷十,第11—12页)

观此可知儒家之一种风气。惟其风气如此,于是后来即有一种非农、非工、非商、非官僚之"士",不治生产而专待人之养己。此士之阶级,孔子以前,似亦无有。以前所谓士，多系大夫士之士，或系男子军士之称，非后世所谓士农工商之士也。①

此种士之阶级只能做两种事情：即做官与讲学。直到现在，各学校毕业生，无论其学校为农业学校或工业学校，仍只有当教员、做官两条谋生之路；此所谓：

仕而优则学；学而优则仕。（《子张》，《论语》卷十，第4页）

孔子即是此阶级之创立者，至少亦是其发扬光大者。

此种阶级，为后来法家所痛恶，韩非子说：

博习辩智如孔墨；孔墨不耕耨，则国何得焉？修孝寡欲如曾史；曾史不战攻，则国何利焉？（《八说》，《韩非子》卷十八，"四部丛刊"本，第5页）

又曰：

儒以文乱法，侠以武犯禁。……今修文学，习言谈，则无耕之劳而有富之实，无战之危而有贵之尊，则人孰不为也？（《五蠹》，《韩非子》卷十九，第3—4页）

孔子与希腊"智者"，其行动颇相仿佛。他们都是打破以前习惯，开始正式招学生而教育之者。"智者"向学生收学费，以维持其生活；此层亦大为当时所诟病。孔子说："自行束脩以上，吾未尝无诲焉。"（《述而》，《论语》卷四，第2页）他虽未必收定额学费，但如"贽"之类，必一定收，孔子虽可靠国君之养，未必专靠弟子之学费维持生活，但其弟子之多，未尝不是其有受养资格之一。在中国历史中，孔子始以讲学为职业，因以维持生活。此言并不损害孔子之价值；因为生活总是要维持的。

孔子还有一点与"智者"最相似。"智者"都是博学多能之人，能教学生以各种功课，而其主要目的，在使学生有作政治活动之能力。孔子亦博学多能，

---

① 按《国语·齐语》中所谓士农商之士，似指军士，详见《燕京学报》第二期拙作文中。

所以：

> 达巷党人曰："大哉孔子，博学而无所成名。"（《子罕》，《论语》卷五，第1页）
> 太宰问于子贡曰："夫子圣者与，何其多能也？"子贡曰："固天纵之将圣，又多能也。"（同上）

孔子教人亦有各种功课，即所谓六艺是也。至于政治活动，亦为孔子所注意；其弟子可在"千乘之国"，"治赋"，"为宰"。季康子问仲由、赐、求，"可使从政也与？"孔子说："由也果"，"赐也达"，"求也艺"，"于从政乎何有？"（《雍也》，《论语》卷三，第12—13页）此即如现在政府各机关之向各学校校长要人，而校长即加考语荐其毕业生一样。

孔子颇似苏格拉底。苏格拉底本亦是"智者"。其不同在他不向学生收学费，不卖知识。他对于宇宙问题，无有兴趣；对于神之问题，接受传统的见解。孔子亦如此，如上文所说。苏格拉底自以为负有神圣的使命，以觉醒希腊人为己任。孔子亦然，所以有"天生德于予"（《述而》，《论语》卷四，第6页），"天之未丧斯文，匡人其如予何"（《子罕》，《论语》卷五，第2页）之言。苏格拉底以归纳法求定义（亚里士多德说），以定义为吾人行为之标准。孔子亦讲正名，以名之定义，为吾人行为之标准。苏格拉底注重人之道德的性质。孔子亦视人之"仁"较其"从政"之能力，为尤重。故对于子路、冉有、公西华，虽许其能在"千乘之国"，"治赋"，"为宰"，"与宾客言"，而独不许其为"仁"（《公冶长》，《论语》卷三，第3页）。苏格拉底自己未著书，而后来著书者多假其名（如柏拉图之对话）。孔子亦不著书，而后来各书中"子曰"极多。苏格拉底死后，其宗派经柏拉图、亚里士多德之发挥光大，遂为西洋哲学之正统。孔子之宗派，亦经孟子、荀子之发挥光大，遂为中国哲学之正统。此但略说，下文另详。

即孔子为中国苏格拉底之一端，即已占甚高之地位。况孔子又为使学术普遍化之第一人，为士之阶级之创立者，至少亦系其发扬光大者；其建树之大，盖又超过苏格拉底矣。

第二节 孔子对于传统的制度及信仰之态度

上文谓中国文化至周而具规模；周之典章制度虽不必尽为文王周公所制作，

如经学古文家所说；然文王周公，为创造周代文化之主要人物，似可认为事实。鲁为周公后，宗周文物，在鲁者较他国为独多，祝佗曰：

> 周公相王室以尹天下，于周为睦，分鲁公以大路大旂……以昭周公之明德，分之土田陪敦，祝宗卜史，备物典策，官司彝器。（定公四年，《左传》卷二十七，第5—6页）

季札聘鲁"观于周乐"（襄公二十九年，《左传》卷十九，第3—5页）。韩宣子聘鲁，"观书于太史，见《易》象与鲁《春秋》，曰：'周礼尽在鲁矣，吾乃今知周公之德与周之所以王也。'"（昭公二年，《左传》卷二十，第12页）观此诸人所称述，可知在文物方面，鲁本为宗周之缩影。及乎"赫赫宗周，褒姒灭之"，平王东迁，文物必多丧失，于是宗周文物，或必在鲁乃可尽见也。

孔子平生以好学自负，故曰：

> 吾非生而知之者，好古敏以求之也。（《述而》，《论语》卷四，第6页）

又曰：

> 十室之邑，必有忠信如丘者焉，不如丘之好学也。（《公冶长》，《论语》卷三，第10页）

又曰：

> 夏礼吾能言之，杞不足征也；殷礼吾能言之，宋不足征也。文献不足故也，足，则吾能征之矣。（《八佾》，《论语》卷二，第3—4页）

孔子生于鲁国，周礼之文献足征，故孔子对于周礼知之深而爱之切。故曰：

> 周监于二代，郁郁乎文哉，吾从周。（《八佾》，《论语》卷二，第5页）

惟其"从周"，故孔子一生以能继文王周公之业为职志，其畏于匡，则曰：

> 文王既没，文不在兹乎？天之将丧斯文也，后起者不得与于斯文也；天

之未丧斯文也，匡人其如予何！（《子罕》，《论语》卷五，第2页）

自述其志，则曰：

> 如有用我者，吾其为东周乎？（《阳货》，《论语》卷九，第3页）

为东周者，使宗周之文化，完全实现于东土也。及孔子自叹其衰，则曰：

> 久矣吾不复梦见周公。（《述而》，《论语》卷四，第1页）

后世经学家主古文者，谓六艺为周公所作而孔子述之，主今文者谓孔子作《春秋》自比文王。虽皆未必合事实，要之孔子自己所加于自己之责任，为继文王周公之业，则甚明也。

惟其如此，故后之儒家，皆以周公孔子并称。孟子曰：

> 陈良楚产也，悦周公仲尼之道，北学于中国。（《滕文公上》，《孟子》卷五，第13页）

荀子曰：

> 孔子仁知且不蔽，故学乱术足以为先王者也。一家得周道，举而用之，不蔽于成积也。故德与周公齐，名与三王并。（《解蔽》，《荀子》卷十五，"四部丛刊"本，第6页）

汉人亦谓孔子继周公之道，《淮南子》曰：

> 孔子修成康之道，述周公之训。（《要略》，刘文典先生《淮南鸿烈集解》卷二十一，第8页）

司马迁曰：

> 周公卒五百岁而有孔子。（《太史公自序》，《史记》卷百三十，第8页）

孔子"述而不作，信而好古"，其所述者，即周礼也。

孔子对于周礼，知之深而爱之切，见当时周礼之崩坏，即不禁太息痛恨。故见季氏八佾舞于庭，谓为"不可忍"。见"季氏旅于泰山"，曰："呜呼，曾谓泰山不如林放乎？"管仲"有反坫"，孔子谓为"不知礼"（以上见《八佾》，《论语》卷二，第1—9页）。"陈成子弑简公，孔子沐浴而朝，告于哀公曰：'陈恒弑其君，请讨之。'"（《宪问》，《论语》卷七，第19页）至孔子自身行事，则自以"从大夫之后，不可徒行"（《先进》，《论语》卷六，第3页）；《乡党》所记，起居饮食，俨然贵族。非必孔子之好阔，盖不如是则"非礼也"。

至对于传统的信仰之态度，孔子亦是守旧的。《论语》中言及天者：

　　王孙贾问曰："与其媚于奥，宁媚于灶，何谓也？"子曰："不然，获罪于天，无所祷也。"（《八佾》，《论语》卷二，第5页）

　　子见南子，子路不悦。夫子矢之曰："予所否者，天厌之！天厌之！"（《雍也》，《论语》卷三，第18页）

　　子疾病，子路使门人为臣。病间，曰："久矣夫！由之行诈也，无臣而为有臣，吾谁欺，欺天乎？"（《子罕》，《论语》卷五，第5页）

　　颜渊死，子曰："噫！天丧予！天丧予！"（《先进》，《论语》卷六，第3页）

　　子曰："不怨天，不尤人；下学而上达。知我者其天乎！"（《宪问》，《论语》卷七，第12页）

据上所引，可知孔子之所谓天，乃一有意志之上帝，乃一"主宰之天"也。

《论语》中之言及命者：

　　子曰："吾十有五，而志于学；三十而立；四十而不惑；五十而知天命……"（《为政》，《论语》卷一，第10页）

　　伯牛有疾，子问之，自牖执其手，曰："亡之命矣夫！斯人也而有斯疾也！斯人也而有斯疾也！"（《雍也》，《论语》卷三，第13—14页）

　　子曰："道之将行也与？命也。道之将废也与？命也。公伯寮其如命何！"（《宪问》，《论语》卷七，第12—13页）

　　孔子曰："君子有三畏：畏天命，畏大人，畏圣人之言。"（《季氏》，《论语》卷八，第16页）

若天为有意志之上帝，则天命亦应即上帝之意志也。孔子自以为所负神圣的使命，即天所命。故曰："天之未丧斯文也，匡人其如予何。"孔子同时之人，亦有以孔子为受有天命者。如仪封人曰："天下之无道久矣。天将以夫子为木铎。"（《八佾》，卷二，第9页）①

惟孔子对于鬼神，则似有较新的见解，《论语》中言及鬼神者：

> 祭如在，祭神如神在。（《八佾》，《论语》卷二，第4—5页）
>
> 子曰："务民之义，敬鬼神而远之，可谓知矣。"（《雍也》，《论语》卷三，第16—17页）
>
> 季路问事鬼神，子曰："未能事人，焉能事鬼？"曰："敢问死？"曰："未知生，焉知死？"（《先进》，《论语》卷六，第4页）

以"敬鬼神而远之"为知，则不远之者为不知矣。既以不远之者为不知，又何必敬之？后来儒家，答此问题，遂成一有系统的"祭祀观"。（详下第十四章中）今所须注意者，则孔子于此提出一知字。则对于当时之迷信，必有许多不信者。故"子不语怪力乱神"（《述而》，《论语》卷四，第6页）。

第三节　正名主义

孔子目睹当时各种制度之崩坏，以为"天下无道"，而常怀想"天下有道"之时。故曰：

> 天下有道，则礼乐征伐，自天子出。天下无道，则礼乐征伐，自诸侯出。自诸侯出，盖十世希不失矣。自大夫出，五世希不失矣。陪臣执国命，三世希不失矣。天下有道，则政不在大夫。天下有道，则庶人不议。（《季氏》，《论语》卷八，第13页）

又曰：

---

① 或引《论语》"天何言哉"之言，以证孔子所言之天为自然之天。然此但谓天"无为而治"耳，不必即以天为自然之天。且以天不言为一命题，即含有天能言而不言之意。否则此命题为无意义。如吾人不说石头不言，桌子不言，因石头桌子，本非能言之物也。

禄之去公室，五世矣。政逮于大夫，四世矣。故夫三桓之子孙微矣。（《季氏》，《论语》卷八，第14页）

孔子以为政治上、社会上各种阶级之破坏皆自上始。"礼乐征伐，自诸侯出"，则十世以后，必又降而"自大夫出"。"自大夫出"，则五世以后，必"陪臣执国命"，而"三桓之子孙微矣"。"陪臣执国命"，则三世以后，庶人必有起者。此即孟子所谓"苟为后义而先利，不夺不餍"者也。

处此情形之下，孔子以为苟欲"拨乱世而反之正"，则莫如使天子仍为天子，诸侯仍为诸侯，大夫仍为大夫，陪臣仍为陪臣，庶人仍为庶人。使实皆如其名，此即所谓正名主义也。孔子认此为极重要，故《论语》云：

子路曰："卫君待子而为政，子将奚先？"子曰："必也正名乎！"（《子路》，《论语》卷七，第1页）

齐景公问政于孔子，孔子对曰："君君，臣臣，父父，子子。"公曰："善哉！信如君不君，臣不臣，父不父，子不子，虽有粟，吾岂得而食诸？"（《颜渊》，《论语》卷六，第17页）

盖一名必有一名之定义，此定义所指，即此名所指之物之所以为此物者，亦即此物之要素或概念也。如"君"之名之定义之所指，即君之所以为君者。"君君，臣臣，父父，子子"，上君字乃指事实上之君，下君字乃指君之名，君之定义。臣父子均如此例。若使君臣父子皆如其定义，皆尽其道，则"天下有道"矣。孔子目睹当时之"君不君，臣不臣，父不父，子不子"，故感慨系之，而借题发挥曰：

觚不觚。觚哉！觚哉！（《雍也》，《论语》卷三，第17—18页）

孔子以为当时因名不正而乱，故欲以正名救时之弊也。

孔子以为当时名之不正皆自上始，故"反正"亦须自上始。《论语》云：

季康子问政于孔子，孔子对曰："政者，正也，子率以正，孰敢不正。"（《颜渊》卷六，第18页）

季康子患盗，问于孔子，孔子对曰："苟子之不欲，虽赏之不窃。"（同上）

> 季康子问政于孔子曰:"如杀无道,以就有道,何如?"孔子对曰:"子为政。焉用杀?子欲善而民善矣。君子之德风,小人之德草,草上之风必偃。"(《颜渊》,《论语》卷六,第19页)

盖在贵族政治时代,人民毫无知识,"君子"即贵族之行为,对于小人即庶人,固有甚大影响也。

普通以为孔子欲实行其正名主义而作《春秋》。据孟子说,孔子作《春秋》之目的及功用在使"乱臣贼子惧";然《左传》宣公二年,赵穿弑晋灵公。

> 太史书曰:"赵盾弑其君",以示于朝。宣子曰:"不然。"曰:"子为正卿,亡不越竟,反不讨贼,非子而谁?"……孔子曰:"董狐,古之良史也,书法不隐。"(《左传》卷十,第4页)

又《左传》襄公廿五年,崔杼弑齐庄公。

> 太史书曰:"崔杼弑其君。"崔子杀之。其弟嗣书而死者二人。其弟又书,乃舍之。南史氏闻太史尽死,执简以往,闻既书矣,乃还。(《左传》卷十七,第11页)

据此则至少春秋时晋齐二国太史之史笔,皆能使"乱臣贼子惧",不独《春秋》为然。盖古代史官,自有其纪事之成法也。孟子说:

> 晋之《乘》,楚之《梼杌》,鲁之《春秋》,一也。其事则齐桓晋文,其文则史。孔子曰:"其义则丘窃取之矣。"(《离娄下》,《孟子》卷八,第7页)

"其义"不止是《春秋》之义,实亦是《乘》及《梼杌》之义,观于董狐史笔,亦可概见。孔子只"取"其义,而非"作"其义。孟子此说,与其孔子作《春秋》之说不合,而却似近于事实。

但亦或因鲁是周公之后,"礼义之邦",所以鲁之《春秋》,对于此等书法,格外认真。韩宣子聘鲁观书于太史氏,特注意于"鲁《春秋》",或"鲁《春秋》"果有比"晋之《乘》"、"楚之《梼杌》"较特别之处;所以在孔子以前,已有人以《春秋》为教人之教科书。楚庄王使士亹傅太子箴;士亹问于申叔时。

叔时曰：

> 教之《春秋》而为之耸善而抑恶焉，以戒劝其心。（《楚语上》，《国语》卷十七，"四部丛刊"本，第1页）

可见《春秋》早已成教人之一种课本。但此皆在孔子成年以前，所以皆与孔子无干。

《春秋》之"耸善抑恶"，诛乱臣贼子，"《春秋》以道名分"（《天下篇》，《庄子》卷十，第25页），孔子完全赞成。不过按之事实，似乎不是孔子因主张正名而作《春秋》，如传说所说；似乎是孔子取《春秋》等书之义而主张正名，孟子所说其义则丘"窃取"者是也。[①]

第四节 孔子以述为作

孔子"述而不作"，《春秋》当亦不能例外。不过孔子能将《春秋》中及其他古史官之种种书法归纳为正名二字，此实即将《春秋》加以理论化也。孔子对于中国文化之贡献，即在于开始试将原有的制度，加以理论化，予以理论的根据。《论语》云：

> 宰我问："三年之丧，期已久矣。君子三年不为礼，礼必坏；三年不为乐，乐必崩。旧谷既没，新谷既升，钻燧改火，期可已矣。"子曰："食夫稻，衣夫锦，于女安乎？"曰："安。""女安则为之。夫君子之居丧，食旨

[①] 刘师培云："《孟子·滕文公》篇云：'孔子惧，作《春秋》。'后儒据之，遂谓《春秋》皆孔子所作。然作兼二义：或训为始；或训为为。训始见《说文》，即创作之作，乃《乐记》所谓'作者之为圣'也。训为见《尔雅》，与创作之作不同。《书》言'汝作司徒'，言以契为司徒，非司徒之官始于契。《论语》言：'始作翕如'，《左传》言：'金奏作于下'；则秦乐亦言作乐，与'作乐崇德'之作殊。《左传》言：'召穆纠合宗族于成周而作诗曰："棠棣之华，鄂不韡韡"'；则歌诗亦言作诗，与'侍人孟子，作为此诗'之作殊。盖创作谓之作；因前人之意而为，亦谓之作。孟子言孔子作《春秋》，即言孔子因古史以为《春秋》也。故又言：'其事则齐桓晋文，其文则史。'至于《诗》亡然后《春秋》作，则作为始义，与作《春秋》之作殊。言《春秋》所记之事，始于东周也。"（《左庵集》卷二）若以奏乐可言作乐，歌诗可言作诗之例言之，则作《春秋》即讲《春秋》耳。孔子讲《春秋》特别注重于正名之一点，所谓"其义则丘窃取之"，所以使"乱臣贼子惧也"。

不甘，闻乐不乐，居处不安，故不为也。今女安则为之。"宰我出，子曰："予之不仁也。子生三年，然后免于父母之怀。夫三年之丧，天下之通丧也。予也有三年之爱，于其父母乎？"（《阳货》，《论语》卷九，第9页）

此孔子将三年之丧之制度①，加以理论的根据也。

即孔子之以文艺教人，亦时有新意。正名主义即孔子自《春秋》及其他古史官之书法中所归纳而得之理论，上文已述。此外子贡因《诗》之"巧笑倩兮，美目盼兮"，而悟及"礼后乎"，孔子许为"可与言诗"（《八佾》，《论语》卷二，第3页）。又云：

> 诗三百，一言以蔽之；曰："思无邪。"（《为政》，《论语》卷一，第9页）
> 诗可以兴，可以观，可以群，可以怨。迩之事父，远之事君。多识于鸟兽草木之名。（《阳货》，《论语》卷九，第5页）

可见孔子讲《诗》，注重于其中之道德的意义，不是只练习应对，只求"使于四方，不辱君命"矣。《论语》又云：

> 或谓孔子曰："子奚不为政？"子曰："《书》云：'孝乎，惟孝，友于兄弟，施于有政。'是亦为政，奚其为为政？"（《为政》，《论语》卷一，第14—15页）

此以"齐家"为"治国"之本，可见孔子讲《书》，已注重于引申其中之道德的教训，不只记其中之言语事迹矣。《论语》又云：

> 林放问礼之本，子曰："大哉问，礼与其奢也宁俭，丧与其易也宁戚。"（《八佾》，《论语》卷二，第2页）

又云：

---

① 或谓三年之丧之制，乃孔子所定。然《左传》谓"叔向曰：'王一岁而有三年之丧二焉。……三年之丧，虽贵遂服，礼也。王虽弗遂，宴乐以早，亦非礼也。'"（昭公十五年，《左传》卷二十三，第13页）观此则三年之丧，本"天下之通丧也"，不过在孔子时，行者已不多，故王亦"弗遂"。孔子又提倡之，且予以理论的根据。

> 礼之用，和为贵，先王之道斯为美。(《学而》，《论语》卷一，第 7 页)

孔子云：

> 礼云礼云，玉帛云乎哉！乐云乐云，钟鼓云乎哉！(《阳货》，《论语》卷九，第 6 页)

又云：

> 乐其可知也，始作翕如也，从之纯如也，皦如也，绎如也，以成。(《八佾》，《论语》卷二，第 8 页)

可见孔子讲礼乐，已注重"礼之本"及乐之原理，不只讲其形式节奏矣。《论语》又云：

> 子曰："南人有言曰：'人而无恒，不可以作巫医。'善夫！""不恒其德，或承之羞"，子曰："不占而已矣。"(《子路》，《论语》卷七，第 9 页)

"不恒其德，或承之羞"，为《易》《恒》卦爻辞，可见孔子讲《易》，已注重于引申卦爻辞之意义，不只注重于筮占矣。此非只"述而不作"，实乃以述为作也。此种精神，此种倾向，传之于后来儒家，孟子、荀子及所谓七十子后学，大家努力于以述为作，方构成儒家思想之整个系统。所以《易》是本有，是儒家所述，而《系辞》《文言》等，则儒家所作，而《易》在思想史上的价值，亦即在《系辞》《文言》等。《春秋》是本有，是儒家所述，而《公羊传》等则是儒家所作，而《春秋》在思想史上的价值，亦即在《公羊传》等。《仪礼》是本有，是儒家所述，而《礼记》则儒家所作，而《礼记》在思想史上的价值，则又远在《仪礼》之上。由此言之，所谓古文家以为六经皆史，孔子只是述而不作，固然不错；而所谓今文家以为孔子只是作而不述，亦非毫无根据。由此言之，后来之以孔子为先圣兼先师，即所谓至圣先师，亦非无因。因为若使《周易》离开《系辞》《文言》等，不过是卜筮之书；《春秋》离开《公羊传》等，不过是"断烂朝报"；《仪礼》离开《礼记》，不过是一礼单；此等书即不能有其在二千年间所已有之影响。在中国历史中，自汉迄清，有大影响于人心者，非《周易》，而乃带《系辞》《文言》等之《周易》；非《春秋》，而乃带《公羊传》

等之《春秋》；非《仪礼》，而乃有《礼记》为根据的《仪礼》。不过所谓今文家及以孔子为至圣先师者，应知其所谓孔子，已非历史的孔子，而乃是理想的孔子，儒家之理想的代表。

第五节　直，仁，忠，恕

上文谓孔子讲礼，注重"礼之本"。《论语》云：

> 子夏问曰："《诗》云：'巧笑倩兮，美目盼兮，素以为绚兮'，何谓也？"子曰："绘事后素。"曰："礼后乎？"子曰："起予者商也，始可与言诗已矣。"（《八佾》，《论语》卷二，第3页）

子夏以"绘事后素"而悟及"礼后"，盖人必有真性情，然后可以行礼，犹美女之必先有巧笑美目，然后可施脂粉也。否则礼为虚伪形式，非惟不足贵，且亦甚可贱矣。故孔子曰：

> 人而不仁如礼何！人而不仁如乐何！（《八佾》，《论语》卷二，第1页）

不仁之人，无真性情，虽行礼乐之文，适足增其虚伪耳。孔子云：

> 君子义为质，礼以行之，孙以出之，信以成之。（《卫灵公》，《论语》卷八，第5页）

盖礼"质"须相副而行也。

孔子注重人之有真性情、恶虚伪、尚质直；故《论语》中屡言直。孔子曰：

> 人之生也直；罔之生也，幸而免。（《雍也》，《论语》卷三，第16页）

直者内不以自欺，外不以欺人，心有所好恶而如其实以出之者也。《论语》又云：

> 叶公语孔子曰："吾党有直躬者，其父攘羊，而子证之。"孔子曰："吾

党之直者异于是，父为子隐，子为父隐，直在其中矣。"（《子路》，《论语》卷七，第7页）

直者由中之谓，称心之谓。其父攘人之羊，在常情其子决不愿其事之外扬，是谓人情。如我中心之情而出之，即直也。今乃至证明其父之攘人羊。是其人非沽名买直，即无情不仁，故不得为真直也。《论语》又云：

子曰："孰谓微生高直？或乞醯焉，乞诸其邻而予之。"（《公冶长》，《论语》卷三，第8—9页）

直者内忖诸己者也，曲者外揣于人者也。家自无醯，则谢之可矣。今惟恐人之不乐我之谢，而必欲给其求，是不能内忖诸己，而已不免揣人意向为转移，究其极将为巧言令色，故不得为直也。孔子曰：

巧言令色足恭，左丘明耻之，丘亦耻之。（《公冶长》，《论语》卷三，第9页）

耻之者，耻其不直也。《论语》又云：

子贡问曰："乡人皆好之，何如？"子曰："未可也。"曰："乡人皆恶之，何如？"子曰："未可也。不如乡人之善者好之，其不善者恶之。"（《子路》，《论语》卷七，第9页）

夫至乡人皆恶之，是必不近人情之人也。然至乡人皆好之，此难免专务人人而悦之，为乡愿之徒，亦虚伪无可取矣。

然直虽可贵，尚须"礼以行之"。《论语》云：

子曰："恭而无礼则劳，慎而无礼则葸，勇而无礼则乱，直而无礼则绞。"（《泰伯》，《论语》卷四，第11页）

又曰："好直不好学，其蔽也绞。"（《阳货》，《论语》卷九，第5页）学即学礼也。古时所谓礼之义极广，除现在礼字所有之意义外，古时所谓礼，兼指一切风俗习惯，政治社会制度。子产谓："夫礼，天之经也，地之义也，民之行也。"

(见第三章引)《庄子·天下篇》谓："礼以道行。"(《庄子》卷十，第25页)盖凡关于人之行为之规范，皆所谓礼也。孔子为周礼之拥护者，故其教育弟子，除教以知识外，并以礼约束之。颜渊所谓"博我以文，约我以礼"是也。惟孔子同时又注重"礼之本"，故又言直。言直则注重个人性情之自由，言礼则注重社会规范对于个人之制裁。前者为孔子之新意，后者乃古代之成规。孔子理想中之"君子"，为能以真性情行礼者，故曰：

> 质胜文则野；文胜质则史；文质彬彬，然后君子。(《雍也》，《论语》卷三，第16页)

又曰：

> 不得中行而与之，必也狂狷乎！狂者进取，狷者有所不为也。(《子路》，《论语》卷七，第8页)

又云：

> 乡愿，德之贼也。(《阳货》，《论语》卷九，第6页)

"文质彬彬"，即中行也。狂狷之行为，虽不合中行，要皆真性情之流露，故亦可取。若乡愿则为伪君子，尤劣于真小人矣。[1]

上文谓不仁之人无真性情。《论语》中言仁处甚多，总而言之，仁者，即人之性情之真的及合礼的流露，而即本同情心以推己及人者也。《论语》云：

> 子曰："巧言令色，鲜矣仁。"(《学而》，《论语》卷一，第4页)

又云：

> 子曰："刚毅木讷近仁。"(《子路》，《论语》卷七，第10页)

巧言令色矫饰以媚悦人，非性情之真的流露，故"鲜矣仁"。"刚毅木讷"之人，

---

[1] 自上文"孔子屡言直"起至此，选抄钱穆先生《论语要略》并采美国学者德效骞(Homer H. Dubs)所作之"The Conflict of Authority and Freedom in Ancient Chinese Ethics"文之意，该文见Opencourt杂志第四十卷第三号。

质朴有真性情，故"近仁"也。《论语》又云：

> 樊迟问仁。子曰："爱人。"（《颜渊》，《论语》卷六，第20页）

仁以同情心为本，故爱人为仁也。《论语》又云：

> 宪问："克，伐，怨，欲，不行焉，可以为仁矣？"子曰："可以为难矣，仁则吾不知也。"（《宪问》，《论语》卷七，第11页）

焦循曰："孟子称公刘好货，太王好色，与百姓同之，使有积仓而无怨旷。孟子之学，全得诸孔子。此即己达达人，己立立人之义。必屏妃妾，减服食，而于百姓之饥寒仳离，漠不关心，则坚瓠也。故克伐怨欲不行，苦心絜身之士，孔子所不取。不如因己之欲，推以知人之欲。即己之不欲，推以知人之不欲。絜矩取譬不难，而仁已至矣。绝己之欲则不能通天下之志，非所以为仁也。"（《论语补疏》）

孔子又云：

> 人之过也，各于其党，观过斯知仁矣。（《里仁》，《论语》卷二，第12页）

人之性情之真的流露或有所偏而为过，然要之为性情之真的流露，故"观过斯知仁矣"。《论语》又云：

> 颜渊问仁，子曰："克己复礼为仁。一日克己复礼，天下归仁焉。为仁由己，而由人乎哉？"颜渊曰："请问其目。"子曰："非礼勿视，非礼勿听，非礼勿言，非礼勿动。"（《颜渊》，《论语》卷六，第12—13页）

"好直不好学，其蔽也绞"，故仁为人之性情之真的，而又须为合礼的流露也。《论语》又云：

> 仲弓问仁。子曰："出门如见大宾，使民如承大祭。己所不欲，勿施于人，在邦无怨，在家无怨。"仲弓曰："雍虽不敏，请事斯语矣。"（《颜渊》，《论语》卷六，第13页）

又云：

> 子贡曰："如有博施于民，而能济众，何如？可谓仁乎？"子曰："何事于仁？必也圣乎！尧舜其犹病诸！夫仁者，己欲立而立人，己欲达而达人，能近取譬，可为仁之方也矣。"（《雍也》，《论语》卷三，第19页）

"为仁之方"在于"能近取譬"，即谓为仁之方法在于推己以及人也。"因己之欲，推以知人之欲"，即"己欲立而立人，己欲达而达人"，即所谓忠也①。"因己之不欲，推以知人之不欲"，即"己所不欲，勿施于人"，即所谓恕也。实行忠恕即实行仁。《论语》云：

> 子曰："参乎，吾道一以贯之。"曾子曰："唯！"子出，门人问曰："何谓也？"曾子曰："夫子之道，忠恕而已矣。"（《论语·里仁》，《论语》卷二，第14页）

孔子一贯之道为忠恕，亦即谓孔子一贯之道为仁也。为仁之方法如此简易。故孔子曰："仁远乎哉，吾欲仁斯仁至矣。"

宋明道学家陆王一派，假定人本有完全的良知，假定"满街都是圣人"，故以为人只须顺其良知而行，即万不致误。孔子初无此意。人之性情之真的流露，本不必即可顺之而行而无不通。故孔子注重"克己复礼为仁"。然礼犹为外部之规范。除此外部之规范外，吾人内部尚自有可为行为之标准者。若"能近取譬"推己及人。己之所欲，即施于人；"己所不欲，勿施于人"。则吾人之性情之流露，自合乎适当的分际。故"直"尚有行不通处，而仁则无行不通处。故仁为孔子"一贯"之道，中心之学说。故《论语》中亦常以仁为人之全德之代名词。曰："求仁而得仁，又何怨？"（《述而》，《论语》卷四，第4页）曰："若圣与仁，则吾岂敢？"（《述而》，《论语》卷四，第9页）曰："无求生以害仁。有杀

---

① 恕为"己所不欲，勿施于人"，见《论语·卫灵公》孔子答子贡问。但忠之为义，《论语》中未有确切明文，后人遂以忠为"尽己"之义。按《论语》云："为人谋而不忠乎？"（《学而》，《论语》卷一，第4页）又云："与人忠。"（《子路》，《论语》卷七，第7页）又云："臣事君以忠。"（《八佾》，《论语》卷二，第7页）又云："孝慈则忠。"（《为政》，《论语》卷一，第14页）又云："忠焉能勿诲乎？"（《宪问》，《论语》卷七，第13页）忠有积极为人之义；此则《论语》中有明文者。若尽己之义，则《论语》未有明文，似非必孔子言忠之义。

身以成仁。"(《卫灵公》,《论语》卷八,第 3 页)此所谓仁皆指人之全德而言也。①

惟仁亦为全德之名,故孔子常以之统摄诸德,宰予以三年之丧为期已久,孔子谓为不仁,是仁可包孝也。以后孟子言:"未有仁而遗其亲者"(《梁惠王上》,《孟子》卷一,第 2 页);《中庸》言:"所求乎子以事父",皆谓仁人或行忠恕之人自然孝也②。孔子以"微子去之,箕子为之奴,比干谏而死",为"殷有三仁"(《微子》,《论语》卷九,第 11 页),是仁可包忠也。以后孟子言:"未有仁而后其君者"(《梁惠王上》,《孟子》卷一,第 2 页);《中庸》言:"所求乎臣以事君",皆谓仁人或行忠恕之人自然忠也。孔子谓令尹子文及陈文子:"未知焉得仁?"(《公冶长》,《论语》卷三,第 7 页)是仁可包智也。"仁者必有勇"(《宪问》,《论语》卷七,第 12 页),是仁可包勇也。"颜渊问仁。子曰:'克己复礼为仁。'"(《颜渊》,《论语》卷六,第 12 页)是仁可包礼也。"子张问仁于孔子。孔子曰:'能行五者于天下为仁矣。'请问之。曰:'恭,宽,信,敏,惠。恭则不侮;宽则得众;信则人任焉;敏则有功;惠则足以使人。'"(《阳货》,《论语》卷九,第 3 页)是仁可包信等也。

第六节 义利及性

观上所述,可知孔子亦注重人之性情之自由。人之性情之真的流露,只须其合礼,即是至好,吾人亦即可顺之而行矣。《论语》曰:

> 子绝四:毋意,毋必,毋固,毋我。(《子罕》,《论语》卷五,第 2 页)

又曰:

> 子曰:"可与共学,未可与适道。可与适道,未可与立。可与立,未可与权。"(《子罕》,《论语》卷五,第 10 页)
>
> 逸民伯夷,叔齐,虞仲,夷逸,朱张,柳下惠,少连。子曰:"不降其志,不辱其身,伯夷,叔齐与?"谓柳下惠,少连,"降志辱身矣。言中伦,

---

① 《论语》中所言之仁,实有上述两重意义。向来对此两重意义,不加分别。此即近人著述中种种辩论所由起也。

② 《论语》中所言孝如服从、养志、几谏等,皆为孝之方法,非孝之原理,故未论及。

行中虑，其斯而已矣"。谓虞仲，夷逸，"隐居放言，身中清，废中权。我则异于是，无可无不可"。(《微子》，《论语》卷九，第16—17页)

盖依上所述，吾人行为之标准，至少一部分是在内的而非在外的，是活的而非死的，是可变的而非固定的。故吾人之行为，可因时因地，随吾人性情之所之，而有相当的不同。此所谓"毋意，毋必，毋固，毋我"也。此所谓"我则异于是，无可无不可"也。若对于一切，皆执一定之规则，则即所谓"可与立，未可与权"者也。

人之性情之真的流露，只须其合礼，即是至好。至其发于行为，果得有利的结果与否，不必问也。事实上凡人性情之真的及合礼的流露之发于行为者，对于社会多有利，或至少亦无害，但孔子则不十分注意于此。如三年之丧之制，本可以曾子所谓"慎终追远，民德归厚"(《学而》，《论语》卷一，第6页)之说，予以理论的根据；但孔子则只谓不行三年之丧，则吾心不安，行之则吾心安。此制虽亦有使"民德归厚"之有利的结果，但孔子不以之作三年之丧之制之理论的根据也。孔子不注重行为之结果，其一生行事，亦是如此。子路为孔子辩护云：

> 君子之仕也，行其义也。道之不行也，已知之矣。(《微子》，《论语》卷九，第16页)

"道之不行也，已知之矣"，而犹席不暇暖，以求行道，所以石门晨门谓孔子为"知其不可而为之者也"(《宪问》，《论语》卷七，第13页)。董仲舒谓："正其谊不谋其利，明其道不计其功。""君子之仕也，行其义也"，即"正其谊""明其道"也；至于道之果行与否，则结果也，"利"也，"功"也，不必"谋"，不必"计"矣。《论语》云：

> 子罕言利。(《子罕》，《论语》卷五，第1页)

孔子云：

> 君子喻于义，小人喻于利。(《里仁》，《论语》卷二，第14页)

此孔子及孟子一贯之主张，亦即其与墨家根本不同处也。①

观上所述，又可知孔子之哲学，极注重人之心理方面。故后来儒家皆注重心理学。孔子云：

> 性相近也，习相远也。（《阳货》，《论语》卷九，第1页）

对于性虽未有明确的学说，然以注重心理学之故，性善性恶，遂成为后来儒家之大问题矣。

---

① 论者多谓孔子论治国之道："既庶矣"，"富之"；"既富矣"，"教之"（《子路》，《论语》卷七，第4页）；孟子所说王政，亦注重人民生活之经济方面，故儒家非不言利。不知儒家不言利，乃谓各事只问其当否，不必问其结果，非不言有利于民生日用之事。此乃儒家之非功利主义，与墨家之功利主义相反对。参看下文讲墨子及孟子章更明。

第五章 墨子及前期墨家

第一节 关于墨子之考证

墨子为中国历史中一甚大人物。由战国至汉初，人多以孔墨并称。但《史记》对于墨子之记载，则极简略。盖司马迁作《史记》时，思想界已成为儒家之天下。故孔子跻于世家，而墨子不得一列传。直至清末以后，研究墨学之兴趣，始渐兴起；关于墨子之考证，亦始渐加多。

《史记》谓："盖墨翟宋之大夫，善守御，为节用。或曰并孔子时；或曰在其后。"(《孟子荀卿列传》，《史记》卷七十四，同"文影殿刊"本，第6页)墨子在孔子后，今已为定论。孙诒让作《墨子年表》，起周贞定王元年（公元前468年），迄安王二十六年（公元前376年）(《墨子后语》卷上)。钱穆先生作《墨子年表》，起周敬王四十一年（公元前479年）即孔子卒年，迄安王二十一年（公元前381年），即吴起死年（《墨子》，商务印书馆《国学小丛书》内，第一章）。钱表起迄年代，比孙表略早。依《吕氏春秋》所记，吴起死时，墨家巨子，已为孟胜（详下第三节引），则墨子必死于吴起前。由此则钱表较近是。表中所包时间，几及百年。此非谓墨子必有如此大寿，只谓墨子一生，大约在此百年内耳。

墨子或云宋人，或云鲁人。孙诒让考定为鲁人（《墨子后语》卷上）。似亦可为定论。至其学之来源，则《吕氏春秋》谓："鲁惠公使宰让请郊庙之礼于天子。桓公使史角往；惠公止之。其后在于鲁，墨子学焉。"(《当染篇》，《吕氏春秋》卷二，"四部丛刊"本，第10页)《汉书·艺文志》谓："墨家者流，盖出于清庙之守。"(《汉书》卷三十，同"文影殿刊"本，第25页)似即本此。但此说无他证，只可备一说而已。《淮南王书》谓："孔丘墨翟修先圣之术，通六艺之论。"(《主术训》卷九，刘文典先生《淮南鸿烈集解》，商务铅印本，第24页）又谓："墨子学儒者之业，受孔子之术。以为其礼烦扰而不悦，厚葬靡财而贫民，久（据王校补）服伤生而害事。故背周道而用夏政。"（《要略》，《淮南子》卷二十一，第8页）《墨子》书中，引《诗》《书》处不少。孔子聚徒讲学，开一时之风气。墨子既为鲁人，则其在此风气中，学《诗》《书》，受孔子之影响，乃当然应有之事。且孔子本亦有尚俭节用之主张。如云："道千乘之国，敬事而信，节用而爱人。"（《学而》，《论语》卷一，"四部丛刊"本，第4—5页）又云："礼与其奢也宁俭。"（《八佾》，《论语》卷二，第2页）又云："禹，吾无间然矣。菲饮食而致孝乎鬼神，恶衣服而致美乎黻冕，卑宫室而尽力乎沟洫。禹吾无间然矣。"（《泰伯》，《论语》卷四，第18页）然则谓墨子尚俭、节用、明鬼、尊禹之主张，乃就孔子之教之此方面发挥，亦一可通之说也。

据此则墨学起源于鲁，与儒学同。然亦有谓墨子之学为与宋有关者。俞正燮云：

《管子》书《立政》云："兼爱之说胜，则士率不战。"《立政九败解》云："不能令彼无攻我，彼以教士，我以驱众，彼以良将，我以无能。其败必覆军杀将。"如此正宋襄公之谓。《左传》公子目夷谓襄公未知战："若爱重伤，则如勿伤；爱其二毛，则如服焉。"兼爱非攻，盖宋人之敝。《吕氏春秋·审应》云："偃兵之意，兼爱天下之心也。"据《左传》，襄公殁后，华元向戌皆以止兵为务。墨子出，始讲守御之法，不如《九败解》所讥。墨子实宋大夫。其后宋牼亦墨徒，欲止秦楚之兵，言战不利。……《公孟》篇云："墨子谓公孟曰：'子法周而未法夏，非古也。'"……荀子言儒者法后王，所以为儒。墨以殷后，多感激不法周而法古，所以为墨。（《癸巳类稿》卷十四）

宋人以愚著称。诸子中言及愚人，常以宋人为代表。如《庄子》谓："宋人资章甫而适诸越，越人断发文身，无所用之。"（《逍遥游》，《庄子》卷一，"四部丛刊"本，第14页）孟子谓："宋人有闵其苗之不长，而揠之者。"（《公孙丑上》，《孟子》卷三，"四部丛刊"本，第7页）韩非子谓宋人守株待兔（《韩非子·五蠹》），皆谓宋人之愚也。墨子之道，"其生也勤，其死也薄，其道太觳"，"以自苦为极"（《天下篇》，《庄子》卷十，第28—29页），所谓"其智可及也，其愚不可及"，亦有宋人之风。或者墨子先在鲁受孔子上述数点之影响。及后为宋大夫，又合宋人兼爱非攻之教，遂成墨学欤？

旧说墨子姓墨名翟。近人始有谓："古之所谓墨者，非姓氏之称，乃学术之称也。"（江瑔《论墨子非姓墨》，《读子卮言》）墨乃古代刑法之一，刑徒乃奴役之流（钱穆先生《墨子》第一章）。盖墨子节用、短丧、非乐等见解，皆趋于极端，与当时大夫君子之行事相反，其生活刻苦，又与劳工同。故从其学者，当时称之谓墨者，意谓此乃刑徒奴役之流耳。《墨子·贵义篇》谓楚献惠王"使穆贺见子墨子。子墨子说穆贺。穆贺大说，谓子墨子曰：'子之言则诚善矣。而君王，天下之大王也，毋乃曰"贱人之所为"而不用乎？'"（《墨子》卷十二，孙诒让《墨子间诂》，涵芬楼影印本，第 2 页）墨子所主张者为"贱人之所为"；此其所以见称为墨道也。然墨子即乐于以墨名其学派。此古希腊安提斯塞尼斯（Antisthenes。《中国大百科全书》哲学卷作"安提斯泰尼"。——编者注）之学之见称为犬学，而安氏亦乐于以此名其学，死后其墓上并刻一石犬以为墓表也。

墨子反贵族而因及贵族所依之周制。故其学说，多系主张周制之反面，盖对于周制之反动也。因儒家以法周相号召，故墨子自以其学说为法夏以抵制之。盖当时传说中之禹，本有节俭勤苦之名，观《论语》所说可知；故墨子乐以此相号召也。若必谓墨子法古或法夏，则"非愚则诬"。汪中曰：

> 墨子者，盖学焉而自为其道者也。故其《节葬》曰："圣王制为节葬之法"；又曰："墨子制为节葬之法"；则谓墨子自制者是也。（《墨子后序》，汪中《述学》卷二，阮氏汇印"文选楼丛书"本，第 6 页）

墨子之学说，盖就平民之观点，以主张周制之反面者也。

第二节 《经》《经说》及《大取》《小取》，六篇之时代

《墨子》书中《经》及《经说》等篇，乃战国后期墨者所作。战国后期游学之风极盛，诵习简编，求简练易记，所以各家作"经"。墨家有《墨经》，《荀子》中引有《道经》，《韩非子》中有《内外储说》之经。若战国前期，则尚无此体裁之著作也（顾颉刚先生说，见《古史辨》第一册上编，第 56 页）。

古书之为私人著作者，据现在所知，最早为《论语》。《论语》为记言体，其记言体又极简约。及《孟子》《庄子》书，遂由简约的记言进而为铺排的记言，更有设寓的记言，此乃战国诸子文体之初步。及此以后，则有舍去记言之体而据题抒论者，如《荀子》之一部分是也。舍记言体而据题为论，此乃战国诸

子文体演进之第二步（傅斯年先生说）。《墨子》书中如《大取》《小取》篇皆为据题抒论之著述体裁，亦非墨子时代所有也。

且《经》《经说》及《大取》《小取》等篇中所说，"坚白同异"、"牛马非牛"等辩论，皆以后所有，故孟子虽好辩，而对于此等问题，皆毫未谈及也。由此诸方面观察，可知此六篇为战国后期之作品矣。故本章讲墨子及前期墨家不及此六篇，而于后另章论之（见下第十一章）。

第三节　墨者为一有组织的团体

《墨子·公输篇》云：

> 公输般为楚造云梯之械成，将以攻宋。子墨子闻之……见公输般。……子墨子解带为城，以牒为械，公输般九设攻城之机变，子墨子九距之。公输般之攻械尽，子墨子之守圉有余。……子墨子曰："……臣之弟子禽滑厘等三百人，已持臣守圉之器在宋城上而待楚寇矣。虽杀臣不能绝也。"楚王曰："善哉，吾请无攻宋矣。"（《墨子》卷十三，第12—16页）

于此故事中，可见二事，一者墨子非攻，固反对一切攻势的战争，主张兼爱，固应各国皆爱。但当时强侵弱，众暴寡之事甚多，而墨子实际救护被攻之国，则只闻有此一事，此亦或可见墨子与宋有特别关系也。二者墨者为一有组织的团体，故救宋之举，能为有组织的行动，墨子往楚见公输般，其弟子三百人即在宋守城也。《耕柱篇》云：

> 子墨子使管黔滶游高石子于卫，卫君致禄甚厚，设之于卿。高石子三朝必尽言，而言无行者。去而之齐，见子墨子曰："卫君以夫子之故，致禄甚厚，设我于卿，石三朝必尽言，而言无行，是以去之也，卫君无乃以石为狂乎？"子墨子曰："去之苟道，受狂何伤。……"高石子曰："石去之，焉敢不道也。……"子墨子说。（《墨子》卷十一，第21—22页）

又曰：

> 子墨子游荆（苏云："荆字疑衍"）耕柱子于楚。二三子过之，食之三

升，客之不厚。二三子复于子墨子曰："耕柱子处楚无益矣。二三子过之，食之三升，客之不厚。"子墨子曰："未可知也。"毋几何而遗十金于子墨子曰："后生不敢死，有十金于此，愿夫子之用也。"子墨子曰："果未可知也。"（《墨子》卷十一，第18页）

《鲁问篇》云：

> 子墨子使胜绰事项子牛，项子牛三侵鲁地，而胜绰三从。子墨子闻之，使高孙子请而退之。（《墨子》卷十三，第10页）

据此则墨子弟子之出处行动，皆须受墨子之指挥。弟子出仕后如所事之主，不能行墨家之言，则须自行辞职，如高石子之例是也。如弟子出仕之后，曲学阿世，则墨子可"请"于其所事之主"而退之"，如胜绰之例是也。弟子出仕后之收入，须分以供墨者之用，如耕柱子之例是也。《淮南子》谓："墨子服役者百八十人，皆可使赴火蹈刃，死不旋踵"（《泰族训》，《淮南子》卷二十，第14页）。可见墨子弟子对于其师之绝对服从矣。

墨者之首领，名曰"巨子"。《庄子·天下篇》谓墨者"以巨子为圣人，皆愿为之尸，冀得为其后世"（《庄子》卷十，第9页）。墨者之第一任"巨子"当为墨子。此外见于《吕氏春秋》者，有孟胜、田襄子、腹䵍三人。《吕氏春秋》云：

> 墨者巨子孟胜，善荆之阳城君。阳城君令守于国，毁璜以为符。约曰："符合听之。"荆王薨，群臣攻吴起，兵于丧所，阳城君与焉。荆罪之，阳城君走；荆收其国。孟胜曰："受人之国，与之有符；今不见符而力不能禁，不能死，不可。"其弟子徐弱谏孟胜曰："死而有益阳城君，死之可矣。无益也，而绝墨者于世，不可。"孟胜曰："不然，吾于阳城君，非师则友也，非友则臣也。不死，自今以来，求严师必不于墨者矣，求贤友必不于墨者矣，求良臣必不于墨者矣。死之所以行墨者之义而继其业也。我将属巨子于宋之田襄子。田襄子贤者也，何患墨者之绝于世也。"徐弱曰："若夫子之言，弱请先死以除路。"还殁头前于孟胜，因使二人传巨子于田襄子。孟胜死，弟子死之者百八十三人。二人已致命于田襄子，欲反死孟胜于荆。田襄子止之曰："孟子已传巨子于我矣，当听。"不听，遂反死之。（《上德篇》，《吕氏春秋》卷十九，第8—9页）

据此则墨者之行为，与所谓侠者相同，《史记·游侠列传》所谓"其言必信，其行必果，已诺必诚，不爱其躯，赴士之厄困者也"。《吕氏春秋》又云：

> 墨者有巨子，腹䵍，居秦，其子杀人。秦惠王曰："先生之年长矣，非有他子也，寡人已令吏弗诛矣。先生之以此听寡人也。"腹䵍对曰："墨者之法，杀人者死，伤人者刑，此所以禁杀伤人也。夫禁杀伤人者，天下之大义也。王虽为之赐而令吏弗诛，腹䵍不可不行墨者之法。"不许惠王，而遂杀之。(《去私篇》，《吕氏春秋》卷一，第12页)

据此可知墨者之团体内，纪律极严。巨子对于犯墨者之法者，且有生杀之权矣。

第四节 墨子哲学为功利主义

尚俭节用，及兼爱非攻，虽为其时人原有之主张，但墨子则不但实行之，且予之以理论的根据，使成为一贯的系统。此墨子对于哲学之贡献也。

墨子书中反对儒家之处甚多，盖墨家哲学与儒家哲学之根本观念不同。儒家"正其谊不谋其利；明其道不计其功"。而墨家则专注重"利"，专注重"功"。试就孔子个人及墨子个人之行为考之，"孔席不暇暖，墨突不暇黔"，二人皆栖栖皇皇以救世之弊。然二人对于其自己行为之解释，则绝不相同。子路为孔子解释云：

> 君子之仕也，行其义也；道之不行，已知之矣。(《微子》，《论语》卷九，第16页)

此谓孔子之所以欲干预政治，乃以"应该"如此。至于如此之必无结果，"道之不行"，则"已知之矣"。但墨子对于其自己之行为之意见则不然。《墨子·贵义篇》云：

> 子墨子自鲁即齐，遇故人谓子墨子曰："今天下莫为义，子独自苦而为义，子不若已。"子墨子曰："今有人于此，有子十人，一人耕而九人处，则耕者不可以不益急矣。何故？食者众而耕者寡也。今天下莫为义，则子如劝我者也，何故止我？"(《墨子》卷十二，第1页)

《公孟篇》云：

> 公孟子谓子墨子曰："……今子遍从人而说之，何其劳也？"子墨子曰："……且有二生于此，善筮。一行为人筮者，一处而不出者。行为人筮者，与处而不出者，其糈孰多？"公孟子曰："行为人筮者其糈多。"子墨子曰："仁义均，行说人者其功善亦多，何故不行说人也？"（《墨子》卷十二，第8—9页）

此谓为义者虽少，然有一二人为之，其"功"犹胜于无人为之。"遍从人而说仁义"，虽不能使尽听，然其结果终胜于"不行说人"。其结果终是天下之利也。孔子乃无所为而为；墨子则有所为而为。

"功"、"利"乃墨家哲学之根本意思。《墨子·非命上》云：

> 子墨子言曰："必立仪。言而毋仪，譬犹运钧之上而立朝夕者也；是非利害之辨，不可得而明知也。故言必有三表。"何谓三表？子墨子言曰："有本之者，有原之者，有用之者。于何本之？上本之于古者圣王之事。于何原之？下原察百姓耳目之实。于何用之？发以为刑政，观其中国家百姓人民之利。此所谓言有三表也。"（《墨子》卷九，第1—2页）

此三表中，最重要者乃其第三。"国家百姓人民之利"，乃墨子估定一切价值之标准。凡事物必有所用，言论必可以行，然后为有价值。《公孟篇》云：

> 子墨子问于儒者曰："何故为乐？"曰："乐以为乐也。"子墨子曰："子未我应也。今我问曰：'何故为室？'曰：'冬避寒焉，夏避暑焉，室以为男女之别也。'则子告我为室之故矣。今我问曰：'何故为乐？'曰：'乐以为乐也。'是犹曰：'何故为室？'曰：'室以为室也。'"（《墨子》卷十二，第14—15页）

《耕柱篇》云：

> 叶公子高问政于仲尼，曰："善为政者若之何？"仲尼对曰："善为政者，远者近之，而旧者新之。"子墨子闻之曰："叶公子高未得其问也；仲尼亦未得其所以对也。叶公子高岂不知善为政者之远者近之而旧者新之哉？

问所以为之若之何也。不以人之所不知告人，以所知告之。故叶公子高未得其问也；仲尼亦未得其所以对也。"（《墨子》卷十一，第20页）

又云：

> 子墨子曰："言足以复行者常之；不足以举行者勿常。不足以举行而常之，是荡口也。"（《墨子》卷十一，第21页）

"何为乐？"及"何所为而需乐？"此二问题，自墨子视之，直即是一。儒家说乐以为乐；墨子不承认为乐可为一种用处；盖为乐乃求目前快乐，不能有将来有利的结果也。不可行及不告人以行之之道之言论，不过为一种"理智的操练"，虽可与吾人以目前的快乐，而对于将来，亦为无用，所以亦无有价值也。①

第五节　何为人民之大利

凡事物必中国家百姓人民之利，方有价值。国家百姓人民之利，即是人民之"富"与"庶"。凡能使人民富庶之事物，皆为有用，否者皆为无益或有害；一切价值，皆依此估定。《节用上》云：

> 圣人为政一国，一国可倍也；大之为政天下，天下可倍也。其倍之，非外取地也；因其国家，去其无用之费，足以倍之。……故孰为难倍？唯人为难倍，然人有可倍也。昔者圣王为法曰："丈夫年二十，毋敢不处家；女子年十五，毋敢不事人。"此圣王之法也。圣王既没，于民恣也。其欲早处家者，有所二十年处家；其欲晚处家者，有所四十年处家。以其早与其晚相践，后圣王之法十年。若纯三年而字，子生可以二三年矣。此不惟使民早处家而可以倍与？（《墨子》卷六，第1—3页）

据此节亦可见功利主义之注重算账。人民之富庶，既为国家百姓人民之大利。故

---

① 《非命中》云："使言有三法。三法者何也？有本之者，有原之者，有用之者。于其本之也，考之天鬼之志，圣王之事。于其原之也，征以先王之书。用之奈何？发以为刑（毕云：据上篇有政字）此言之三法也。"（《墨子》卷九，第7页）此以天鬼之志加于三表中，亦主张天志者应有之说也。

凡对之无直接用处或对之有害者，皆当废弃。所以吾人应尚节俭，反对奢侈。《节用中》云：

> 是故古者圣王制为节用之法，曰："凡天下群百工，轮车鞼匏，陶冶梓匠，使各从事其所能。"曰："凡足以奉给民用，则止；诸加费不加于民利者，圣王弗为。"……古者圣王制为衣服之法，曰："冬服绀緅之衣，轻且暖；夏服絺绤之衣，轻且清，则止。诸加费不加于民利者，圣王弗为。"古者圣人为猛禽狡兽，暴人害民，于是教民以兵行。日带剑，为刺则入，击则断，旁击而不折，此剑之利也。甲为衣则轻且利，动则兵且从，此甲之利也。车为服重致远，乘之则安，引之则利；安以不伤人，利以速至，此车之利也。古者圣王为大川广谷之不可济，于是制（本作利，依王校改）为舟楫，足以将之，则止。虽上者三公诸侯至，舟楫不易，津人不饰，此舟之利也。古者圣王制为节葬之法，曰："三领足以朽肉，棺三寸足以朽骸，掘穴深不通于泉，流不发泄，则止。死者即葬，生者毋久丧用哀。"古者人之始生，未有宫室之时，因陵丘掘穴而处焉。圣王虑之，以为掘穴，曰："冬可以避风寒，逮夏，下润湿，上熏蒸，恐伤民之气。"于是作为宫室而利。然则为宫室之法将奈何哉？子墨子曰："其旁可以圉寒风，上可以圉雪霜雨露，其中蠲洁可以祭祀，宫墙足以为男女之别，则止。诸加费不加民利者，圣王弗为。"（《墨子》卷六，第4—6页）

据此则墨子并不反对"加费"；但"加费不加民利者"，则应禁止耳。

以同一理由，吾人应节葬短丧。《节葬下》云：

> 上士之操丧也，必扶而能起，杖而能行，以此共三年。若法若言，行若道，使王公大人行此，则必不能早朝。……使农夫行此，则必不能早出夜入，耕稼树艺。使百工行此，则必不能修舟车，为器皿矣。使妇人行此，则必不能夙兴夜寐，纺绩织纴。细计厚葬为多埋赋财者也；计久丧为久禁从事者也。财已成者，挟而埋之，后得生者而久禁之。以此求富，此譬犹禁耕而求获也。富之说无可得焉，是故以求富家而既已不可矣。欲以众人民意者可邪？其说又不可矣。今唯无以厚葬久丧者为政，君死，丧之三年；父母死，丧之三年；妻与后子死者，五皆丧之三年；然后伯父，叔父，兄弟，孽子，期；族人五月；姑，姊，甥，舅，皆有月数；则毁瘠必有制矣。使面目陷䫜，颜色黧黑，耳目不聪明，手足不劲强，不可用也。又曰：上士操丧也，

必扶而能起，杖而能行，以此共三年。若法若言，行若道，苟其饥约又若此矣。是故百姓冬不忍寒，夏不忍暑，作疾病死者，不可胜计也。此其为败男女之交多矣；以此求众，譬犹使人负剑而求其寿也。（《墨子》卷六，第11—13页）

儒家所主张厚葬久丧之制，对于"求富""求众"，均有甚大妨碍；故须主张节葬短丧。

以同一理由吾人应反对音乐。《非乐上》云：

舟用之水，车用之陆，君子息其足焉，小人休其肩背焉。故万民出财，贵而予之，不敢以为戚恨者何也？以其反中民之利也。然则乐器反中民之利亦若此，即我弗敢非也。然则当用乐器，譬之若圣王之为舟车也，即我弗敢非也。民有三患：饥者不得食，寒者不得衣，劳者不得息，三者民之巨患也。然当即为之撞巨钟，击鸣鼓，弹琴瑟，吹竽笙而扬干戚，民衣食之财，将安可得乎？即我以为未必然也。意舍此。今有大国即攻小国，有大家即伐小家，强劫弱，众暴寡，诈欺愚，贵傲贱，寇乱盗贼并兴，不可禁止也。然即当为之撞巨钟，击鸣鼓，弹琴瑟，吹竽笙而扬干戚，天下之乱也，将安可得而治与？即我以为未必然也。是故子墨子曰：姑尝厚措敛乎万民，以为大钟鸣鼓琴瑟竽笙之声，以求兴天下之利，除天下之害，而无补也。是故子墨子曰：为乐非也。（《墨子》卷八，第22—23页）

乐既为无用而可废，则他诸美术，亦当然在被摈斥之列矣。音乐美术，皆系情感之产物，亦只能动情感，墨子以为无用而摈斥之；其对于情感之态度，于此可见。由墨子极端功利主义之观点观之，人之许多情感，皆为无用，且亦无意义；须压抑之，勿使为吾人行为之障碍。如儒家所说居丧之道、颜色之戚、哭泣之哀，本为人之情感之表现，但自墨子极端功利主义之观点观之，此不惟无用，亦且无意义。《公孟篇》曰：

公孟子曰："三年之丧，学吾子（依俞校增）之慕父母。"子墨子曰："夫婴儿子之知，独慕父母而已。父母不可得也，然号而不止，此其故何也？即愚之至也。然则儒者之知，岂有以贤于婴儿子哉？"（《墨子》卷十二，第14页）

儒家不执有鬼神，而又注重祭祀，盖亦为求情感之满足也。由墨子极端功利主义之观点观之，儒家所主张之祭祀亦同一无意义。《公孟篇》云：

> 公孟子曰："无鬼神。"又曰："君子必学祭祀。"子墨子曰："执无鬼而学祭祀，是犹无客而学客礼也，是犹无鱼而为鱼罟也。"（《墨子》卷十二，第13页）

又《贵义篇》云：

> 子墨子曰："必去六辟，默则思，言则诲，动则事，使三者代御，必为圣人。必去喜，去怒，去乐，去悲，去爱，去恶（去恶二字，据俞校增），而用仁义。手足口鼻耳，从事于义，必为圣人。"（《墨子》卷十二，第3页）

喜、怒、乐、悲、爱、恶，皆属于情感方面，墨子以为"六辟"，皆须去之。必使吾人"默则思，言则诲，动则事"，使吾人一举一动，皆在理智用事之状态中。此墨子排除情感之明文也。

第六节　兼　爱

一切奢华文饰，固皆不中国家人民之利，然犹非其大害。国家人民之大害，在于国家人民之互相争斗，无有宁息；而其所以互相争斗之原因，则起于人之不相爱。《兼爱下》云：

> 仁人之事者，必务求兴天下之利，除天下之害。然当今之时，天下之害孰为大？曰："大国之攻小国也，大家之乱小家也。强之劫弱，众之暴寡，诈之谋愚，贵之傲贱，此天下之害也。又与为人君者之不惠也，臣者之不忠也，父者之不慈也，子者之不孝也，此又天下之害也。又与今之贱人，执其兵刃毒药水火以交相亏贼，此又天下之害也。"姑尝本原若众害之所自生，此胡自生？此自爱人利人生与？即必曰："非然也。"必曰："从恶人贼人生。"分名乎天下恶人而贼人者，兼与？别与？即必曰："别也。"然即之交别者，果生天下之大害者与？是故别非也。……非人者必有以易之。……是

故子墨子曰："兼以易别。"然即兼之可以易别之故何也？曰："藉为人之国，若为其国，夫谁独举其国以攻人之国者哉？为彼者犹为己也。为人之都，若为己都，夫谁独举其都以伐人之都者哉？为彼犹为己也。为人之家若为其家，夫谁独举其家以乱人之家者哉？为彼犹为己也。"然即国都不相攻伐，人家不相乱贼，此天下之害与，天下之利与？即必曰："天下之利也。"姑尝本原若众利之所自生，此胡自生？此自恶人贼人生与？即必曰："非然也。"必曰："从爱人利人生。"分名乎天下爱人而利人者，别与兼与？即必曰："兼也。"然即之交兼者果生天下之大利者与？是故子墨子曰："兼是也。"且乡吾本言曰："仁人之事者，必务求天下之利，除天下之害。"今吾本原兼之所生天下之大利者也，吾本原别之所生天下之大害者也。是故子墨子曰："别非而兼是者"，出乎若方也。今吾将正求兴天下之利而取之，以兼为正，是以聪耳明目，相与视听乎；是以股肱毕强，相为动宰乎。而有道肆相教诲，是以老而无妻子者，有所侍养以终其寿；幼弱孤童之无父母者，有所放依以长其身。今唯毋以兼为正，即若其利也。不识天下之士所以皆闻兼而非者，其故何也？然而天下之士非兼者之言，犹未止也。曰："即善矣，虽然，岂可用哉？"子墨子曰："用而不可，虽我亦将非之；且焉有善而不可用者？"姑尝两而进之，设以为二士，使其一士者执别，使其一士者执兼，是故别士之言曰："吾岂能为吾友之身，若为吾身；为吾友之亲，若为吾亲？"是故退睹其友，饥即不食，寒即不衣，疾病不侍养，死丧不葬埋，别士之言若此，行若此。兼士之言不然，行亦不然。曰："吾闻为高士于天下者，必为其友之身若为其身，为其友之亲若为其亲，然后可以为高士于天下。"是故退睹其友，饥则食之，寒则衣之，疾病侍养之，死丧葬埋之，兼士之言若此，行若此。若之二士者，言相非而行相反与？当使若二士者，言必信，行必果，使言行之合犹合符节也，无言而不行也。然即敢问："今有平原广野于此，被甲婴胄将往战，死生之权，未可识也；又有君大夫之远使于巴越齐荆，往来及否，未可识也。"然即敢问："不识将恶从也，家室奉承亲戚，提挈妻子，而寄托之，不识于兼之有是乎？于别之有是乎？"我以为当其于此也，天下无愚夫愚妇，虽非兼之人，必寄托之于兼之有是也。此言而非兼，择即取兼，即此言行拂也。不识天下之士，所以皆闻兼而非之者，其故何也？然而天下之士，非兼者之言，犹未止也。曰："意可以择士而不可以择君乎？"姑尝两而进之。设以为二君；使其一君者执兼，使其一君者执别。是故别君之言曰："吾恶能为吾万民之身若为吾身，此泰非天下之情也。人之生乎地上之无几何也，譬之犹驷驰而过隙也。"是故退睹其万民，饥即不食，寒即不衣，疾病不侍养，死丧不葬埋，别君之言若此，行若此。兼君之言不然，行亦不然。曰："吾闻为明君于天下者，必先万民之身，后为其身，然后可以为明君于天下"。是故退睹其万民，饥即食之，寒即衣之，疾病侍养之，死丧葬埋之。兼君之言若此，行若此。然即交兼交别若之二君者，言相非而行相反与？常使若二君者，言必信，行必果，使言行之合，犹合符节也，无言而不行也。然即敢问："今岁有疠疫，万民多有勤苦冻馁，转死沟壑中者，既已众矣。不识将择之二君者将何从也？"我以为当其于此也，天下无愚夫愚妇，虽非兼者，必从兼君是也。言而非兼，择即取兼，此言行拂也。不识天下所以皆闻兼而非之者，其故何也？（《墨子》卷四，第11—16页）

天下之大患，在于人之不相爱，故以兼爱之说救之。兼爱之道，不惟于他人有利，且于行兼爱之道者亦有利；不惟"利他"，亦且"利自"。此纯就功利方面证兼爱之必要。此墨家兼爱之说所以与儒家之主张仁不同也。

天下之大利，在于人之兼爱；天下之大害，在于人之互争；故吾人应非攻。《非攻中》云：

今师徒唯毋兴起；冬行恐寒，夏行恐暑，此不可以冬夏为者也。春则废民耕稼树艺，秋则废民获敛；今唯毋废一时，则百姓饥寒冻馁而死者，不可胜数。今尝计军出，竹箭，羽旄，幄幕，甲盾拨劫，往而靡弊腑冷不反者，不可胜数。又与矛戟，戈剑，乘车，其往则碎折靡弊而不反者，不可胜数。与其牛马肥而往，瘠而反，往死亡而不反者，不可胜数。与其涂道之修远，粮食辍绝而不继，百姓死者，不可胜数也。与其居处之不安，食饭之不时，饥饱之不节，百姓之道疾病而死者，不可胜数。丧师多不可胜数，丧师尽不可胜计，则是鬼神之丧其主后，亦不可胜数。国家发政夺民之用，废民之利，若此甚众，然而何为为之？曰："我贪伐胜之名，及得之利，故为之。"子墨子言曰："计其所自胜，无所可用也；计其所得，反不如所丧者之多。"……饰攻战者言曰："南则荆吴之王，北则齐晋之君，始封于天下之时，其土地之方，未至有数百里也；人徒之众，未至有数十万人也。以攻战之故，土地之博，至有数千里也；人徒之众，至有数百万也。故当攻战而不可非也。"子墨子言曰："虽四五国则得利焉，犹谓之非行道也。譬若医之药人之有病者然。今有医于此，和合其祝药之于天下之有病者而药之，万人食此，若医四五人得利焉，犹谓之非行药也。故孝子不以养其亲，忠臣不以

食其君。古者封国于天下，尚者以耳之所闻，近者以目之所见，以攻战亡者，不可胜数。……"（《墨子》卷五，第2—5页）

边沁（Jeremy Bentham）以为道德及法律之目的，在于求"最大多数之最大幸福"；墨子亦然。墨子非攻，孟子亦曰："善战者服上刑。"但墨子之非攻，因其不利。孟子之反对战争，则因其不义。观孟子与宋牼辩论之言可见矣（《告子下》，《孟子》卷十二，第4—6页）。宋牼欲见秦楚之王，说构兵之"不利"而使之"罢之"。孟子则主张以仁义说秦楚之王。宋牼不必即一墨者，但此点实亦孟子与墨子所以不同也。

第七节 宗教的制裁

墨子虽以为兼爱之道乃惟一救世之法，而却未以为人本能相爱。《所染篇》云：

> 子墨子见染丝者而叹曰："染于苍则苍，染于黄则黄；所入者变，其色亦变；五入而已则为五色矣；故染不可不慎也！"（《墨子》卷一，第8页）

墨子以人性为素丝，其善恶全在"所染"。吾人固应以兼爱之道染人，使交相利而不交相害；然普通人民，所见甚近，不易使其皆有见于兼爱之利，"交别"之害。故墨子注重种种制裁①，以使人交相爱。

墨子注重宗教的制裁，以为有上帝在上，赏兼爱者而罚交别者。《天志上》云：

> 故天子者，天下之穷贵也，天下之穷富也。故欲富且贵者，当天意而不可不顺。顺天意者，兼相爱，交相利，必得赏；反天意者，别相恶，交相贼，必得罚。然则是谁顺天意而得赏者？谁反天意而得罚者？子墨子言曰："昔三代圣王禹、汤、文、武，此顺天意而得赏者也；昔三代之暴王，桀、纣、幽、厉，此反天意而得罚者也。"然则禹、汤、文、武，其得赏何以也？

---

① 边沁谓人之快乐苦痛，有四来源：即物质的、政治的、道德的、宗教的。法律及行为规则，皆利用此四者所生之苦痛快乐，以为劝惩，而始有强制力。故此四者，名曰制裁（Sanction）（边沁《道德立法原理导言》第25页）。

> 子墨子言曰："其事上尊天，中事鬼神，下爱人；故天意曰：'此之我所爱，兼而爱之；我所利，兼而利之；爱人者，此为博焉；利人者此为厚焉。'故使贵为天子，富有天下，业万世，子孙传称其善，方施天下，至今称之，谓之圣王。"然则桀、纣、幽、厉，其得罚何以也？子墨子言曰："其事上诟天，中诟鬼，下贼人；故天意曰：'此之我所爱，别而恶之；我所利，交而贼之；恶人者此为博也；贱人者此为厚也。'故使不得终其寿，不殁其世，至今毁之，谓之暴王"。然则何以知天之爱天下之百姓？以其兼而明之。何以知其兼而明之？以其兼而有之。何以知其兼而有之？以其兼而食焉。何以知其兼而食焉？四海之内，粒食之民，莫不犓牛羊，豢犬彘，洁为粢盛酒醴，以祭祀于上帝鬼神。天有邑人，何用弗爱也？且吾言杀一不辜者，必有一不祥。杀不辜者谁也？则人也。予人不祥者谁也？则天也。若以天为不爱天下之百姓，则何故以人与人相杀而天予之不祥？此我所以知天之爱天下之百姓也。（《墨子》卷七，第3—4页）

墨子以此证明上帝之存在及其意志之如何；其论证之理论，可谓浅陋。不过墨子对于形上学本无兴趣，其意亦只欲设此制裁，使人交相爱而已。《天志中》云：

> 天之意不欲大国之攻小国也，大家之乱小家也，强之暴寡，诈之谋愚，贵之傲贱；此天之所不欲也。不止此而已；欲人之有力相营，有道相教，有财相分也；又欲上之强听治也，下之强从事也。上强听治，则国家治矣；下强从事，则财用足矣。若国家治，财用足，则内有以洁为酒醴粢盛，以祭祀天鬼；外有以环璧珠玉以聘挠四邻，诸侯之冤不兴矣，边境兵甲不作矣。内有以食饥息劳，持养其万民，则君臣上下惠忠，父子弟兄慈孝。故唯毋明乎顺天之意，奉而光施之天下，则刑政治，万民和，国家富，财用足，百姓皆得暖衣饱食，便宁无忧，是故子墨子曰："今天下之君子，中实将欲遵道利民，本察仁义之本，天之意不可不慎也。"（《墨子》卷七，第7页）

上帝之外，又有鬼神，其能"赏善罚暴"，与上帝同。《明鬼篇》云：

> 逮至昔三代圣王既没，天下失义，诸侯力征，是以存夫为人君臣上下者之不惠忠也，父子弟兄之不慈孝弟长贞良也，正长之不强于听治，贱人之不强于从事也。民之为淫暴寇乱盗贼，以兵刃毒药水火，御无罪人乎道路术径，夺人车马衣裘，以自利者，并作。由此始是以天下乱。此其故何以然

也？则皆以疑惑鬼神之有与无之别，不明乎鬼神之能赏贤而罚暴也。今若使天下之人，偕若信鬼神之能赏贤而罚暴也，则夫天下岂乱哉？（《墨子》卷八，第1—2页）

虽有鬼神，人亦须"自求多福"，不可但坐而祈神佑。《公孟篇》云：

> 子墨子有疾；跌鼻进而问曰："先生以鬼神为明，能为祸福。为善者赏之，为不善者罚之。今先生圣人也，何故有疾？意者先生之言有不善乎？鬼神不明知乎？"子墨子曰："虽使我有疾，鬼神何遽不明？人之所得于病者多方：有得之寒暑，有得之劳苦；百门而闭一门焉，则盗何遽无从入？"（《墨子》卷十二，第18页）

墨子既以诸种制裁，使人交相爱而不交相别，故非命。上帝鬼神及国家之赏罚，乃人之行为所自招，非命定也。若以此为命定，则诸种赏罚，皆失其效力矣。《非命上》云：

> 是故古之圣王，发宪出令，设以为赏罚以劝贤沮暴。是以入则孝慈于亲戚，出则弟长于乡里，坐处有度，出入有节，男女有辨。是故使治官府则不盗窃，守城则不崩叛，君有难则死，出亡则送。此上之所赏，而百姓之所誉也。执有命者之言曰："上之所赏，命固且赏，非贤故赏也。"是故入则不慈孝于亲戚，出则不弟长于乡里，坐处不度，出入无节，男女无辨。是故治官府则盗窃，守城则崩叛，君有难则不死，出亡则不送。此上之所罚，百姓之所非毁也。执有命者言曰："上之所罚，命固且罚，不暴故罚也。"以此为君则不义，为臣则不忠，为父则不慈，为子则不孝，为兄则不良，为弟则不弟；而强执此者，此特凶言之所自生，而暴人之道也。（《墨子》卷九，第4—5页）

第八节　政治的制裁

于宗教的制裁之外，墨子又注重政治的制裁。他以为欲使世界和平，人民康乐，吾人不但需有一上帝于天上，且亦需有一上帝于人间，《尚同上》云：

> 古者民始生未有政长之时，盖其语曰天下之人异义；是以一人则一义，二人则二义，十人则十义，其人兹众，其所谓义者亦兹众。是以人是其义，以非人之义，故交相非也。是以内者父子兄弟作怨恶，离散不能相和合。天下之百姓，皆以水火毒药相亏害，至有余力不能以相劳；腐臭余财不以相分；隐匿良道，不以相教。天下之乱，若禽兽然。夫明乎天下之所以乱者，生于无政长。是故选择天下之贤可者，立以为天子。……正长既已具；天子发政于天下之百姓，言曰："闻善而不善，皆以告其上；上之所是，必皆是之；上之所非，必皆非之。"（《墨子》卷三，第1—2页）

在西洋近代哲学史中，霍布斯（Thomas Hobbes）以为人之初生，无有国家，在所谓"天然状态"之中；于其时人人皆是一切人之仇敌，互相争夺，终日战争。人不满意于此状态，故不得已而设一绝对的统治者而相约服从之。国家之起源如此，故其威权，应须绝大；不然则国家解体而人复返于"天然状态"中矣。国家威权之绝对，有如上帝，不过上帝永存，而国家有死而已（Leviathan, Pt. ii. Chap. 17.）。墨子之政治哲学，可谓与霍布斯所说极相似。①

在未有国家刑政之时，既因是非标准之无定而大乱；故国家既立之后，天子之号令，即应为绝对的是非标准。除此之外，不应再有任何标准。故除政治的裁制外，不应再有社会的制裁。《尚同下》云：

> 今此何为人上而不能治其下，为人下而不能事其上；则是上下相贼也。何故以然？则义不同也。若苟义不同者有党，上以若人为善，将赏之；若人虽使得上之赏，而避百姓之毁，是以为善者未必可使劝，见有赏也。上以若人为暴，将罚之；若人虽使得上之罚，而怀百姓之誉，是以为暴者未必可使沮，见有罚也。故计上之赏誉不足以劝善，计其毁罚不足以沮暴；此何故以然？则义不同也。（《墨子》卷三，第15页）

霍布斯以为"国家之病"，盖有多端，其一即起于"煽惑人之学说之毒；此种学说以为每一私人，对于善恶行为，皆可判断"（Leviathan, Pt. ii. Chap. 29.）。墨子之见，正与相同。故墨子以为天下一切人皆应"上同而不下比"。《尚同

---

① 《尚同中》云："则此语古者上帝鬼神之建设国都，立政长也，非高其爵，厚其禄，富贵佚而错之也。将以为万民兴利、除害、富贫、众寡、安危、治乱也。"（《墨子》卷三，第10页）此又以为国家乃上帝鬼神所设，亦主张天志者应有之说也。

下》云：

> 然则欲同一天下之义，将奈何可？……然胡不尝试用家君发宪布令其家，曰："若见爱利家者必以告，若见恶贼家者必以告。"若见爱利家以告，亦犹爱利家者也；上得且赏之，众闻则誉之。若见恶贼家者不以告，亦犹恶贼家者也；上得且罚之，众闻则非之。是以遍若家之人，皆欲得其长上之赏誉，避其毁罚，是以善言之，不善言之。家君得善人而赏之，得暴人而罚之。善人之赏，而暴人之罚，则家必治矣。然计若家之所以治者何也？唯以尚同一义为政故也。……故又使家总其家君之义，以尚同于国君。……故又使国君选其国之义，以尚同于天子。天子亦为发宪布令于天下之众曰："若见爱利天下者必以告，若见恶贼天下者亦以告。"若见爱利天下以告者，亦犹爱利天下者也；上得则赏之，众闻则誉之。若见恶贼天下不以告者，亦犹恶贼天下者也；上得则罚之，众闻则非之。是以遍天下之人，皆欲得其长上之赏誉，避其毁罚，是以见善不善者告之。天子得善人而赏之，得暴人而罚之。善人赏而暴人罚，天下必治矣。然计天下之所以治者何也？惟也尚同一义为政故也。天下既已治，天子又总天下之义，以尚同于天。（《墨子》卷三，第15—17页）

在下者既皆须同于上，而在上者又惟以兼相爱交相利为令，如此则天下之人，必皆非兼相爱交相利不可矣。然"尚同"之极，必使人之个性，毫无发展余地，荀子云："墨子有见于齐，无见于畸。"（《荀子·天论篇》）其所以"无见于畸"，只因其太"有见于齐"也。所尤可注意者，墨子虽谓人皆须从天志，然依"尚同"之等级，则惟天子可上同于天。天子代天发号施令，人民只可服从天子。故依墨子之意，不但除政治的制裁外无有社会的制裁，即宗教的制裁，亦必为政治的制裁之附庸。此意亦复与霍布斯之说相合。霍布斯亦以为教会不能立于国家之外而有独立的主权；否则国家分裂，国即不存。他又以为若人民只奉个人的信仰而不服从法律，则国亦必亡（Leviathan, Pt. ii. Chap. 29）。依墨子天子上同于天之说，则上帝及主权者之意志，相合为一，无复冲突；盖其所说之天子，已君主而兼教皇矣。

第九节 余 论

墨子以为吾人宜牺牲一切以求富庶；此说亦极有根据。依生物学所说，凡生物皆求保存其自我及其种族。依析心术（Psychoanalysis。现代译为"精神分析"。——编者注）派之心理学所说，吾人诸欲中之最强者，乃系自私之欲及男女之欲。中国古亦有云："食、色，性也。"墨子之意，亦欲世上之人，皆能维持生活，而又皆能结婚生子，使人类日趋繁荣而已。兼爱之道，国家之制，以及其他方法，皆所以达此目的者也。

此根本之义，本无可非；不过此学说谓吾人应牺牲一切目前享受，以达将来甚远之目的，则诚为过于算账。《庄子》云：

> 不侈于后世，不靡于万物，不晖于数度，以绳墨自矫，而备世之急。古之道术有在于是者，墨翟禽滑厘闻其风而说之。为之大过，已之大循，作为《非乐》，命之曰"节用"，生不歌，死无服。墨子泛爱兼利而非斗，其道不怒，又好学而博，不异，不与先王同，毁古之礼乐。黄帝有《咸池》，尧有《大章》，舜有《大韶》，禹有《大夏》，汤有《大濩》，文王有《辟雍》之乐，武王周公作《武》。古之丧礼，贵贱有仪，上下有等；天子棺椁七重，诸侯五重，大夫三重，士再重。今墨子独生不歌，死不服，桐棺三寸而无椁，以为法式。以此教人，恐不爱人；以此自行，固不爱己；未败墨子道。虽然，歌而非歌，哭而非哭，乐而非乐，是果类乎？其生也勤，其死也薄，其道大觳；使人忧，使人悲，其行难为也，恐其不可以为圣人之道。反天下之心，天下不堪；墨子虽独能任，奈天下何？离于天下，其去王也远矣。（《天下篇》，《庄子》卷十，"四部丛刊"本，第26—28页）

此批评可谓正当，墨学不行于后世，此或亦一故也。

荀子谓"墨子蔽于用而不知文"（《解蔽篇》，《荀子》卷十五，"四部丛刊"本，第5页）。然刘向《说苑》云：

> 禽滑厘问子墨子曰："锦绣絺纻，将安用之？"墨子曰："……今当凶年，有欲予子随侯之珠者，不得卖也，珍宝而以为饰；又欲予子一钟粟者。得珠者不得粟，得粟者不得珠，子将何择？"禽滑厘曰："吾取粟耳；可以救穷。"墨子曰："诚然，则恶在事夫奢也？长无用，好末淫，非圣人之所急也。故食必常饱，然后求美；衣必常暖，然后求丽；居必常安，然后求乐；为可长，行可久；先质而后文：此圣人之务。"（《反质篇》，"四部丛刊"本，卷二十，第3—5页）

若此报告果真，则墨子亦非认奢侈文饰等为本来不好。"文"亦系一种好，但须"先质而后文"耳。吾人必须能生活，然后可有好的生活；此亦一真实义。不过欲使世上人人皆能生活，诚亦甚难。故墨子以为世上人人皆须勤苦节用；非不知"文"之为一种好，特无暇于为"文"耳。

第六章　孟子及儒家中之孟学

第一节　孟子之抱负及其在中国历史中之地位

《史记》曰：

> 自孔子卒后，七十子之徒，散游诸侯，大者为师傅卿相；小者友教士大夫，或隐而不见。故子路居卫，子张居陈，澹台子羽居楚，子夏居西河，子贡终于齐，如田子方、段干木、吴起、禽滑厘之属，皆受业于子夏之伦，为王者师。是时独魏文侯好学，后陵迟以至于始皇，天下并争于战国，儒术既绌焉。然齐鲁之间，学者独不废也。于威宣之际，孟子荀卿之列，咸遵夫子之业而润色之，以学显于当世。（《儒林传》，《史记》卷百二十一，同"文影殿刊"本，第1—2页）

盖孔子开以讲学为职业之风气，其弟子及以后儒者，多以讲学为职业，所谓"大者为师傅卿相，小者友教士大夫"也。然能"以学显于当世"者，则推孟子荀卿。二人实孔子后儒家大师也。孔子在中国历史中之地位，如苏格拉底之在西洋历史，孟子在中国历史中之地位，如柏拉图之在西洋历史，其气象之高明亢爽亦似之；荀子在中国历史之地位如亚里士多德之在西洋历史，其气象之笃实沈博亦似之。

《史记》曰：

> 孟轲，邹人也。受业子思之门人。道既通，游事齐宣王；宣王不能用。适梁，梁惠王不果所言，则见以为迂远而阔于事情。当是之时，秦用商君，富国强兵，楚魏用吴起，战胜弱敌。齐威王宣王用孙子田忌之徒，而诸侯东面朝齐。天下方务于合从连衡，以攻伐为贤。而孟轲乃述唐虞三代之德。是

以所如者不合。退而与万章之徒，序《诗》《书》，述仲尼之意，作《孟子》七篇。(《孟子荀卿列传》，《史记》卷七十四，第 1 页)

孟子生卒年，《史记》不详。元程复心《孟子年谱》谓：孟子生于周烈王四年(公元前 372 年)，卒于赧王二十六年(公元前 289 年)。孟子邹人，邹与鲁极近，皆为儒家之根据地。故儒家者流，《庄子·天下篇》称之为"邹鲁之士，缙绅先生"(《庄子》卷十，"四部丛刊"本，第 25 页)也。孔子一生之职志为继文王周公之业，孟子一生之职志为继孔子之业。故曰：

昔者禹抑洪水而天下平，周公兼夷狄驱猛兽而百姓宁，孔子成《春秋》而乱臣贼子惧。……我亦欲正人心，息邪说，距诐行，放淫辞，以承三圣者。予岂好辩哉，予不得已也。(《滕文公下》，《孟子》卷六，"四部丛刊"本，第 14 页)

又曰：

由尧、舜，至于汤，五百有余岁。若禹、皋陶，则见而知之，若汤则闻而知之。由汤至于文王，五百有余岁。若伊尹、莱朱，则见而知之，若文王则闻而知之。由文王至于孔子，五百有余岁。若太公望、散宜生，则见而知之，若孔子则闻而知之。由孔子而来，至于今百有余岁。去圣人之世，若此其未远也；近圣人之居，若此其甚也。然而无有乎尔，则亦无有乎尔。(《尽心下》，《孟子》卷十四，第 19 页)

"去圣人之世，若此其未远；近圣人之居，若此其甚"；即孟子所处之时地也。"然而无有乎尔，则亦无有乎尔"，见无他人继孔子而起，隐然以继孔子之业为自己之责任，无旁贷也。故曰："如欲平治天下，当今之世，舍我其谁也？"(《公孙丑下》，《孟子》卷四，第 16 页)又曰："乃所愿则学孔子也。"(《公孙丑上》，《孟子》卷三，第 10 页)宋儒所谓道统之说，孟子似持之。

第二节 孟子对于周制之态度

孔子以六艺教人，后来儒家继之。《史记》云："孟子序《诗》《书》，述仲尼之意。"赵岐《孟子题辞》云："孟子通六经，尤长于《诗》《书》。"今孟子书中，引《诗》者三十，论《诗》者四；引《书》者十八，论《书》者一，又有但引《书》而不言"书曰"者；礼及《春秋》，亦时言及（陈澧《东塾读书记》卷三，第9—10页）。孟子之讲《诗》、《书》，尤注重于引申其中之意义，如孟子云：

> 《诗》曰："天生烝民，有物有则；民之秉彝，好是懿德。"孔子曰："为此诗者，其知道乎！故有物必有则，民之秉彝也，故好是懿德。"（《告子上》，《孟子》卷十一，第6页）

又曰：

> 《小弁》之怨，亲亲也；亲亲仁也，固矣夫高叟之为诗也。（《告子下》，《孟子》卷十二，第3—4页）

"为诗"不能"固"，即孟子所说：

> 故说《诗》者，不以文害辞，不以辞害志；以意逆志，是为得之。（《万章上》，《孟子》卷九，第8页）

孟子讲《书》之态度亦如此。故曰：

> 尽信书则不如无书，吾于《武成》，取二三策而已矣。仁人无敌于天下，以至仁伐至不仁，而何其血之流杵也。（《尽心下》，《孟子》卷十四，第2页）

以自己之意见自由解释《诗》《书》，此儒家对于六艺所以以述为作也。

孟子以继孔子之业为职志，故对于其时之传统的制度，大端仍持拥护态度。《孟子》云：

> 北宫锜问曰："周室班爵禄也，如之何？"孟子曰："其详不可得闻也。诸侯恶其害己也，而皆去其籍。然而轲也，尝闻其略也。天子一位，公一位，侯一位，伯一位，子男同一位，凡五等也。君一位，卿一位，大夫一

位，上士一位，中士一位，下士一位，凡六等。天子之制，地方千里，公侯皆方百里，伯七十里，子男五十里，凡四等。不能五十里，不达于天子，附于诸侯，曰附庸。天子之卿受地视侯，大夫受地视伯，元士受地视子男。大国地方百里，君十卿禄，卿禄四大夫，大夫倍上士，上士倍中士，中士倍下士，下士与庶人在官者同禄，禄足以代其耕也。次国地方七十里，君十卿禄，卿禄三大夫，大夫倍上士，上士倍中士，中士倍下士，下士与庶人在官者同禄，禄足以代其耕也。小国地方五十里，君十卿禄，卿禄二大夫，大夫倍上士，上士倍中士，中士倍下士，下士与庶人在官者同禄，禄足以代其耕也。耕者之所获，一夫百亩。百亩之田，上农夫食九人，上次食八人，中食七人，中次食六人，下食五人。庶人在官者，其禄以是为差。"（《万章下》，《孟子》卷十，第3—5页）

此所说之政治经济制度，虽不必为历史上的周制；历史上的周制，在详细节目上，在诸国亦不能如此之整齐划一；然周制之普通原理，与此所说，当相差不远。孟子云：

> 离娄之明，公输子之巧，不以规矩，不能成方圆。师旷之聪，不以六律，不能正五音。尧舜之道，不以仁政，不能平治天下。今有仁心仁闻，而民不被其泽，不可法于后世者，不行先王之道也。……《诗》云："不愆不忘，率由旧章。"遵先王之法而过者，未之有也。（《离娄上》，《孟子》卷七，第1页）

所谓仁政，即是上述之政治经济制度。孟子云：

> 夫仁政必自经界始。经界不正，井地不均，谷禄不平。……经界既正，分田制禄，可坐而定也。（《滕文公上》，《孟子》卷五，第7页）

"不愆不忘，率由旧章"，"遵先王之法"以"分田制禄"，其结果必与"周室班爵禄"大致相同。就此方面观之，孟子对于当时之传统的制度之态度，为守旧的。

第三节　孟子之理想的政治及经济制度

在此方面观之，孟子仍是"述而不作"。不过儒家之"述而不作"，非真不作，乃以述为作，第四章已详。此种以述为作之倾向及精神，孔子已发其端，孟子乃益向此方向发展。故孟子所主张之政治经济制度，虽表面上仍为"率由旧章"，"遵先王之法"，而实际上已将"先王之法"理想化、理论化矣。

孟子虽仍拥护"周室班爵禄"之制，但其在政治上、经济上之根本的观点，则与传统的观点，大不相同。依传统的观点，一切政治上、经济上之制度，皆完全为贵族设（参看第二章）。依孟子之观点，则一切皆为民设。此一切皆为民设之观点，乃孟子政治及社会哲学之根本意思。孟子贵王贱霸，以为"仲尼之徒，无道桓文之事者"（《梁惠王上》，《孟子》卷一，第9页）。其实孔子颇推崇齐桓公及管仲，曰："桓公九合诸侯，不以兵车，管仲之力也。如其仁！如其仁！"（《宪问》，《论语》卷七，"四部丛刊"本，第17页）又曰："管仲相桓公，霸诸侯，一匡天下，民到于今受其赐。微管仲，吾其被发左衽矣。"（同上）盖王、霸，乃孟子政治理想中二种不同的政治。中国后来之政治哲学，皆将政治分为此二种。王者之一切制作设施，均系为民，故民皆悦而从之；霸者则惟以武力征服人强使从己。故曰：

> 以力假仁者霸……以德行仁者王。……以力服人者，非心服也，力不赡也。以德服人者，中心悦而诚服也，如七十子之服孔子也。（《公孙丑上》，《孟子》卷三，第11—12页）

又王者之为民，乃系出于其"不忍人之心"；"以不忍人之心"，"发为不忍人之政"，即王政也（详下）。霸者之制作设施，虽亦有时似乎为民，然其意则不过以之为达其好名好利好尊荣之手段，故曰"以力假仁者霸也"。孟子又曰：

> 尧、舜，性之也；汤、武，身之也；五霸，假之也。久假而不归，恶知其非有也。（《尽心上》，《孟子》卷十三，第12页）

孟子以一切政治的经济的制度皆为民设，所谓君亦为民设。故曰：

> 民为贵，社稷次之，君为轻。是故得乎丘民为天子，得乎天子为诸侯，得乎诸侯为大夫。(《尽心下》，《孟子》卷十四，第5页)

观此则孟子虽仍主有天子、诸侯、大夫，诸治人者之存在，如"周室班爵禄"然；但诸治人者所以存在之理由，则完全在其能"得乎丘民"。如所谓君者不"得乎丘民"，则即失其所以为君者，即非君矣。故孟子曰：

> 贼仁者谓之贼，贼义者谓之残。残贼之人，谓之一夫。闻诛一夫纣矣，未闻弑君也。(《梁惠王下》，《孟子》卷二，第12页)

此亦正名主义也。古史家及孔子正名而"乱臣贼子惧"；至孟子则正名而乱君亦惧矣①。

孟子虽以为社会中仍应有君子、野人，治人者及治于人者之区分，但此区分乃完全以分工互助为目的。孟子驳许行"君臣并耕"之说云：

> 然则治天下，独可耕且为与？有大人之事，有小人之事。且一人之身，而百工之所为备，如必自为而后用之，是率天下而路也。故曰：或劳心，或劳力。劳心者治人，劳力者治于人。治于人者食人，治人者食于人。天下之通义也。……尧舜之治天下，岂无所用其心哉？亦不用于耕耳。(《滕文公上》，《孟子》卷五，第10—13页)

又曰：

> 无君子莫治野人，无野人莫养君子。(《滕文公上》，《孟子》卷五，第7页)

在社会中，一人之生活，需用许多工艺之出产，所谓"一人之身而百工之所为备也"。"必自为而后用之"，乃不可能之事，故必分工互助。治人者治于人者，其所事虽不同，要皆互相需要，彼此皆不可以相无也。

---

① 孟子以为此等办法不能施于父，如瞽瞍虽不慈，而舜则仍孝，故舜为大孝。盖孟子以其"民为贵"之根本意思施于政治，当然须有上述之主张；至对于父子兄弟方面，则仍可依照传统的见解也。

根据此分工互助之原则，人中谁应为治人者，谁应为治于人者？孟子以为：

> 天下有道，小德役大德，小贤役大贤。天下无道，小役大，弱役强。斯二者，天也。顺天者存，逆天者亡。(《离娄上》，《孟子》卷七，第5页)

此谓在治世，小德役于大德，小贤役于大贤；在乱世，小役于大，弱役于强。不过乱世之强吞弱，众暴寡，乃人与人相竞争，非人与人相互助，与分工互助之原则不合。若根据分工互助之原则，必使能治人者治人，犹之使能陶冶者陶冶。孟子谓齐宣王曰：

> 为巨室则必使工师求大木。工师得大木，则王喜，以为能胜其任矣。匠人斲而小之，则王怒，以为不胜其任矣。夫人幼而学之，壮而欲行之。王曰"姑舍女所学而从我"，则何如？今有璞玉于此，虽万镒，必使玉人雕琢之。至于治国家，则曰"姑舍女所学而从我"，则何异于教玉人雕琢玉哉？(《梁惠王下》，《孟子》卷二，第12—13页)

国家社会，犹大木也，玉也。治之者亦须为"幼而学之"之专家。所谓大德大贤，即能治国家社会之专家也。

推此理也，则政治上至高之位，必以最大之德居之。所谓天子，必圣人乃可为之。故尧舜禅让，成为孟子之理想的政治制度。《孟子》曰：

> 万章曰："尧以天下与舜，有诸？"孟子曰："否。天子不能以天下与人。""然则舜有天下也，孰与之？"曰："天与之。""天与之者，谆谆然命之乎？"曰："否。天不言，以行与事示之而已矣。"曰："以行与事示之者如之何？"曰："天子能荐人于天，不能使天与之天下。诸侯能荐人于天子，不能使天子与之诸侯。大夫能荐人于诸侯，不能使诸侯与之大夫。昔者尧荐舜于天，而天受之。暴之于民，而民受之。故曰，天不言，以行与事示之而已矣。"曰："敢问荐之于天，而天受之；暴之于民，而民受之，如何？"曰："使之主祭，而百神享之，是天受之。使之主事而事治，百姓安之，是民受之也。天与之，人与之；故曰，天子不能以天下与人。舜相尧，二十有八载，非人之所能为也，天也。尧崩，三年之丧毕，舜避尧之子于南河之南。天下诸侯朝觐者，不之尧之子而之舜。讼狱者，不之尧之子而之舜。讴

歌者，不讴歌尧之子而讴歌舜。故曰，天也。夫然后之中国，践天子位焉。而居尧之宫，逼尧之子，是篡也，非天与也。《泰誓》曰：'天视自我民视，天听自我民听'，此之谓也。"万章问曰："人有言，至于禹而德衰，不传于贤而传于子，有诸？"孟子曰："否，不然也，天与贤，则与贤；天与子，则与子。昔者舜荐禹于天。十有七年，舜崩，三年之丧毕，禹避舜之子于阳城。天下之民从之，若尧崩之后，不从尧之子而从舜也。禹荐益于天，七年，禹崩，三年之丧毕。益避禹之子于箕山之阴。朝觐讼狱者，不之益而之启。曰：'吾君之子也。'讴歌者，不讴歌益而讴歌启，曰：'吾君之子也。'丹朱之不肖，舜之子亦不肖。舜之相尧，禹之相舜也，历年多，施泽于民久。启贤，能敬承继禹之道。益之相禹也，历年少，施泽于民未久。舜、禹、益，相去久远，其子之贤不肖，皆天也，非人之所能为也。莫之为而为者，天也。莫之致而至者，命也。匹夫而有天下者，德必若舜、禹，而又有天子荐之者。故仲尼不有天下。继世以有天下，天之所废，必若桀纣者也。故益、伊尹、周公不有天下。"（《万章上》，《孟子》卷九，第9—12页）

据此则孟子之理想的政治制度，为以有圣人之德者居天子之位。此圣人既老，则在其死以前预选一年较少之圣人，先使为相以试之。及其成效卓著，则荐之于天，以为其自己之替代者。及老圣人既死，此少圣人即代之而为天子。然天之意不可知，可知者民意而已。民果归之，即天以天下与之；故荐之于天，即荐之于民也。"匹夫有天下，德必若舜禹，而又有天子荐之者"；盖无天子荐之，则不能先为相以自试，不能施泽于民，民不归之也。此理想与柏拉图《共和国》之主张极相似；但儒家以述为作，故必托为史事，以代表其理想。又以依附周制及宗奉文王、周公之故，对于"继世以有天下"者，亦不攻击。此则在逻辑上不能自圆其说，只可归之"莫之为而为者天也，莫之致而至者命也"。

孟子之理想的经济制度，《孟子》中所述亦甚详。孟子云：

> 请野九一而助，国中什一使自赋。卿以下必有圭田，圭田五十亩，余夫二十五亩。死徙无出乡，乡田同井。出入相友，守望相助，疾病相扶持，则百姓亲睦。方里而井，井九百亩，其中为公田。八家皆私百亩，同养公田，公事毕，然后敢治私事。所以别野人也。（《滕文公上》，《孟子》卷五，第7—8页）

又云：

> 不违农时，谷不可胜食也。数罟不入洿池，鱼鳖不可胜食也。斧斤以时入山林，材木不可胜用也。谷与鱼鳖不可胜食，材木不可胜用，是使民养生丧死无憾也。养生丧死无憾，王道之始也。五亩之宅，树之以桑，五十者可以衣帛矣。鸡豚狗彘之畜，无失其时，七十者可以食肉矣。百亩之田，勿夺其时，数口之家，可以无饥矣。谨庠序之教，申之以孝悌之义，颁白者不负戴于道路矣。七十者衣帛食肉，黎民不饥不寒，然而不王者，未之有也。（《梁惠王上》，《孟子》卷一，第4—5页）

此就原有之井田制度，转移观点，将其变为含有社会主义性质的经济制度也。所谓转移观点者，盖古代土地为国君及贵族所私有，农民受土地于贵族，为之做"助耕之氓"，为之做农奴。故原有之井田制度，乃为贵族之利益。依孟子之理想，乃土地为国家所公有，人民受土地于国家而自由耕种之。其每井中公田之出产，虽仍可为国君卿大夫之禄，"以代其耕"；但农民之助耕公田，乃如纳税于国家之性质，非如农奴为地主服役之性质。此理想中之制度，乃使民"养生丧死无憾"，乃为人民之利益。故谓孟子所说之井田制度，即古代所实行者，非也。谓孟子所说之井田制度，纯乎为理想、为创造，亦非也。二者均有焉，此所谓以述为作也。墨子就平民之观点，以主张周制之反面。孟子则就平民之观点，与周制以新解释新意义。此孟子与墨子在此方面之不同也。

依孟子之意，国家不但须使人有恒产，解决其生活问题；且应设教育机关，教育人民。孟子曰：

> 设为庠序学校以教之。庠者，养也。校者，教也。序者，射也。夏曰校，殷曰序，周曰庠，学则三代共之。皆所以明人伦也。人伦明于上；小民亲于下。（《滕文公上》，《孟子》卷五，第6页）

人人皆能生活，"养生丧死无憾"，不过为"王道之始"。必人人皆受教育，"明人伦"，然后方为王道之完成。此亦孔子"富之教之"之意也。

第四节　性　善

以上所述之各种理想的制度，即孟子所谓王道、王政，或仁政也。仁政何以必须行？仁政何以能行？孟子曰：

> 人皆有不忍人之心；先王有不忍人之心，斯有不忍人之政矣。(《公孙丑上》，《孟子》卷三，第14页)

"不忍人之政"，即仁政也。"人皆有不忍人之心"，不忍见人之困苦，此即仁政之所以必须行也。人既皆有此心为仁政之根据，此即仁政之所以能行也。孟子因齐宣王不忍一牛之"觳觫而就死地"，断其必能行王政。曰：

> 老吾老以及人之老，幼吾幼以及人之幼，天下可运于掌。《诗》云："刑于寡妻，至于兄弟，以御于家邦。"言举斯心加诸彼而已。故推恩，足以保四海；不推恩，无以保妻子。古之人所以大过人者无他焉，善推其所为而已矣。(《梁惠王上》，《孟子》卷一，第12页)

齐宣王谓己好货好色，不能行王政。孟子言："王如好货"，"王如好色"，"与百姓同之，于王何有？"(《梁惠王下》，《孟子》卷二，第9—10页)因己之好货好色，即推而与百姓同之，即"举斯心加诸彼"也。若实现此心于政事，则其政事即仁政矣。"善推其所为"，即仁也，即忠恕也。孔子讲仁及忠恕，多限于个人之修养方面。孟子则应用之于政治及社会哲学。孔子讲仁及忠恕，只及于"内圣"；孟子则更及于"外王"。

"人皆有不忍人之心"，即所谓人性皆善也。孟子曰：

> 人皆有不忍人之心。……今人乍见孺子将入于井，皆有怵惕恻隐之心，非所以内交于孺子之父母也，非所以要誉于乡党朋友也，非恶其声而然也。由是观之，无恻隐之心，非人也；无羞恶之心，非人也；无辞让之心，非人也；无是非之心，非人也；恻隐之心，仁之端也；羞恶之心，义之端也；辞让之心，礼之端也；是非之心，智之端也。人之有是四端，犹其有四体也。有是四端，

而自谓不能者，自贼者也。谓其君不能者，贼其君者也。凡有四端于我者，知皆扩而充之矣。若火之始然，泉之始达。苟能充之，足以保四海；苟不充之，不足以事父母。(《公孙丑上》，《孟子》卷三，第14—16页)

陈澧曰："孟子所谓性善者，谓人人之性皆有善也，非谓人人之性，皆纯乎善也。"(《东塾读书记》卷三，第1页) 孟子所谓性善，只谓人皆有仁义礼智之四"端"；此四"端"若能扩而充之，则为圣人。人之不善，皆不能即此四"端"扩而充之，非其性本与善人殊也。故曰：

乃若其情，则可以为善矣；乃所谓善也。若夫为不善，非才之罪也。恻隐之心，人皆有之；羞恶之心，人皆有之；恭敬之心，人皆有之；是非之心，人皆有之。恻隐之心，仁也；羞恶之心，义也；恭敬之心，礼也；是非之心，智也。仁义礼智，非由外铄我也，我固有之也，弗思耳矣。故曰，求则得之，舍则失之。或相倍蓰而无算者，不能尽其才者也。(《告子上》，《孟子》卷十一，第5—6页)

俞正燮曰："情者，事之实也。《大学》'无情者'，郑注云'情犹实也'，是也。"(《癸巳存稿》卷二，第30页) 朱熹曰："才犹材质。"(《孟子集注》) 才即材料之意；即不善之人，按之实际，亦岂无"可以为善"之材质？亦岂无上述之四端？不过不能扩而充之，或且压抑而丧失之，然此"非才之罪"也。

人何以必须扩充此善端？此亦一问题也。若依功利主义说，则人之扩充善端于社会有利，否则有害，此即墨子主张兼爱之理由也。惟依孟子之意，则人之必须扩充此善端者，因此乃人之所以为人也。孟子曰：

人之所以异于禽兽者几希，庶民去之，君子存之。(《离娄下》，《孟子》卷八，第6页)

人之所以为人，即人之要素，人之名之定义，亦即人之所以别于禽兽者也。人之所以为人者，即人之有人心，《孟子》云：

公都子问曰："钧是人也，或为大人，或为小人，何也？"孟子曰："从其大体为大人，从其小体为小人。"曰："钧是人也，或从其大体，或从其小体，何也?"曰:"耳目之官,不思而蔽于物,物交物则引之而已矣。心之官则思,思则得之,不思则不得也。此天之所与我者,先立乎其大者,则其小者不能夺也。此为大人而已矣。"(《告子上》,《孟子》卷十一,第15页)

亚力士多德《伦理学》谓饮食及情欲乃人与禽兽所共有,人之所以别于禽兽者,惟在其有理性耳。"心之官则思",能思即有理性也。能思之心为人所特有,乃"天之所以与我"者,所以为大体也。耳目之官,乃人与禽兽所同有,所以为小体也。若只"从其小体",则不惟为小人,且为禽兽矣(见下)。"耳目之官,不思而蔽于物,物交物则引之而已矣。"若听其自然,则能"陷溺其心"(《告子上》,《孟子》卷十一,第7页)),人之所以有不善者,即以此也。能思之心,所好者为理义。孟子云:

> 故凡同类者,举相似也。何独至于人而疑之?圣人与我同类者。故龙子曰:"不知足而为屦,我知其不为蒉也。"屦之相似,天下之足同也。口之于味,有同耆也。易牙先得我口之所耆者也。如使口之于味也,其性与人殊,若犬马之与我不同类也,则天下何耆皆从易牙之于味也?至于味,天下期于易牙,是天下之口相似也。惟耳亦然,至于声,天下期于师旷,是天下之耳相似也。惟目亦然。至于子都,天下莫不知其姣也。不知子都之姣者,无目者也。故曰:口之于味也,有同耆焉;耳之于声也,有同听焉;目之于色也,有同美焉。至于心独无所同然乎?心之所同然者,何也?谓理也、义也。圣人先得我心之所同然耳。故理义之悦我心,犹刍豢之悦我口。(《告子上》,《孟子》卷十一,第7—8页)

故人必依理义而行,乃为"从其大体"。从其大体,乃得保人之所以为人,乃合乎人之定义。否则人即失其所以为人,而与禽兽同。孟子云:

> 虽存乎人者,岂无仁义之心哉?其所以放其良心者,亦犹斧斤之于木也,旦旦而伐之,可以为美乎?其日夜之所息,平旦之气,其好恶与人相近也者几希。则其旦昼之所为,有梏亡之矣。梏之反复,则其夜气不足以存;夜气不足以存,则其违禽兽不远矣。人见其禽兽也,而以为未尝有才焉者,是岂人之情也哉?(《告子上》,《孟子》卷十一,第9页)

"夜气"即人"仁义之心"之未完全受摧残者。人若"夜气不存",即失其"所以为人者",当然即为禽兽矣。孟子所以主张"求放心"及"不失本心"者,盖必如此方能为人也。

人皆有人心,即人性之所以为善也。孟子言性善时,亦特别使人注意于其所说之性为"人之性"。孟子云:

> 告子曰:"生之谓性。"孟子曰:"生之谓性也,犹白之谓白欤?"曰:"然。""白羽之白也,犹白雪之白;白雪之白,犹白玉之白欤?"曰:"然。""然而犬之性犹牛之性,牛之性犹人之性欤?"(《告子上》,《孟子》卷十一,第2—3页)

天下之白同,而性不同。牛不与人同类,故其性亦与人异。人之性包含"人之所以为人者"。失其性则与禽兽相同矣。孟子又云:

> 仁,人心也;义,人路也。(《告子上》,《孟子》卷十一,第12页)

仁即"人"所应有之心;义即"人"所应由之路。若不"居仁由义",则即非人矣。①

据此则知孟子所谓:

> 杨氏为我,是无君也。墨氏兼爱,是无父也。无父无君,是禽兽也。(《滕文公下》,《孟子》卷六,第13页)

亦非随便谩骂。盖儒家以为人之四端之表现于社会组织者,即所谓人伦。故云:

> 仁之实,事亲是也;义之实,从兄是也;智之实,知斯二者弗去是也;礼之实,节文斯二者是也;乐之实,乐斯二者。(《离娄上》,《孟子》卷七,第16页)

---

① 若人之性专指人之所以为人,人之所以异于禽兽者而言,则谓人性全然是善,亦无不可。盖普通所谓人性中与禽兽相同之部分,如孟子所谓小体者,严格言之,非人之性,乃人之兽性耳。若只就人性言,则固未有不善也。

又曰：

> 圣人，人伦之至也。（《离娄上》，《孟子》卷七，第3页）

若杨墨之道，废弃人伦，则失其"所以为人者"，不合人之定义，故为禽兽也。亚力士多德以为人为政治动物。人性若能充分发展，即须有国家社会。否则不成为其为人。儒家以为人须有君父，亦此意也。

人皆有善端，所谓圣人，不过将此善端扩而充之，至于"人伦之至"而已。故人人皆可以为圣人。孟子引颜渊曰：

> 舜何人也，予何人也，有为者亦若是。（《滕文公上》，《孟子》卷五，第1页）

若自以为"吾身不能居仁由义"，则即"谓之自弃矣"。

孟子极重视个人，故亦注重个人之自由。至所谓礼者，若人认为不合，可以否认之，改革之。《孟子》云：

> 孟子告齐宣王曰："君之视臣如手足，则臣视君如腹心；君之视臣如犬马，则臣视君如国人；君之视臣如土芥，则臣视君如寇仇。"王曰："礼，为旧君有服，何如斯可为服矣？"曰："谏行言听，膏泽下于民。有故而去，则君使人导之出疆，又先于其所往。去三年不返，然后收其田里。此之谓三有礼焉。如此则为之服矣。今也为臣，谏则不行，言则不听，膏泽不下于民。有故而去，则君搏执之，又极之于其所往。去之日，遂收其田里。此之谓寇仇。寇仇，何服之有！"（《离娄下》，《孟子》卷八，第2页）

此孟子否认旧礼之言论也。孟子又曰：

> 非礼之礼，非义之义，大人弗为。（《离娄下》，《孟子》卷八，第3页）

此亦谓个人判断之权威，可在世俗所谓礼义之上。上文谓孔子注重个人性情之自由，同时又注重人之行为之外部规范。前者为孔子之新意，后者为古代之成规（见第四章第五节）。孟子则较注重于个人性情之自由。盖孟子既主性善之说，以为"仁义礼智，非由外铄我也，我固有之也"。则个人之道德判断，当然可重视矣。

人人皆可以为圣人，此人所皆可以自期许者也。至于人生中他方面之成败利钝，则不能计，亦不必计。孟子曰：

> 若夫成功则天也，君如彼何哉，强为善而已矣。(《梁惠王下》，《孟子》卷二，第16页)

又曰：

> 哭死而哀，非为生者也。经德不回，非以干禄也。言语必信，非以正行也。君子行法以俟命而已矣。(《尽心下》，《孟子》卷十四，第14页)

此所谓天所谓命，皆指人力所无奈何之事，所谓"莫之为而为者天也，莫之致而至者命也"。吾人行事，只问其当否。当行则行，所谓"强为善"也。至其成败利钝，则依各方面之环境为转移。此非尽为人力所能统治者；此所谓天也，命也。所谓命运之天即指此。墨家立非命之说，以与儒家对峙。实则儒家所谓之命，至少孟荀所谓之命，并无迷信在内，与墨家所非者，并非一事。

第五节　孟子反功利

于此亦可知孟子所以反对利之故矣。孟子以为人皆有恻隐、羞恶、辞让、是非之四端。扩而充之，则为仁、义、礼、智之四德。四德为人性发展之自然结果，而人之所以须发展人性，因必如此方为尽"人之所以为人者"，非因四德为有利而始行之也。四德之行，当然可生于社会有利之结果，此结果虽极可贵，然亦系附带的。犹之艺术家之作品，固可使人愉悦，然此乃附带的结果；彼艺术家之创作，则所以表现其理想与情感，非为求人悦乐愉快也。

不过孟子虽主张义，反对利，然对于义利之辨，未有详细说明，亦未将公利私利，分开辩论，故颇受后人之驳诘。惟孟子与墨者夷之辩薄葬之说，颇可显其非功利主义之主要意义。彼云：

> 盖上世尝有不葬其亲者，其亲死则举而委之于壑。他日过之，狐狸食之，蝇蚋姑嘬之。其颡有泚，睨而不视。夫泚也，非为人泚，中心达于面目。盖归反虆梩而掩之，掩之诚是也。则孝子仁人之掩其亲，亦必有道矣。(《滕文公上》，《孟子》卷五，第17页)

又曰：

> 古者棺椁无度。中古棺七寸，椁称之。自天子达于庶人。非直为观美也，然后尽于人心。(《公孙丑下》，《孟子》卷四，第8页)

墨家之攻击儒家厚葬久丧，主节葬短丧，纯从功利主义立论。而孟子则纯不从功利主义立论。厚葬久丧，对社会固亦有利。"慎终追远，民德归厚矣"。此从功利主义立论以主张厚葬久丧者也。然孟子则但谓厚葬为"尽于人心"，此儒家之精神也。

第六节 天，性，及浩然之气

孟子之所谓天，有时似指主宰之天，如"尧荐舜于天"之天。有时似指运命之天，如上所说者。有时则指义理之天。孟子因人皆有仁、义、礼、智之四端而言性善。人之所以有此四端，性之所以善，正因性乃"天之所与我者"，人之所得于天者。此性善说之形上学的根据也。孟子云：

> 尽其心者，知其性也。知其性则知天矣。存其心，养其性，所以事天也。夭寿不贰，修身以俟之，所以立命也。(《尽心上》，《孟子》卷十三，第1页)

心为人之"大体"；故"尽其心者""知其性"。此乃"天之所与我者"；故"尽其心"、"知其性"，亦"知天"矣。孟子又云：

> 夫君子所过者化，所存者神，上下与天地同流，岂曰小补之哉？(《尽心上》，《孟子》卷十三，第5页)

又云：

> 万物皆备于我矣。反身而诚，乐莫大焉。强恕而行，求仁莫近焉。（《尽心上》，《孟子》卷十三，第2页）

"万物皆备于我"、"上下与天地同流"等语，颇有神秘主义之倾向。其本意如何，孟子所言简略，不能详也①。

如孟子哲学中果有神秘主义，则孟子所谓浩然之气，即个人在最高境界中之精神状态。故曰：

> 其为气也，至大至刚，以直养而无害，则塞于天地之间。（《公孙丑上》，《孟子》卷三，第6页）

至于养此气之方法，孟子云：

> 其为气也，配义与道，无是，馁也；是集义所生者，非义袭而取之也。行有不慊于心，则馁矣。我故曰："告子未尝知义，以其外之也。"必有事焉。而勿正，心勿忘，勿助长也。（《公孙丑上》，《孟子》卷三，第7页）

---

① 神秘主义一名，有种种不同的意义；此所谓神秘主义，乃专指一种哲学承认有所谓"万物一体"之境界。在此境界中，个人与"全"（宇宙之全）合而为一，所谓人我内外之分，俱已不存。普通多谓此神秘主义必与唯心论的宇宙论相关连。宇宙论必为唯心论的：宇宙之全体，与个人之心灵，有内部底关系；个人之精神，与宇宙之大精神，本为一体，特以有后起的隔阂，以致人与宇宙，似乎分离。一部分佛家所说之无明，宋儒所说之私欲，皆指此后起的隔阂也。若去此隔阂，则个人与宇宙复合而为一，佛教所说之证真如，宋儒所说"人欲尽处，天理流行"，皆指此境界也。不过此神秘主义，亦不必与唯心论的宇宙论相连。如庄子之哲学，其宇宙论非必为唯心论的，然亦注重神秘主义也。中国哲学中，孟子派之儒家，及庄子派之道家，皆以神秘境界为最高境界，以神秘经验为个人修养之最高成就。但两家之所用以达此最高境界、最高目的之方法不同。道家所用之方法，乃以纯粹经验忘我；儒家所用之方法，乃以"爱之事业"（叔本华所用名词）去私。无我无私，而个人乃与宇宙合一。如孟子哲学果有神秘主义在内，则万物皆备于我，即我与万物本为一体也。我与万物本为一体，而乃以有隔阂之故，我与万物，似乎分离，此即不"诚"。若"反身而诚"，回复与万物为一体之境界，则"乐莫大焉"。如欲回复与万物为一体之境界，则用"爱之事业"之方法。所谓"强恕而行，求仁莫近焉"。以恕求仁，以仁求诚。盖恕与仁皆注重在取消人我之界限；人我之界既消，则我与万物为一体矣。此解释果合孟子之本意否不可知，要之宋儒之哲学，则皆推衍此意也。

此所谓义，大概包括吾人性中所有善"端"。是在内本有，故曰："告子未尝知义，以其外之也。"此诸善"端"皆倾向于取消人我界限。即将此逐渐推扩，亦勿急躁求速，亦勿停止不进（"而勿正"，焦循《孟子正义》引《诗·终风序笺》及《庄子应帝王篇释文》谓"正之义通于止"），"集义"既久，则行无"不慊于心"，而"塞乎天地之间"之精神状态，可得到矣。至此境界，则

　　居天下之广居，立天下之正位，行天下之大道。得志与民由之，不得志独行其道。富贵不能淫，贫贱不能移，威武不能屈。此之谓大丈夫。（《滕文公下》，《孟子》卷六，第3页）

第七章　战国时之"百家之学"

就地域言，孟子所处之环境，与孔子大致相同。但就时代言，则自孔子至孟子百余年间，一般时势及人之思想已大有变动。就人之思想方面言之，在孔子时，除孔子及其所遇之三五消极的"隐者"之流外，尚无其他有势力的学派，与孔子对抗。即在墨子时，亦只有儒、墨二派，互相攻击辩论。及至孟子时，则思想派别，已极复杂。《庄子·天下篇》所谓"百家之学"是也。孟子所谓"圣王不作，诸侯放恣，处士横议"，即其时代之情形也。

当孟子时，齐之稷下，为学术思想之一中心点。《史记》云：

> 自驺衍与齐之稷下先生，如淳于髡、慎到、环渊、接子、田骈、驺奭之徒，各著书，言治乱之事。……慎到，赵人。田骈，接子，齐人。环渊，楚人。皆学黄老道德之术，因发明序其指意。故慎到著十二论，环渊著上下篇，而田骈、接子，皆有所论焉。……自如淳于髡以下，皆命曰列大夫，为开第康庄之衢，高门大屋，尊宠之。览天下诸侯宾客，言齐能致天下贤士也。（《孟子荀卿列传》，《史记》卷七十四，同"文影殿刊"本，第3—5页）

又云：

> 宣王喜文学游说之士，自如驺衍、淳于髡、田骈、接子、慎到、环渊之徒七十六人，皆赐列第，为上大夫，不治而议论。是以齐稷下学士复盛，且数百千人。（《田完世家》，《史记》卷四十六，第12—13页）

《史记》谓孟子"游事齐宣王"。《孟子》书中，记孟子与齐宣王问答之词，孟子盖亦曾居稷下，"不治而议论"也。稷下诸先生所著书，今皆佚。孟子所谓"处士横议"之议论，今亦不可全闻。兹就《孟子》《庄子》《荀子》《吕氏春秋》《史记》等书中所可见者述之。

第一节 杨朱及道家之初起

孟子谓其时，"天下之言，不归杨，则归墨"（《滕文公下》，《孟子》卷六，"四部丛刊"本，第13页），孟子心目之大敌为杨、墨；其所自加之责任之最大者，亦为"距杨、墨"（《滕文公下》，《孟子》卷六，第14页）。杨为杨朱，墨为墨翟。墨翟之学，上已述之。杨朱之学，则除孟子大为宣传外，其后言及之者甚少。今《列子》中《杨朱篇》，乃魏晋时人所作。其中所言极端的快乐主义，亦非杨朱所持。杨朱之主张，据孟子云：

> 杨子取为我，拔一毛而利天下不为也。（《尽心上》，《孟子》卷十三，第11页）

《吕氏春秋》云：

> 阳生贵己。（《不二篇》，《吕氏春秋》卷十七，"四部丛刊"本，第18页）

《韩非子》云：

> 今有人于此，义不入危城，不处军旅，不以天下大利，易其胫一毛。世主必从而礼之，贵其智而高其行，以为轻物重生之士也。（《显学篇》，《韩非子》卷十九，"四部丛刊"本，第8页）

《淮南子》云：

> 夫弦歌鼓舞以为乐，盘旋揖让以修礼，厚葬久丧以送死，孔子之所立也，而墨子非之。全生保真，不以物累形，杨子之所立也，而孟子非之。（《氾论训》，刘文典先生《淮南鸿烈集解》卷十三，第10页）

《吕氏春秋》所说"阳生贵己"，高诱即引孟子谓杨子之言注之。毕沅云："李善注《文选·谢灵运述祖德诗》引作杨朱。阳杨古多通用。"是阳生即杨朱也。孟子所说"为我"，即《吕氏春秋》所谓"贵己"之义，亦即《淮南子》所说"全生保真，不以物累形"之义也。此为杨朱学说之主要意思。知此则知《韩非子》所说"轻物重生之士"，亦指杨朱之徒言也。依《韩非子》所说，则杨朱之徒，虽拔其一毛而以天下与之，彼亦不为①。此所谓"轻物重生"，所谓"不以物累形"也。盖天下虽大，外物也；一毛虽小，亦己之形，己之生，之一部分；故前者可轻，而后者可重也。《淮南子》所说，尤可见孔、墨、杨、孟四人学说发生之次序。盖自孔子至孟子，中间已插入墨、杨二家之学说。在孟子时儒墨杨已成为鼎足三分之势力。孟子欲上继孔子，故致力于"距杨墨"也。

由上可知，在先秦人书中，未有言杨朱以如现所有《杨朱篇》所说之极端纵欲为理想生活者。如《杨朱篇》所说之学说，战国时似已有之（详下）。但非杨朱之学说耳。不过杨朱之学说，在孟子时既如此之盛，何以以后少人提及之？在表面上观之，似乎杨朱之学，前无源，后无流，仅如昙花一现。于是有疑杨朱即为庄周者。然其说缺乏证据，不能成立。且杨朱之学，亦非无源流可考者。

在孔子时已有一种"避世"之人。此等人有知识学问，但见时乱之难于挽救，遂皆持消极态度，不肯干预世事。孔子云：

> 贤者避世，其次避地，其次避色，其次避言。……作者七人矣。（《宪问》，《论语》卷七，"四部丛刊"本，第13页）

据《论语》所载，孔子一生颇受此等避世之人之讥评。如：

> 子路宿于石门，晨门曰："奚自？"子路曰："自孔氏。"曰："是知其不可而为之者与？"（同上）
>
> 子击磬于卫，有荷蒉而过孔氏之门者，曰："有心哉！击磬乎。"既而曰："鄙哉硁硁乎，莫己知也，斯已而已矣。深则厉，浅则揭。"（《宪问》，《论语》卷七，"四部丛刊"本，第13页）
>
> 楚狂接舆歌而过孔子曰："凤兮，凤兮，何德之衰。往者不可谏，来者犹可追。已而已而，今之从政者殆而。"（《微子》，《论语》卷九，第12—13页）

---

① 顾颉刚先生以为，孟子谓杨朱"利天下不为"，亦应解为"虽利之以天下而不肯为"。（《从〈吕氏春秋〉推测老子成书年代》，《史学年报》第四期）但与下文"墨子兼爱，摩顶放踵利天下为之"同文异解，似不甚妥。利之以天下而欲拔其一毛，杨朱不为；此乃杨朱之学说；拔其一毛可以利天下，而杨朱不为，乃孟子对于杨朱学说之解释；二者不必同。

此外桀溺谓子路云：

> 滔滔者天下皆是也，而谁以易之。且而与其从辟人之士也，岂若从辟世之士哉。（《微子》，《论语》卷九，第13—14页）

《论语》又云：

> 子路从而后，遇丈人以杖荷蓧。子路问曰："子见夫子乎？"丈人曰："四体不勤，五谷不分，孰为夫子？"植其杖而芸。子路拱而立。止子路宿，杀鸡为黍而食之，见其二子焉。明日，子路行，以告。子曰："隐者也。"使子路反见之，至则行矣。子路曰："不仕无义，长幼之节，不可废也。君臣之义，如之何其废之。欲洁其身，而乱大伦。君子之仕也，行其义也。道之不行，已知之矣。"（《微子》，《论语》卷九，第14—15页）

石门晨门讥孔子为"知其不可而为之者"，其自己即知其不可而不为也。"莫己知也，斯已而已"，以"今之从政者殆而"而不从政。以"滔滔者天下皆是也"，即不欲"易之"。正此等消极的"隐者"，独善其身之人，对世事之意见，亦正即孟子所说"杨氏为我，拔一毛而利天下不为"者也。子路谓荷蓧丈人"欲洁其身而乱大伦"，孟子谓"杨氏为我，是无君也"。"为我"即只"欲洁其身"，"无君"即"而乱大伦"。此等消极的"隐者"，即杨朱之徒之前驱也。

然在孔子之时，此等消极的"隐者"，亦只消极地独善其身而已，对于其如此之行为，未闻有一贯的学说，以作其理论的根据也。杨朱似始有一贯的学说，以为此等独善其身之行为之理论的根据。孟子云："杨朱、墨翟之言盈天下。天下之言，不归杨，则归墨。"（《滕文公下》，《孟子》卷六，第13页）杨、墨之言，即杨、墨所持之理论也。杨墨有理论，孟子亦须有理论与之辩论，所以孟子云："予岂好辩哉？予不得已也。"（《滕文公下》，《孟子》卷六，第11页）

然自孟子之后，何以杨朱之"言"，又似消灭？岂孟子之"距"之真已完全成功乎？盖杨朱之后，老庄之徒兴。老庄皆继杨朱之绪，而其思想中，却又卓然有杨朱所未发者。于是杨朱之名，遂为老庄所掩。所以杨朱之言似消灭而实未消灭也。杨朱之传统的学说，《吕氏春秋》中尚多记述。如《吕氏春秋·重己篇》云：

> 今吾生之为我有，而利我亦大矣。论其贵贱，爵为天子，不足以比焉。论其轻重，富有天下，不可以易之。论其安危，一曙失之，终身不复得。此三者有道者之所慎也。有慎之而反害之者，不达乎性命之情也。不达乎性命之情，慎之何益？……世之人主贵人，无贤不肖，莫不欲长生久视，而日逆其生，欲之何益？凡生长也，顺之也。使生不顺者，欲也。故圣人必先适欲。（《吕氏春秋》卷一，第7—8页）

此即杨朱《轻物重生》之说，重生非纵欲之谓，盖纵欲能伤生。故"肥肉厚酒"为"烂肠之食"，"靡曼皓齿"为"伐性之斧"（《本生篇》，《吕氏春秋》卷一，第6页）。以纵欲为重生者，是"慎之而反害之者"也。故圣人重生，"必先适欲"。高诱云："适犹节也。"《本生篇》云：

> 是故圣人之于声色滋味也，利于性则取之，害于性则舍之，此全性之道也。（《吕氏春秋》卷一，第5页）

又《贵生篇》云：

> 圣人深虑天下，莫贵于生。夫耳目鼻口，生之役也。耳虽欲声，目虽欲色，鼻虽欲芬香，口虽欲滋味，害于生则止。在四官者，不欲利于生者则弗为。（《吕氏春秋》卷二，第3页）

又《情欲篇》云：

> 天生人而使有贪有欲；欲有情；情有节。圣人修节以止欲，故不过行其情也。故耳之欲五声，目之欲五色，口之欲五味，情也。此三者贵贱愚智贤不肖，欲之若一，虽神农、黄帝，其与桀、纣同。圣人之所以异者，得其情也。由贵生动，则得其情矣。不由贵生动，则失其情也。（《吕氏春秋》卷二，第6页）

此皆贵生必先节欲之说也。然生之可贵，正以其能享受声色滋味。所以节欲者，欲使生之久存，可以多享受耳。非以享受为不应该，欲为不好也。故云：

> 耳不乐声，目不乐色，口不甘味，与死无择。古人得道者，生以寿长，

声色滋味，能久乐之。奚故？论早定也。论早定则知早啬，知早啬则精不竭。（《情欲篇》，《吕氏春秋》卷二，第7页）

耳须能乐声，目须能乐色，生方有意义；不然，是非贵生，乃贵死也。然为欲久乐，须于甚早之时，即不太乐，此所谓"早啬"也。

《吕氏春秋》又引子华子云：

> 全生为上，亏生次之，死次之，迫生为下。故所谓尊生者，全生之谓。所谓全生者，六欲皆得其宜也。所谓亏生者，六欲分（高诱注："半也"）得其宜也。亏生则于其尊之者薄矣。其亏弥甚者也，其尊弥薄。所谓死者，无有所以知，复其未生也。所谓迫生者，六欲莫得其宜也，皆获其所甚恶者，服（屈也）是也，辱是也。辱莫大于不义。故不义，迫生也，而迫生非独不义也。故曰，迫生不若死。奚以知其然也？耳闻所恶，不若无闻。目见所恶，不若无见。故雷则掩耳，电则掩目，此其比也。凡六欲者，皆知其所甚恶，而必不得免，不若无有所以知。无有所以知者，死之谓也。故迫生不若死。嗜肉者，非腐鼠之谓也。嗜酒者，非败酒之谓也。尊生者，非迫生之谓也。（《贵生篇》，《吕氏春秋》卷二，第5页）

此亦杨朱一派之说。"六欲皆得其所宜"，则为"全生"；六欲皆得其所恶，则为"迫生"，"迫生"尚不如死，盖死不过"无有所以知"而已，而迫生则为"活受罪"，诚不如死也。"六欲皆得其宜"，亦节欲之义；然节欲非即无欲，亦贵生非贵死之义也。《吕氏春秋》又曰：

> 韩魏相与争侵地。子华子见昭釐侯。昭釐侯有忧色。子华子曰："今使天下书铭于君之前，书之曰：'左手攫之，则右手废；右手攫之，则左手废；然而攫之必有天下。'君将攫之乎？亡其不与？"昭釐侯曰："寡人不攫也。"子华子曰："甚善。自是观之，两臂重于天下也，身又重于两臂。韩之轻于天下远，今之所争者，其轻于韩又远，君固愁身伤生以忧之，戚不得也。"……中山公子牟谓詹子曰："身在江海之上，心居乎魏阙之下，奈何？"詹子曰："重生。重生则轻利。"中山公子牟曰："虽知之犹不能自胜也。"詹子曰："不能自胜则纵之。神无恶乎？不能自胜而强不纵者，此之谓重伤。重伤之人，无寿类矣。"（《审为篇》，《吕氏春秋》卷二十一，第7页）

子华子与昭釐侯之言即"重生则轻利"之说也。中山公子牟，高诱、司马彪及杨倞皆谓即魏牟，荀子云：

> 纵情性，安恣睢，禽兽行。不足以合文通治，然而其持之有故，其言之成理，足以欺惑愚众，是它嚣魏牟也。（《非十二子篇》，《荀子》卷三，"四部丛刊"本，第12页）

据此则魏牟似持如列子《杨朱篇》所说之极端纵欲主义者。故詹子以"重生则轻利"告之。公子牟谓知之而不能行之。詹子谓不能行则随便可也。盖杨朱一派，虽主节欲，而究以欲之满足为人生意义之所在，贵生非贵死也。

在现在之《老子》中，亦有许多处只持"贵生轻利"之说，如《老子》云：

> 贵以身为天下，若可寄天下；爱以身为天下，若可托天下。（十三章，《老子》上篇，武英殿"聚珍版丛书"本，第11页）

又云：

> 名与身孰亲？身与货孰多？（四十四章，《老子》下篇，第10页）

"贵以身为天下"者，即以身为贵于天下，即"不以天下大利，易其胫一毛"，"轻物重生"之义也。

现有之《庄子》中亦有许多处只持"全形葆真，不以物累形"之说。如《人间世》设为栎社树、"不材之木"之言曰：

> 夫柤梨橘柚果蓏之属，实熟则剥，剥则辱。大枝折，小枝泄，此以其能苦其生者也。故不终其天年而中道夭，自掊击于世俗者也。物莫不若是。且予求无所可用久矣，几死，乃今得之，为予大用。使予也而有用，且得有此大也邪？（《庄子》卷二，"四部丛刊"本，第23页）

《人间世》又云：

> 支离疏者，颐隐于脐，肩高于顶，会撮指天，五管在上，两髀为胁。挫针治繲，足以糊口；鼓筴播精，足以食十人。上征武士，则支离攘臂而游于

其间。上有大役，则支离以有常疾不受功。上与病者粟，则受三钟与十束薪。夫支离其形者，犹足以养其身，终其天年，又况支离其德者乎？（《庄子》卷二，第26—27页）

又云：

> 孔子适楚。楚狂接舆游其门，曰："凤兮凤兮，何如德之衰也。来世不可待，往世不可追也。天下有道，圣人成焉。天下无道，圣人生焉。方今之时，仅免刑焉。福轻乎羽，莫之知载。祸重乎地，莫之知避。已乎已乎，临人以德。殆乎殆乎，画地而趋。迷阳迷阳，无伤吾行。吾行却曲，无伤吾足。"山木自寇也，膏火自煎也。桂可食，故伐之；漆可用，故割之。人皆知有用之用，而莫知无用之用也。（《庄子》卷一，第27—29页）

凡此皆"贵己""重生"之义也。

此可见在老庄书中，杨朱绪余之论，依然存在；然此非老庄最高之义也。盖杨朱所说，多吾人不自伤其生之道。然处此世界中，吾人即不自伤其生，而他人他物，常有来伤我者。吾人固须不自伤，亦须应付他人他物之伤我。杨朱在此方面之办法，似只有一避字诀。如"隐者"之"避世"，是其例也。然人事万变无穷，害尽有不能避者。老子之学，乃发现宇宙间事物变化之通则，知之者能应用之，则可希望"没身不殆"。《庄子》之《人世间》，亦研究在人世中，吾人如何可入其中而不受其害。然此等方法，皆不能保吾人以万全。盖人事万变无穷，其中不可见之因素太多故也。于是老学乃为打穿后壁之言曰：

吾所以有大患者，为吾有身。及吾无身，吾有何患？（十三章，《老子》上篇，第11页）

此真大彻大悟之言。庄学继此而讲"齐死生，同人我"。不以害为害，于是害乃真不能伤。由此言之，则老子之学，盖就杨朱之学更进一层；庄子之学，则更进二层也。

第二节　陈仲子

陈仲子，亦当时特立独行之士也。孟子曰：

> 于齐国之士，吾必以仲子为巨擘焉。……仲子，齐之世家也。兄戴盖禄万钟。以兄之禄为不义之禄，而不食也。以兄之室为不义之室，而不居也。避兄离母，处于於陵。（《滕文公下》，《孟子》卷六，第15—16页）

荀子曰：

> 忍情性，綦谿利跂（王先谦云："犹言极深离企"），苟以分异人为高。不足以合大众，明大分。然而其持之有故，其言之成理，足以欺惑愚众，是陈仲史䲡也。（《非十二子篇》，《荀子》卷三，第13页）

《战国策》赵威后问齐使者曰：

> 於陵仲子尚存乎？是其为人也，上不臣于王，下不治其家，中不索交诸侯，此率民而出于无用者，何为至今不杀乎？（《齐策》，《战国策》四，"四部丛刊"本，第65页）

陈仲子弃富贵而居於陵，"身织屦，妻辟纑"，以兄之禄及室"为不义"。吾人虽不知其何以以之为不义，要必"持之有故，其言之成理，足以欺惑愚众"。且名闻诸侯，为当时统治阶级所深恶，必亦一时名人也。

第三节　许行，陈相

许行、陈相为《汉书·艺文志》所谓农家者流。《孟子》曰：

> 有为神农之言者许行，自楚之滕，踵门而告文公曰："远方之人，闻君行仁政，愿受一廛而为氓。"文公与之处，其徒数十人，皆衣褐捆屦织席以为食。陈良之徒陈相，与其弟辛，负耒耜而自宋之滕，曰："闻君行圣人之政，是亦圣人也。愿为圣人氓。"陈相见许行而大悦，尽弃其学而学焉。陈相见孟子，道许行之言曰："滕君则诚贤君也。虽然，未闻道也。贤者与民并耕而食，饔飧而治。今也滕有仓廪府库，则是厉民而以自养也，恶得贤！"……从许子之道，则市价不贰，国中无伪，虽使五尺之童适市，莫之或

欺。布帛长短同，则价相若；麻缕丝絮轻重同，则价相若；五谷多寡同，则价相若；屦大小同，则价相若。(《滕文公上》，《孟子》卷五，第8—15页)

《汉书·艺文志》谓农家者流，"无所事圣王，欲使君臣并耕，悖上下之序"。此派学者对政治社会，均有极新理想制度，虽其言不多传，然据《孟子》所述，亦可见其大概矣。①

第四节　告子及其他人性论者

孔子曰："性相近也，习相远也。"孟子"道性善"。于是人性与道德之关系，成为当时一问题。当时与孟子辩论此问题，而与孟子持不同意见者，以告子为最显。《孟子》云：

告子曰："性犹杞柳也，义犹杯棬也，以人性为仁义，犹以杞柳为杯棬。"(《告子上》，《孟子》卷十一，第1页)

告子曰："性犹湍水也，决诸东方则东流，决诸西方则西流。人性之无分于善不善也，犹水之无分于东西也。"(《告子上》，《孟子》卷十一，第1—2页)

告子曰："生之谓性。"(《告子上》，《孟子》卷十一，第2页)

告子曰："食，色，性也。仁内也，非外也；义外也，非内也。"孟子曰："何以谓仁内义外也？"曰："就彼长而我长之，非有长于我也。犹彼白而我白之，从其白于外也，故谓之外也。……吾弟则爱之，秦人之弟则不爱也，是以我为悦者也；故谓之内。长楚人之长，亦长吾之长，是以长为悦者也；故谓之外也。"(《告子上》，《孟子》卷十一，第3页)

孟季子问公都子曰："何以谓义内也？"曰："行吾敬，故谓之内也。""乡人长于伯兄一岁，则谁敬？"曰："敬兄。""酌则谁先？"曰："先酌乡人。""所敬在此，所长在彼。果在外，非由内也。"(《告子上》，《孟子》卷十一，第4页)

告子曰："性无善无不善也。"(《告子上》，《孟子》卷十一，第5页)

---

① 钱穆先生以为许行即墨子之再传弟子许犯，农家出于墨家（见所著《墨子》第三章）。

告子以为性只是人生来如此之性质，所谓"生之谓性"也。此性乃天然之产品，犹水与杞柳然，无所谓善，亦无所谓不善，所谓"性无善无不善也"。其后来之善恶，乃教育习惯之结果。犹杞柳可制为杯棬，亦可制为别物；水"决诸东方则东流，决诸西方则西流"也。仁内义外者，告子以为如爱人乃我爱人，故爱在我不在彼，为主观的，为内；如长人乃因其年长而长之，如以物为白，乃因其色白而白之，年长在彼而不在我，故为客观的，为外。告子此说盖误将人年长之长，与我从而长之长相混。人年长之长固为其人所有之性质，在其人而不在我；但我从而长之之长，则固仍在我也。故孟子曰："且谓长者义乎？长之者义乎？"（《告子上》，《孟子》卷十一，第3页）言义不在"长者"，在"长之者"也。且"长之"含有尊敬之之意，与物白而我白之又不同。故公都子曰"行吾敬，故谓之内也"，是矣。再则"仁内"之说，亦与"以人性为仁义，犹以杞柳为杯棬"之说有冲突。吾人所知告子之学说，不过东鳞西爪，不知其于此等处另有解释否。又《孟子》言："告子先我不动心。……告子曰：'不得于言，勿求于心；不得于心，勿求于气。'"（《公孙丑上》，《孟子》卷三，第4—5页）孟子就此点指出告子之不动心与其自己之不动心不同。大约告子之不动心，乃强制之使不动。而孟子之不动心，乃涵养之结果，"集义所生"，自然不动。告子主义外，故不能明孟子所谓"集义所生"之义。故孟子曰："我故曰：告子未尝知义，以其外之也。"（《公孙丑上》，《孟子》卷三，第7页）

《孟子》又云：

> 或曰："性可以为善，可以为不善。是故文武兴则民好善，幽厉兴则民好暴。"或曰："有性善有性不善。是故以尧为君而有象，以瞽瞍为父而有舜。以纣为兄之子且以为君而有微子启、王子比干。"（《告子上》，《孟子》卷十一，第5页）

此二或说，《孟子》中公都子与告子之"性无善无不善"说并举，盖当时有此三种性说也。王充《论衡》谓："周人世硕以为人性有善有恶，举人之善性养而致之则善长；恶性养而致之则恶长。……故世子作《养性书》一篇。宓子贱，漆雕开，公孙尼子之徒，亦论情性，与世子相出入。"（《本性篇》）此第一或说，不知果即世硕之说否？至第二或说则以为人生而或善或恶，固定不移，亦不知是否即宓子贱等之说也？[①]

[①] 此第一或说，事实上与孟子之说似无异；但就逻辑上言则不同。因孟子可不以普通所谓人性中之与禽兽同之部分，即所谓小体者，亦即可以为恶者，为人性也。

第五节 尹文，宋牼

《庄子·天下篇》曰：

不累于俗，不饰于物；不苟于人，不忮于众。愿天下之安宁，以活民命；人我之养，毕足而止；以此白心。古之道术有在于是者，宋牼、尹文，闻其风而悦之，作为华山之冠以自表，接万物以别宥为始，语心之容，命之曰心之行，以聏合欢，以调海内。请欲置之以为主，"见侮不辱"，救民之斗。"禁攻寝兵"，救世之战。以此周行天下，上说下教；虽天下不取，强聒而不舍者也。故曰："上下见厌而强见也。"虽然，其为人太多，其自为太少，曰："请欲固置；五升之饭足矣。先生恐不得饱，弟子虽饥，不忘天下。"日夜不休，曰："我必得活哉。"图傲乎救世之士哉！曰："君子不为苛察，不以身假物"，以为无益于天下者，明之不如已也。以"禁攻寝兵"为外，以"情欲寡浅"为内，其小大精粗，其行适至是而止。（《庄子》卷十，第30—31页）

《孟子》曰：

宋牼将之楚，孟子遇于石丘，曰："先生将何之？"曰："吾闻秦楚构兵，我将见楚王说而罢之。楚王不悦，我将见秦王说而罢之。二王我将有所遇焉。"曰："轲也请无问其详，愿闻其指。说之将何如？"曰："我将言其不利也。"（《告子下》，《孟子》卷十二，第4—5页）

庄子曰：

故夫知效一官，行比一乡，德合一君，而征一国者，其自视也亦若此矣。而宋荣子犹然笑之。且举世誉之而不加劝，举世非之而不加沮，定乎内外之分，辨乎荣辱之境，斯已矣。彼其于世，未数数然也；虽然，犹有未树也。（《逍遥游》，《庄子》卷一，第7—8页）

荀子曰：

> 宋子有见于少，无见于多。(《天论篇》，《荀子》卷十一，第25页)

又曰：

> 子宋子曰："明见侮之不辱，使人不斗。人皆以见侮为辱，故斗也。知见侮之为不辱，则不斗也。"(《正论篇》，《荀子》卷十二，第18页)

又曰：

> 子宋子曰："人之情欲寡而皆以己之情欲为多，是过也。"故率其群徒，辨其谈说，明其譬称，将使人知情欲之寡也。"(《正论篇》，《荀子》卷十二，第22页)

又曰：

> 宋子蔽于欲而不知得。(《解蔽篇》，《荀子》卷十五，第5页)

韩非子曰：

> 漆雕之议，不色挠，不目逃，行曲则违于臧获，行直则怒于诸侯，世主以为廉而礼之。宋荣子之议，设不斗争，取不随仇，不羞囹圄，见侮不辱，世主以为宽而礼之。夫是漆雕之廉，将非宋荣之恕也。是宋荣之宽，将非漆雕之暴也。(《显学》，《韩非子》卷十九，第8页)

刘向曰：

> （尹文子）与宋钘俱游稷下。(《汉书·艺文志》"《尹文子》一篇"颜师古注引，《汉书》卷三十，第24页)

宋钘、宋轻、宋荣乃一人（说见唐钺先生《尹文和〈尹文子〉》）。现在吾人对于尹文、宋轻之知识，略尽于此。

《荀子·非十二子篇》以宋钘与墨翟为一派。盖宋轻主张"禁攻寝兵"，"其为人太多，其自为太少"。学说行事，均有与墨家同处。然《天下篇》谓其"以禁攻寝兵为外，以情欲寡浅为内"，是"禁攻寝兵"乃尹文、宋钘一派之学之一方面；其他"情欲寡浅"之一方面，则墨学所未讲也。尹文、宋轻此一方面之学，似受杨学之影响。由此言之，则尹文、宋轻实合杨墨为一（此点顾颉刚先生说，见所著《从〈吕氏春秋〉推测老子之成书年代》）。而又各与之以心理学的根据（此点钱穆先生说，见所著《墨子》。惟钱先生仅言宋轻与墨学以心理学的根据）也。

就《庄子·天下篇》，及上所引他书，所说观之，则尹文、宋轻之学说，有六要点：

（一）"接万物以别宥为始"；
（二）"语心之容，命之曰心之行"；
（三）"情欲寡"；
（四）"见侮不辱，救民之斗"；
（五）"禁攻寝兵，救世之战"；
（六）"愿天下之安宁，以活民命；人我之养，毕足而止"。

第六点为尹文、宋轻"周行天下，上说下教"之究竟目的。其中"愿天下之安宁，以活民命"，乃其所取于墨学者；"人我之养，毕足而止"，则其所取于杨学者也。天下所以不安宁者，乃因有"民之斗"与"世之战"。斗者个人与个人间之武力冲突；战者乃国与国间之武力冲突也。为"救世之战"，故"禁攻寝兵"。此完全墨家之主张；尹文、宋轻继续推行。且据《孟子》所说，宋轻将见秦楚之王，说令罢兵。其所持理由，为战之"不利"，是亦墨家之说也。

为"救民之斗"，尹文、宋轻倡"见侮不辱"之说。"见侮不辱"，是尹文、宋轻一派之重要标语。所以《庄子》《荀子》《韩非子》《吕氏春秋》，皆沿用此四字。荀子《正论篇》驳见侮不辱，使人不斗之说，以为人见侮而斗，乃由于恶见侮，不必由于以见侮为辱。所以虽信见侮非辱，但因不喜见侮，所以仍斗。此驳甚有力；但宋子"见侮不辱"之言，并非全无理由。因"恶"或只是个人心中不喜，但"辱"则有关所谓面子问题。许多人不是因为实际所受之不快而与人争斗，而是因为要保全面子去争气，所以宣传"见侮不辱"，总可算是救民之斗手段之一种。且尹文、宋轻所说"心之容"之义，似亦可为荀子此驳之答复。

尹文、宋轻又"语心之容，命之曰心之行"。荀子谓宋轻"诎容为己"，"容"即"诎容"之意。尹文、宋轻以为争强好胜，非人心之自然趋向；诎屈宽容方是。故曰："语心之容，命之曰心之行。""心之行"，即心之自然的趋向也。《韩非子》所谓"宋荣之恕"、"宋荣之宽"，亦即指此（此点钱穆先生说，见所著《墨子》)。人若能知此，则自不恶见辱，而人与人不斗，国与国不战。此尹文、宋牼所予墨学此方面之心理学的根据也。

《荀子·正论篇》："情欲为多"，"情欲之寡"。依下文应作"情为欲多"，"情之欲寡"。"欲"在此为动词。"情欲寡浅"，意谓人类本性要少不要多。盖人虽"目欲綦色，耳欲綦声，口欲綦味……"但一人在一时内，所能实在享用者，极为有限，所谓"鹪鹩巢于深林，不过一枝；偃鼠饮河，不过满腹"。再则"五色令人目盲，五音令人耳聋，五味令人口爽……"享用太多，无益反损。如人知此理，大约即情不欲多矣。尹文、宋牼谓人情本欲寡，固不合事实，其本意盖欲使各人之享用皆适可而止，不求赢余，所谓"人我之养，毕足而止"也。杨学教人节欲，此则谓人情本欲寡，人若能知此，则人自能节欲。此尹文、宋牼所予杨学之心理学的根据也。

"接万物以别宥为始"；"别宥"者，《吕氏春秋·去宥篇》云：

> 人有与人邻者，有枯梧树，其邻之父言梧树之不善也，其人遽伐之。邻父因请而以为薪。其人不悦曰："邻者若此其险也，岂可为之邻哉！"此有所宥也。夫请以为薪与弗请，此不可以疑枯树之善与不善。齐人有欲得金者，清旦被衣冠往鬻金者之所，见人操金，攫而夺之。吏搏而束缚之，问曰："人皆在焉，子攫人之金，何故？"对吏曰："殊不见人，徒见金耳。"此真大有所宥也。夫人有所宥者，固以昼为昏，以白为黑，以尧为桀；宥之所败亦大矣。亡国之主，其皆甚有所宥邪？故凡人必别宥然后知。别宥则能全其天矣。（《吕氏春秋》卷十六，第18页）

"此有所宥也"，毕沅疑"宥"与囿同，谓有所拘碍而识不广也。以下文观之，犹言"蔽"耳。此所谓"囿"，即《庄子·秋水篇》所谓"拘于虚"、"笃于时"、"束于教"之类。《去宥篇》所谓"凡人必别宥然后知"，意谓凡人必能看透自己由地域、时代、政教、风俗以及其他来源所养成之偏见，方能知事物之真相。盖尹文、宋牼之意，以为人之见侮为辱，以情为欲多，皆风俗习惯使然，非人之性本如此也。人之所以如此，皆由于有所宥。假如能识别此等囿，即知见侮本无可辱，情本不欲多。人皆知此，则自无竞争战斗，即"天下"可"安宁"，"民命"可"活"，而"人我之养"，亦可"毕足而止"矣。此所以"接万物以别宥为始"也（此点唐钺先生说，见所著《尹文及〈尹文子〉》一文。原文见《清华学报》第四卷第一期。现有之《尹文子》，乃后人假托，说详唐先生文中）。

第六节　彭蒙，田骈，慎到

《庄子·天下篇》曰：

> 公而不党（本作当，依《释文》改），易而无私。决然无主，趣物而不两。不顾于虑，不谋于知。于物无择，与之俱往。古之道术有在于是者，彭蒙、田骈、慎到，闻其风而悦之。齐万物以为首，曰："天能覆之而不能载之，地能载之而不能覆之，大道能包之而不能辨之。"知万物皆有所可，有所不可。故曰："选则不遍，教则不至，道则无遗者矣。"是故慎到弃知去己，而缘不得已，泠汰于物，以为道理。曰："知不知。"将薄知而后邻伤之者也。謑髁无任，而笑天下之尚贤也。纵脱无行，而非天下之大圣。椎拍𫐓断，与物宛转。舍是与非，苟可以免。不师知虑，不知前后，魏然而已矣。推而后行，曳而后往，若飘风之还，若落羽之旋，若磨石之隧。全而无非，动静无过，未尝有罪。是何故？夫无知之物，无建己之患，无用知之累，动静不离于理，是以终身无誉。故曰："至于若无知之物而已，无用贤圣，夫块不失道。"豪杰相与笑之曰："慎到之道，非生人之行而至死人之理，适得怪焉。"田骈亦然，学于彭蒙，得不教焉。彭蒙之师曰："古之道人，至于莫之是莫之非而已矣。"其风窢然，恶可而言？常反人，不见观，而不免于𩲸断。其所谓道非道，而所言之韪，不免于非。彭蒙、田骈、慎到不知道，虽然，概乎皆尝有闻者也。（《庄子》卷十，第32—34页）

荀子曰：

> 尚法而无法，下修而好作。上则取听于上，下则取从于俗，终日言成文典，及纠察之，则倜然无所归宿，不可以经国定分。然而其持之有故，其言之成理，足以欺惑愚众，是慎到、田骈也。（《非十二子篇》，《荀子》卷三，第13—14页）

又曰：

> 慎子有见于后，无见于先。（《天论篇》，《荀子》卷十一，第24页）

《吕氏春秋》曰：

> 田骈以道术说齐王。王应之曰："寡人所有者，齐国也。道术难以除患（《吕氏春秋》无此句，据《淮南子》补）。愿闻齐国之政。"田骈对曰："臣之言无政而可以得政，譬若林木无材而可以得材。……骈犹浅言之也。博言之，岂独齐国之政哉？变化应来而皆有章，因性任物而莫不当。彭祖以寿，三代以昌。五帝以昭，神农以鸿。"（《执一篇》，《吕氏春秋》卷十七，第19页）

又曰：

> 客有见田骈者，被服中法，进退中度，趋翔闲雅，辞令逊敏。田子听之毕而辞之。客出，田骈送之以目。弟子谓田骈曰："客，士与？"田骈曰："殆乎非士也。今者客所弇敛，士所术施也。士所弇敛，客所术施也。客殆乎非士也。"故火烛一隅，则室偏无光。骨节早成，空窍哭历，身必不长。众无谋方，乞谨视见，多故不良。志必不公，不能立功。好得恶予，国虽大不为王，祸灾日至。故君子之容，纯乎其若钟山之玉；桔乎其若陵上之木；淳淳乎慎谨畏化，而不肯自足；乾乾乎取舍不悦，而心甚素朴。（《士容篇》，《吕氏春秋》卷二十六，第2页）

所谓《慎子》逸文曰：

> 鸟飞于空，鱼游于渊，非术也。故为鸟为鱼者，亦不自知其能飞能游。苟知之，立心以为之，则必坠必溺。犹人之足驰手捉，耳听目视，当其驰捉听视之际，应机自至，又不待思而施之也。苟须思之而后可施之，则疲矣。是以任自然者久，得其常者济。（《慎子》，"守山阁丛书"本，第13页）

就《天下篇》所说观之，彭蒙等之学说有五要点：
（一）"齐万物以为首"；
（二）"公而不党，易而无私，决然无主"；
（三）"弃知去己，而缘不得已"；
（四）"无用贤圣"；
（五）"块不失道"。

"齐万物以为首"者，以齐万物为其学说中之第一义也。"万物皆有所可，有所不可"。故物虽万殊，就此方面言之，则固无不齐也。就"大道"之观点，以观万物，则见平等齐一，无所谓贵贱好坏之分。所谓"大道能包之而不能辨之"也。"辨"者，即对事物加以种种区别也。若对事物加以区别，而有所选择取舍于其间，则必顾此失彼，得一端而遗全体。所谓"选则不遍，教则不至"。盖有所选，则必有所不选；有所教，则必有所不教。《庄子·齐物论》所谓"有成与亏，故昭氏之鼓琴也；无成与亏，故昭氏之不鼓琴也"（《庄子》卷一，第31页），即此意也。"大道"既视万物为平等齐一，"包"之而不"辨"之；故曰"道则无遗者矣"。

以此道理应用于人生，则吾人之处理事物也，因其自然，任其自尔而已。吾人之自处也，"弃知去己，而缘不得已"而已。盖各事物既一律平等，无所谓贵贱好坏之区别，则吾人对之，当然无所用其选择。所谓"于物无择"也。既"于物无择"，则"与之俱往而已"。《庄子·大宗师》所谓"浸假而化予之左臂以为鸡，予因以求时夜。浸假而化予之右臂以为弹，予因以求鸮炙。浸假而化予之尻以为轮，以神为马，予因而乘之，岂更驾哉？"（《庄子》卷三，第16页）即"于物无择，与之俱往"之意。此亦即所谓"公而不党，易而无私，决然无主"也。亦即所谓"因性任物而莫不当"也。亦即所谓"任自然者久"也。

欲达此境界，则必"弃知去己，而缘不得已"。盖知识专对事物作区别，"弃知"则不对事物作区别而"于物无择"矣。"己"执一事物为"己"，则不能"决然无主"，"去己"则能随顺万物，而"与物俱往矣"。无知无己，"泠汰（郭象云："犹听放也。"）于物，以为道理"，即所谓"缘不得已"也。

"知不知，将薄知而后邻伤之也"。"邻"宜读为"怜"。（顾实《〈庄子·天下篇〉讲疏》）吾人须知"不知"，即至于无知之境界。盖有知之人，局促于有分别之域，《庄子·齐物论》所谓"君乎，牧乎，固哉！"（《庄子》卷一，第44页）。固实可薄而亦复可怜伤也。然而此等有知识之人，正世俗所谓圣贤也。世俗以为人之知识愈大，则其为圣贤也亦愈大。若"知不知"则"謑髁无任，而笑天下之尚贤"，"纵脱无行，而非天下之大圣"矣。

能至此境界，则"无建己之患，无用知之累"，而成一"无知之物"矣。"无知之物"之行动，"不师知虑，不知前后，魏然而已矣。推而后行，曳而后往，若飘风之还，若落羽之旋，若磨石之隧"。完全"缘不得已"而"与物俱往"。真正无知之物之行动，亦不过如此。故曰"块不失道"。"块"者，真正无知之物也。

彭蒙等之学说如此。自一方面观之，此学说与老庄，尤与《庄子·齐物论》

之旨，颇多相同之点。然其不同之处，即在"块不失道"之一点。老子言"知其雄，守其雌……知其白，守其黑……知其荣，守其辱"（二十八章，《老子》上篇，第29—30页）。《庄子·齐物论》之宗旨，在于"得其环中，以应无穷"（《庄子》卷一，第28页）；在于"和之以是非，而休乎天钧"（《庄子》卷一，第31页）；在于"忘年忘义，振于无竟，故寓诸无竟"（《庄子》卷一，第46页）。比诸言之意义，下文讲老子、庄子章中详说。今但谓老子、庄子虽亦"薄知而怜伤之"，虽亦讲"知不知"；但老、庄却以为"不知"之境界，非即如真正"无知之物"之无知。《老子》屡言婴儿，婴儿虽无智识的知识（Intellectual Knowledge），然固非如真正"无知之物"也。"守其雌"而"知其雄"，"守其黑"而"知其白"，固非完全无知。《庄子·齐物论》所言纯粹经验之世界中（详下），虽无智识的知识，然固有经验。有经验者，亦非真正无知之物也。庄子言"忘年忘义"，"忘"字最可注意。忘者，非无有也，特忘之而已。此老、庄之理想人格之所以异于"块"也。《天下篇》批评慎到，谓其道"非生人之行，而至死人之理，适得怪焉"。使人如真正"无知之物"，即使人"至死人之理"也。《天下篇》对于老、庄二派，皆极赞扬，而于慎到特提出此点，可见慎到与老、庄之不同在此矣。依老、庄之观点，彭蒙等"所谓道非道，而所言之韪不免于非，彭蒙、田骈、慎到，不知道"。然彭蒙等之学说，固与老、庄之学多相同处。故《天下篇》谓彭蒙等，"虽然，概乎皆尝有闻者也"[①]。由今观之，老、庄之学，盖即彭蒙等学说之又更进一步者。

彭蒙等之学，注意于全生免祸之方法。如云："舍是与非，苟可以免"；"动静无过，未尝有罪"；"动静不离于理，是以终身无誉"。是其学亦出于杨朱也。然其所说，多注意于如何可免世之害我，是即杨朱学说更进一步者。

慎到之书，原本今不得见。《汉书·艺文志》列之于法家，谓"申、韩多称之"。《荀子·非十二子篇》谓慎到、田骈"上则取听于上，下则取从于俗"。当即"与物宛转"之义。又谓其"尚法而无法"，又谓其"蔽于法而不知贤"（《解蔽篇》，《荀子》卷十五，第5页），则慎到实有"尚法"之说。《韩非子·难势篇》亦引有慎子言"势"之文。但其"齐物"之说，与其"尚法"之说，其间逻辑的关系如何，"文献不足"，不必强为牵强附会。今但以《天下篇》所

[①] 有广义之知识，有狭义之知识。广义之知识，与经验同其广泛；狭义之知识，则专指知识的知识。如知识论中所讲之知识，广义的知识也；如逻辑中所说之知识，狭义的知识也。老、庄所说无知，乃无狭义的知识；慎到等所说无知，乃无广义的知识，故使人"至死人之理"也。"概乎皆尝有闻"，即一甚推崇之词。《天下篇》对墨子许为才士，对尹文、宋轻许为救世之士，皆不许其为"有闻"。

说为主；他书所说，与《天下篇》所说相近者亦录之。至于慎子论"势"之言，俟下第十三章中附述之。

第七节 驺衍及其他阴阳五行家言

上文（第三章）谓古代所谓术数中之"天文"、"历谱"、"五行"，皆注意于所谓"天人之际"，以为天道人事互相影响。及乎战国，人更将此等宗教的思想，加以推衍，并将其理论化，使成为一一贯的宇宙观。并骋其想像之力，对于天然界及人事界，作种种推测。此等人即汉人所称为阴阳家者。此派在战国末年之首领为驺衍。《史记》曰：

> 齐有三驺子，其前驺忌，以鼓琴干威王，因及国政，封为成侯，而受相印，先孟子。其次驺衍，后孟子。驺衍睹有国者益淫侈，不能尚德，若大雅整之于身，施及黎庶矣。乃深观阴阳消息，而作怪迂之变，《终始》《大圣》之篇，十余万言。其语闳大不经，必先验小物，推而大之，至于无垠。先序今以上至黄帝，学者所共术，大并世盛衰，因载其𥘼祥度制，推而远之，至天地未生，窈冥不可考而原也。先列中国名山，大川，通谷，禽兽，水土所殖，物类所珍，因而推之及海外，人之所不能睹。称引天地剖判以来，五德转移，治各有宜，而符应若兹。以为儒者所谓中国者，于天下乃八十一分居其一分耳。中国名曰赤县神州，赤县神州内，自有九州，禹之序九州是也，不得为州数。中国外如赤县神州者九，乃所谓九州也。于是有裨海环之，人民禽兽莫能相通者；如一区中者，乃为一州。如此者九，乃有大瀛海环其外，天地之际焉。其术皆此类也。然要其归，必止乎仁义节俭，君臣上下六亲之施，始也滥耳。王公大人，初见其术，惧然顾化，其后不能行之。是以驺子重于齐。适梁，惠王郊迎，执宾主之礼。适赵，平原君侧行襒席。如燕，昭王拥彗先驱，请列弟子之座而受业。筑碣石宫，身亲往师之，作《主运》。其游诸侯见尊礼如此。……驺奭者，齐诸驺子，亦颇采驺衍之术以纪文。……驺衍之术，迂大而闳辩。奭也文具难施。……故齐人颂曰："谈天衍，雕龙奭。"（《孟子·荀卿列传》，《史记》卷七十四，第2—5页）

所谓"五德转移，治各有宜"者，《吕氏春秋》曰：

> 凡帝王之将兴也，天必先见祥乎下民。黄帝之时，天先见大螾大蝼。黄帝曰："土气胜。"土气胜，故其色尚黄，其事则土。及禹之时，天先见草木秋冬不杀。禹曰："木气胜"。木气胜，故其色尚青，其事则木。及汤之时，天先见金刃生于水。汤曰："金气胜。"金气胜，故其色尚白，其事则金。及文王之时，天先见火，赤乌衔丹书集于周社。文王曰："火气胜"。火气胜，故其色尚赤，其事则火。代火者必将水；天且先见水气胜。水气胜，故其色尚黑，其事则水。水气至而不知，数备，将徙于土。（《有始览·应同》，"四部丛刊"本，卷十三，第4页）

《吕氏春秋》此文，虽未谓系驺衍之说，然李善引《七略》云："邹子终始五德，从所不胜，木德继之，金德次之，火德次之，水德次之。"（《文选》左思《魏都赋》注引）李善又引《邹子》云："五德从所不胜，虞土，夏木，殷金，周火。"（《文选》沈休文《故安陆昭王碑文》注引）与《吕氏春秋》所说相合，故可知其即为驺衍之说也。此说以五行为五种天然的势力，即所谓五德也。每种势力，皆有盛衰之时。在其盛而当运之时，天道人事，皆受其支配。及其运尽而衰，则能胜而克之者，继之盛而当运。木能胜土，金能胜木，火能胜金，水能胜火，土能胜水。如是循环，无有止息。所谓"自天地剖判以来，五德转移，治各有宜"也。吾人历史上之事变，亦皆此诸天然的势力之表现，每一朝代，皆代表一"德"，其服色制度，皆受此"德"之支配焉。依此观点，则所谓天道人事，打成一片，历史乃一"神圣的喜剧"（Divine Comedy）；汉人之历史哲学，皆根据此观点也。①

驺衍对于历史之意见如此，对于地理之意见，则有大九州之说，皆极想像之能事，宜"其游诸侯见尊礼"也。

《尚书》中之《洪范》，《吕氏春秋》及《礼记》中之《月令》，不知为何人所作，要之皆战国时阴阳五行家之言也。《洪范》托为箕子之言曰：

> 我闻在昔，鲧陻洪水，汩陈其五行，帝乃震怒，不畀洪范九畴，彝伦攸斁。鲧则殛死，禹乃嗣兴，天乃锡禹洪范九畴，彝伦攸叙。初一曰五行。次二曰敬用五事。次三曰农用八政。次四曰协用五纪。次五曰建用皇极。次六

---

① 如秦始皇以秦得水德，于是"改年始朝贺皆自十月朔。衣服旄旌节旗皆上黑。数以六为纪。符法皆冠六寸，而舆六尺，六尺为步。乘六马。更名河曰德水，以为水德之始。刚毅戾深，事皆决于法。刻削毋仁恩和义，然后合五德之数"。（《秦始皇本纪》，《史记》卷六，第11—12页）其一例也。

曰乂用三德。次七曰明用稽疑。次八曰念用庶征。次九曰向用五福，威用六极。(《尚书》卷七，"四部丛刊"本，第1—2页)

五行者，《洪范》曰：

> 一曰水，二曰火，三曰木，四曰金，五曰土。水曰润下，火曰炎上，木曰曲直，金曰从革，土爰稼穑。润下作咸，炎上作苦，曲直作酸，从革作辛，稼穑作甘。(《尚书》卷七，第2页)

五事者，《洪范》曰：

> 一曰貌，二曰言，三曰视，四曰听，五曰思。貌曰恭，言曰从，视曰明，听曰聪，思曰睿。恭作肃，从作乂，明作晢，聪作谋，睿作圣。(《尚书》卷七，第2页)

庶征者，《洪范》曰：

> 曰雨，曰旸，曰燠，曰寒，曰风，曰时。五者来备，各以其叙，庶草蕃庑。一极备凶，一极无凶。曰休征：曰肃时雨若，曰乂时旸若，曰晢时燠若，曰谋时寒若，曰圣时风若。曰咎征：曰狂恒雨若，曰僭恒旸若，曰豫恒燠若，曰急恒寒若，曰蒙恒风若。(《尚书》卷七，第5—6页)

人君之举动措施，如有不合，则能影响及天时，此历史所以为"神圣的喜剧"也[①]。

《月令》亦不知何人所作；依《月令》之说，所谓"五德"，在一年之四时中，各有其"盛"时，如春时"盛德在木"，夏时"盛德在火"，秋时"盛德在金"，冬时"盛德在水"。天子每月所居皆有定处，所衣皆有定色，所食皆有定味，所行政事皆有一定，所谓"月令"也。如每月所行之令有误，则影响天时而使之起非常的变化。如：

> 孟春行夏令，则雨水不时，草木早落，国时有恐。行秋令，则民大疫，

[①] 《洪范》为战国时作品，说详刘节先生之《洪范疏证》；原文见《东方杂志》第二十五卷第二号。

猋风暴雨总至，藜莠蓬蒿并兴。行冬令，则水潦为败，雪霜大挚，首种不入。(《月令》，《礼记》卷五，"四部丛刊"本，第3—4页)

此亦谓人君之举动措施不合，则能影响及天时。但《洪范》中言有上帝之存在，帝并能"震怒"，以施赏罚。《月令》中言每月皆有"其帝"、"其神"。如"孟春之月"，"其帝太皥，其神句芒"。受人事影响之天时变动，其为天道机械的受感后机械地发生之反动欤？抑因人君之举动措施不当，"帝乃震怒"，故向之作一种示威举动欤？依前之说，则为一种机械论的宇宙观；依后之说，则为一种目的论的宇宙观。阴阳五行家盖未觉此二观点之不相容，似常依违于二者之间。故吾人观其言论，常觉其时如此时如彼也。①

《管子·四时篇》曰：

> 是故阴阳者，天地之大理也。四时者，阴阳之大经也。刑德者，四时之合也。刑德合于时则生福，诡则生祸。然则春夏秋冬将何行？东方曰星，其时曰春，其气曰风。风生木与骨。其德喜嬴，而发出节时。其事号令，修除神位，谨祷弊梗，宗正阳，治堤防，耕耘树艺，正津梁，修沟渎，甃屋行水，解怨赦罪，通四方。然则柔风甘雨乃至，百姓乃寿，百虫乃蕃，此谓星德。……南方曰日，其时曰夏，其气曰阳。阳生火与气。其德施舍修乐。……此谓日德。中央曰土，土德实辅四时入出，以风雨节土益力。土生皮肌肤，其德和平用均。中正无私（戴望《管子校正》云："丁云：'中正上脱其事二字。'"），实辅四时。春嬴育，夏养长，秋聚收，冬闭藏。……此谓岁德。……西方曰辰，其时曰秋，其气曰阴。阴生金与甲。其德忧哀，静正严顺，居不敢淫佚。……此谓辰德。……北方曰月，其时曰冬，其气曰寒。寒生水与血。其德淳越温怒周密。……此谓月德。……是故春凋，秋荣，冬雷，夏有霜雪，此皆气之贼也。刑德易节失次，则贼气速至。贼气速至，则国多灾殃。是故圣王务时而寄政焉，作教而寄武焉，作祀而寄德焉。此三者，圣王所以合于天地之行也（《管子》卷十四，"四部丛刊"本，第4—6页）。

政教必"合于天地之行"，此亦阴阳家之言也。

《管子·水地篇》曰：

---

① 《月令》未言土德盛在何时；盖一年只有四季，故五德之中，必有一无可配者。《淮南子·时则训》以"季夏之月"为"盛德在土"；此后来阴阳家补充之说也。

> 地者，万物之本原，诸生之根菀也。美恶贤不肖愚俊之所生也。水者，地之血气，如筋脉之流通者也。故曰：水具材也。……集于天地，而藏于万物，产于金石，集于诸生。故曰水神。集于草木，根得其度，华得其数，实得其量。鸟兽得之，形体肥大，羽毛丰茂，文理明著。万物莫不尽其几，反其常者，水之内度适也。……人，水也。男女精气合而水流形。……是以水集于玉，而九德出焉；凝蹇而为人，而九窍五虑出焉；此乃其精也。……是故具者何也（戴望《管子校正》云："丁云：'具下当有材字。上文云：水具材也'"）？水是也。万物莫不以生，唯知其托者，能为之正。……夫齐之水道躁而复，故其民贪粗而好勇。楚之水淖弱而清，故其民轻果而贼。越之水浊重而洎，故其民愚疾而垢。秦之水泔㝡而稽，㘸滞而杂，故其民贪戾罔而好事。……是以圣人之化世也，其解在水。故水一则人心正，水清则民心易。一则欲不污（安井衡云："当作人心正则欲不污"），民心易则行无邪。是以圣人之治于世也，不人告也，不户说也，其枢在水。（《管子》卷十四，第1—3页）

此以水为万物之本原，又以治水为治世之枢要。欲治世，须改良人心；欲改良人心，即改良水可耳。立说甚奇，似亦为阴阳家言。

《吕氏春秋·有始篇》谓："天有九野，地有九州，土有九山，山有九塞，泽有九薮，风有八等，水有六川。"（《吕氏·春秋》卷十三，第1页）又曰：

> 凡四海之内，东西二万八千里，南北二万六千里，水道八千里，受水者亦八千里。通谷六，名川六百，陆注三千，小水万数。凡四极之内，东西五亿有九万七千里，南北亦五亿有九万七千里；极星与天俱游，而天枢不移。冬至日行远道，周行四极，命曰玄明；夏至日行近道，乃参于上，当枢之下，无昼夜；白民之南，建木之下，日中无影，呼而无响，盖天地之中也。天地万物，一人之身也，此之谓大同。众耳目鼻口也，众五谷寒暑也，此之谓众异，则万物备也。天斟万物，圣人览焉，以观其类，解在乎天地之所以形，雷电之所以生，阴阳材物之精，人民禽兽之所安平。（《吕氏春秋》卷十三，第3—4页）

此亦驺衍大九州之说之类，似亦阴阳家言也。

阴阳五行家以齐为根据地。盖齐地滨海，其人较多新异见闻，故齐人长于为荒诞之谈。战国诸子，谈及荒诞之谈，每谓为齐人之说。咸丘蒙谓："舜南面而立，尧师诸侯北面而朝之。"孟子曰："此齐东野人之语也。"（《万章上》，《孟子》卷九，第6—7页）《庄子·逍遥游》曰："《齐谐》者，志怪者也。"（《庄子》卷一，第2页）盖宋人之愚，齐人之夸，皆当时人所熟知者也。《汉书·地理志》曰：

> 齐地虚危之分野也。……至今其土好经术，矜功名，舒缓阔达而足智；其失夸奢朋党，言与行谬，虚诈不情。……（《汉书》卷二十八下，同文影殿刊本，第32—33页）

盖齐人之夸，至汉时犹然也。惟其人夸，好为荒诞之言，故有驺衍诸人之学说出也。《史记》云：

> 自齐威宣之时，驺子之徒，论著终始五德之运。及秦帝，而齐人奏之。故始皇采用之，而宋毋忌、正伯侨、充尚、羡门高，最后皆燕人，为方仙道，形解销化，依于鬼神之事。驺衍以阴阳《主运》，显于诸侯。而燕齐海上之方士，传其术，不能通。然则怪迂阿谀苟合之徒自此兴，不可胜数也。（《封禅书》，《史记》卷二十八，第10页）

《史记》谓驺衍至燕，大见尊礼，盖阴阳五行家之说，由齐至燕。自后怪迂之徒，"不可胜数"，而阴阳五行家之空气，遂笼罩秦汉之世矣。

第八章 《老子》及道家中之《老》学

第一节 老聃与李耳

《老子》一书,相传为系较孔子为年长之老聃所作。其书之成,在孔子以前。今以为《老子》系战国时人所作,关于此说之证据,前人已详举(参看崔东壁《洙泗考信录》,汪中《老子考异》,梁启超《评胡适之中国哲学史大纲》),兹不赘述。就本书中所述关于上古时代学术界之大概情形观之,亦可见《老子》为战国时之作品。盖一则孔子以前,无私人著述之事,故《老子》不能早于《论语》(参看第二章第一节)。二则《老子》之文体,非问答体,故应在《论语》《孟子》后。三则《老子》之文,为简明之"经"体,可见其为战国时之作品(参看第五章第二节)。此三端及前人所已举之证据,若只任举其一,则不免有为逻辑上所谓"丐词"(begging the question)之嫌。但合而观之,则《老子》之文体、学说及各方面之旁证,皆指明其为战国时之作品,此则必非偶然矣。

司马谈曰:

> 道家使人精神专一,动合无形,赡足万物。其为术也,因阴阳之大顺,采儒墨之善,撮名法之要。与时推移,应物变化。立俗施事,无所不宜。指约而易操,事少而功多。(《太史公自序》,《史记》卷百三十,同"文影殿刊"本,第4页)

此明谓道家后起,故能采各家之长。而后世乃谓各家皆出于道家,亦可谓不善读司马谈之《论六家要旨》矣。[①]

[①] 胡适之先生谓此道家乃谓汉初之道家,即《汉书·艺文志》所谓杂家,非谓老、庄。然《汉书·艺文志》于杂家外另有道家,故杂家不包老、庄。司马谈所谓道家,则包老、庄。

后世所以有此种错误，盖由于司马迁作《史记》，误以李耳及传说中之老聃为一人。其实《老》学（即现在《老子》书中所讲之学）之首领，战国时之李耳也。传说中之"古之博大真人"，乃老聃也。老聃之果为历史的人物与否，不可知，但李耳之籍贯家世，则司马迁知之甚确。《史记·老庄申韩列传》云：

> 老子者，楚苦县厉乡曲仁里人也。名耳，字聃，姓李氏（据《索隐》本）。……老子修道德，其学以自隐无名为务。……老子，隐君子也。老子之子名宗，宗为魏将，封于段干。宗子注，注子宫。宫玄孙假，仕于汉孝文帝。而假之子解，为胶西王邛太傅，因家于齐焉。（《史记》卷六十三，第1—4页）

据此则李耳实有其人，不过司马迁误以为与传说中之老聃为一人，故于此李耳传中，夹杂许多缥缈恍惚之谈，曰："老子……莫知其所终。或曰，老莱子，亦楚人也。……盖老子百有六十余岁，或言二百余岁。……自孔子死之后，百二十九年，而史记周太史儋见秦献公。……或曰，儋即老子；或曰，非也。世莫知其然否。"于是所谓《老子传》，乃首尾是历史，中间是神话。于是所谓老聃乃如一神而戴人帽，着人鞋，亦一喜剧矣（此段大意采刘汝霖先生《周秦诸子考》）。

然司马迁之致此误；亦非无故。盖李耳既为"隐君子"，"其学以自隐无名为务"，则其讲学必不愿标自己之名。其时传说中恰有一"古之博大真人"之老聃，故李耳即以其学为老聃之学。既可隐自己之名，又可收庄子所谓"重言"之效。故《荀子》《吕氏春秋》《庄子·天下篇》，皆以《老》学为老聃之学。及司马迁知李耳为《老》学首领，而又狃于世人之以《老》学为老聃之学之说，故遂误将老聃及李耳合为一人矣。吾人今当依司马迁认李耳为战国时《老》学首领，但认李耳为历史的人物，而老聃则为传说中的人物，二者是二非一也。

然"书缺有间"，"文献不足征"，以上所说，亦难执为必定无误。今所有之《老子》，亦曾经汉人之整理编次，不能必谓成于一人之手。故本章题为《老子》，明以书为本位也。

第二节 《老》学与庄学

《老子》之学说，《荀子》批评之；《庄子·天下篇》称述之；《韩非子》

"解"之"喻"之;《战国策》中,游说之士亦引用之①;故可知其在战国时已为"显学"矣。

汉以前,无道家之名,《老子》之学说与庄子亦不同。上文谓《老》学为杨朱之学之更进一步者,而庄学则为其更进二步者(第七章第一节),已略言之矣。《庄子·天下篇》,凡学说之相同者,如宋轻、尹文,皆列为一派。而老聃、庄周,则列为二派。《天下篇》云:

> 以本为精,以物为粗,以有积为不足,澹然独与神明居。古之道术有在于是者,关尹、老聃,闻其风而悦之。建之以常无有,主之以太一,以濡弱谦下为表,以空虚不毁万物为实。关尹曰:"在己无居,形物自著。其动若水,其静若镜,其应若响。芴乎若亡,寂乎若清。同焉者和,得焉者失。未尝先人而常随人。"老聃曰:"知其雄,守其雌,为天下豀。知其白,守其辱,为天下谷。"人皆取先,己独取后,曰,"受天下之垢"。人皆取实,己独取虚。无藏也,故有余,岿然而有余。其行身也,徐而不费,无为也而笑巧。人皆求福,己独曲全,曰,"苟免于咎"。以深为根,以约为纪。曰:"坚则毁矣,锐则挫矣。"常宽容于物,不削于人,可谓至极。关尹,老聃乎,古之博大真人哉!(《庄子》卷十,"四部丛刊"本,第36页)

又云:

> 寂漠无形,变化无常,死与?生与?天地并与?神明往与?芒乎何之?忽乎何适?万物毕罗,莫足以归。古之道术有在于是者,庄周闻其风而悦之。以谬悠之说,荒唐之言,无端崖之辞,时恣纵而不傥,不以觭见之也。以天下为沈浊不可与庄语,以卮言为曼衍,以重言为真,以寓言为广,独与天地精神往来,而不傲倪于万物。不谴是非,以与世俗处。其书虽瑰玮,而连犿无伤也。其辞虽参差,而諔诡可观。彼其充实不可以已,上与造物者游,而下与外死生、无终始者为友。其于本也,弘大而辟,深闳而肆。其于宗也,可谓调适而上遂矣。虽然,其应于化而解于物也,其理不竭,其来不蜕,芒乎昧乎,未之尽者。(《庄子》卷十,"四部丛刊"本,第36页)

据此所述,老、庄之学之不同,已显然可见矣。此二段中,只"澹然独与神明

---

① 如《齐策》:颜斶云:"老子曰:'虽贵必以贱为本;虽高必以下为基。是以侯王称孤寡不谷。'"(《战国策》,"四部丛刊"本,卷四,第14页)

居"一语，可与"独与天地精神往来"之言，有相同的意义。除此外，吾人可见《老》学犹注意于先后、雌雄、荣辱、虚实等分别。知"坚则毁"、"锐则挫"，而注意于求不毁不挫之术。庄学则"外死生，无终始"。《老》学所注意之事，实庄学所认为不值注意者也。

战国以后，《老》学盛行于汉初；庄学盛行于汉末。陈澧云：

> 洪稚存云：自汉兴，黄老之学盛行。文景因之以致治。至汉末，祖尚玄虚，于是始变黄《老》而称《老》庄。陈寿《魏志·王粲传》末言，嵇康好言《老》庄。《老》庄并称，实始于此。即以注二家者而论，为《老子》解义者，邻氏、傅氏、徐氏、河上公、刘向、毋丘望之、严遵等，皆西汉以前人也，无有言及庄子者。注《庄子》实自晋议郎清河崔譔始；而向秀、司马彪、郭象、李颐等继之。（《东塾读书记》卷十二）

司马谈谓道家"与时迁移，应物变化。立俗施事，无所不宜。指约而易操，事少而功多"。《汉书·艺文志》谓道家为"君人南面之术"。大约汉人所谓道家，实即《老》学也。《老》学述应世之方法，庄学则超人事而上之。"汉兴，黄老之学盛行"，主以清静无为为治，此《老》学也。"至汉末祖尚玄虚"，始将《老子》庄学化而并称《老》庄焉。实则《老》自《老》，庄自庄也。

道家之名，乃汉人所立，其以《老》庄皆为道家者，则因《老》学庄学虽不同，而同为当时一切传统的思想制度之反对派。再则《老》学与庄学所说道、德之二根本观念亦相同。此汉人所以统名之曰道家之理由也。司马谈称道家为道德家，可见其以此二观念为道家之根本观念矣。

第三节　楚人精神

李耳为楚人。而《论语》中所记"隐者"之流，据《史记》亦多孔子在楚时所遇。上文所引范蠡之言亦多似《老子》处（第三章第四节）。盖楚人为新兴民族，本无较高文化，孟子所谓"南蛮鴃舌之人，非先王之道"（《滕文公上》，《孟子》卷五，"四部丛刊"本，第14页）者也。孟子又谓："陈良，楚产也，悦周公仲尼之道，北学于中国。北方之学者，未能或之先也。"（《滕文公上》，《孟子》卷五，第13页）可见楚人慕周之文化者，须至北方留学，方能得之。然楚人虽不沾周之文化之利益，亦不受周之文化之拘束；故其人多有极新之思想。《汉书·地理志》谓："楚有江汉川泽山林之饶，民……食物常足。故呰窳偷生，而亡积聚。饮食还给，不忧冻饥，亦亡千金之家。信巫鬼，重淫祀。"（《汉书》卷二十八下，同"文影殿刊"本，第36页）然《离骚》中，屈原远游，驱使鬼神，其对于鬼神之态度，为诗的而非宗教的。至于《天问》一篇，则更对于一切人神之传说，皆加质问；对于宇宙之所以发生，日月之所以运行，亦提出问题。或者一般人过于"信巫鬼，重淫祀"，故激起有思想人之反动也。

所谓"隐者"之流，对于当时政治，皆持反对态度。而许行之徒，不但反对当时政治，且反对传统的政治社会制度。及后所谓道家者流，在周秦之际，乃一切传统的思想制度之反对者。而《老子》《庄子》二书，乃其二重要代表也。①

第四节　道　德

古代所谓天，乃主宰之天。孔子因之，墨子提倡之。至孟子则所谓天，有时已为义理之天。所谓义理之天，常含有道德的唯心的意义，特非主持道德律之有人格的上帝耳。《老子》则直谓"天地不仁"，不但取消天之道德的意义，且取消其唯心的意义。古时所谓道，均谓人道，至《老子》乃予道以形上学的意义。以为天地万物之生，必有其所以生之总原理，此总原理名之曰道。故《韩非子·解老》云：

> 道者，万物之所然也，万理之所稽也。理者，成物之文也。道者，万物之所以成也。故曰：道，理之者也。物有理不可以相薄。……万物各异理，而道尽稽万物之理，故不得不化。不得不化，故无常操。（《韩非子》卷六，"四部丛刊"本，第7页）

---

① 日人小柳司气太云："道家渊源的鬻子及发扬光大道家思想的老子庄子，皆为楚人。更据《汉志》，蜎子、长卢子、老莱子、鹖冠子，亦皆楚人。至于其他传说中的隐逸，有狂接舆、长沮、桀溺（见《论语·微子》），詹何（见《列子·汤问·说符》及《韩非子·解老》），北郭先生（见《韩诗外传》卷九），江上老人（见《吕览·异宝篇》），缯封人（见《荀子·尧问》），皆楚人。屈原《远游》云：'曰：道可受兮而不可传，其小无内兮其大无垠，毋滑而魂兮彼将自然'，与《庄子·大宗师》'道可传而不可受'相通。又曰：'载营魄兮登遐'，与《老子》'载营魄抱一，能无离乎'相通。《渔父辞》云：'圣人不凝滞于物，而能与世推移'，与《老子》'和光同尘'相通。"（《文化史上所见之古代楚国》，《东方学报》，东京第一册，东方文化学院东京研究所昭和六年三月出版）

此谓各物皆有其所以生之理，而万物之所以生之总原理，即道也。《老子》云：

> 有物混成，先天地生。寂兮寥兮，独立而不改，周行而不殆，可以为天下母。吾不知其名，字之曰道，强为之名曰大。（二十五章，《老子》上篇，武英殿"聚珍版丛书"本，第24—25页）（本章以下所引《老子》，作者均未注篇名和版本。——编者）

又云：

> 大道氾兮其可左右，万物恃之而生而不辞，功成不名有，衣养万物而不为主。（三十四章，上篇，第35页）

道之作用，并非有意志的，只是自然如此。故曰：

> 人法地，地法天，天法道，道法自然。（二十五章，上篇，第26页）

道即万物所以生之总原理，道之作用，亦即万物之作用。但万物所以能成万物，亦即由于道。故曰：

> 道常无为而无不为。（三十七章，上篇，第37页）

由此而言，道乃万物所以生之原理，与天地万物之为事物者不同。事物可名曰有；道非事物，只可谓为无。然道能生天地万物，故又可称为有。故道兼有无而言；无言其体，有言其用。故《老子》云：

> 道可道，非常道；名可名，非常名。无，名天地之始；有，名万物之母。常无，欲以观其妙；常有，欲以观其徼。此二者，同出而异名，同谓之玄。玄之又玄，众妙之门。（一章，上篇，第1页）

"此二者"，即有无也。有无同出于道，盖即道之两方面也。《老子》又云：

> 道生一，一生二，二生三，三生万物。万物负阴而抱阳，冲气以为和。（四十二章，下篇，第8页）

又云：

> 天地万物生于有，有生于无。（四十章，下篇，第6页）

《庄子·天下篇》云："建之以常无有，主之以太一。"（《庄子》卷十，第35页）常无常有，道之两方面也。太一当即"道生一"之一，"天地万物生于有"，"有"或即"太一"乎？二者，天地也。三者，阴气、阳气、和气也。《庄子·田子方篇》曰："至阴肃肃，至阳赫赫。肃肃出乎天，赫赫发乎地（天地二字，疑当互易）。两者交通成和而物生焉。"（《庄子》卷七，第33页）即此意也（二者天地也以下至此，高亨先生《老子正诂》说）。

谓道即是无。不过此"无"乃对于具体事物之"有"而言的，非即是零。道乃天地万物所以生之总原理，岂可谓为等于零之"无"。《老子》曰：

> 道之为物，惟恍惟惚。惚兮恍兮，其中有象。恍兮惚兮，其中有物。窈兮冥兮，其中有精。其精甚真，其中有信。（二十一章，上篇，第21页）

"恍""惚"言其非具体事物之有；"有象""有物""有精"，言其非等于零之无。第十四章"无状之状，无物之象"，王弼注云："欲言无耶，而物由以成；欲言有耶，而不见其形"，即此意。

道为天地万物之所以生之总原理，非具体的事物；故难以指具体的事物，或形容具体的事物之名，指之或形容之。盖凡名皆有限制及决定之力；谓此物为此，则即决定其是此而非彼。而道则"周行而不殆"，在此亦在彼，是此亦是彼也。故曰：

> 道常无名。（三十二章，上篇，第33页）

又曰：

> 道隐无名。（四十一章，下篇，第8页）

"道尽稽万物之理，故不得不化，故无常操"，本不可以名名之，"字之曰道"，亦强字之而已。

道为天地万物所以生之总原理，德为一物所以生之原理，即《韩非子》所谓"万物各异理"之理也。《老子》曰：

> 孔德之容，惟道是从。（二十一章，上篇，第20页）

又曰：

> 道生之，德畜之，物形之，势成之。是以万物莫不尊道而贵德。道之尊，德之贵，夫莫之命而常自然。（五十一章，下篇，第16页）

《管子·心术上》云："德者道之舍，物得以生，生得以职道之精。故德者，得也，其谓所得以然也。以无为之谓道，舍之之谓德。故道之与德无间，故言之者无别也。"（《管子》卷十三，"四部丛刊"本，第3页）"德者道之舍"。舍当是舍寓之意，言德乃道之寓于物者。换言之，德即物之所得于道，而以成其物者。此解说道与德之关系，其言甚精。《老子》所云"道生之，德畜之"，其意中道与德之关系，似亦如此，特未能以极清楚确定的话说出耳。"物形之，势成之"者，吕吉甫云："及其为物，则特形之而已。……已有形矣，则裸者不得不裸；鳞介羽毛者，不得不鳞介羽毛；以至于幼壮老死，不得不幼壮老死；皆其势之必然的。"（焦竑《老子翼》卷五引，渐西村舍刊本，第2页）形之者，即物之具体化也。物固势之所成，即道德之作用，亦是自然的。故曰："道之尊，德之贵，夫莫之命而常自然。"

第五节 对于事物之观察

《老子》以为宇宙间事物之变化，于其中可发现通则。凡通则皆可谓之为"常"，《韩非子·解老篇》云：

> 夫物之一存一亡，乍死乍生，初盛而后衰者，不可谓常。唯夫与天地之剖判也俱生，至天地之消散也不死不衰者，谓常。（《韩非子》卷六，第7页）

常有普遍永久之义。故道曰常道。所谓：

> 道可道，非常道。（一章，上篇，第1页）

自常道内出之德，名曰常德。所谓：

> 常德不忒，复归于无极。……常德乃足，复归于朴。（二十八章，上篇，第29—30页）

言道之为"无"，则曰"常无"；言道之为"有"，则曰"常有"（一章）。言道之不可形容，则曰：

> 道常无名。（三十二章，上篇，第33页）

言道之功用，则曰：

> 道常无为而无不为。（三十七章，上篇，第37页）

言道德之尊贵，则曰：

> 夫莫之命而常自然。（五十一章，下篇，第16页）

至于人事中可发现之通则，则如：

> 取天下常以无事。（四十八章，下篇，第13页）
> 民之从事，常于几成而败之。（六十四章，下篇，第31页）
> 常有司杀者杀。（七十四章，下篇，第39页）
> 天道无亲，常与善人。（七十九章，下篇，第42页）

凡此皆为通则，永久如此。吾人贵能知通则；能知通则为"明"。《老子》曰：

> 夫物芸芸，各复归其根。归根曰静，是谓复命。复命曰常，知常曰明。（十六章，上篇，第14页）

《老子》中数言"知常曰明"，可知明之可贵。故《老子》云：

> 知常，容。容乃公。公乃王（马夷初先生《老子核诂》云："王本王字

作周")。王乃天(《老子核诂》云:"疑天字乃大字之讹")。天乃道。道乃久。殁身不殆。(十六章,上篇,第15页)

容当即《庄子·天下篇》所说:"常宽容于物"(见上第二节引)之容。知常之人,依常而行,不妄逞己之私意,故为公也。道"周行而不殆","强为之名曰大"(二十五章,上篇,第25页)。知常之人,依常而行,亦可周行而不殆。故曰,"公则周,周则大,殁身不殆"也。"知常"即依之而行,则谓之"袭明"(《老子核诂》云:"袭,习,古通")。所谓:

> 是以圣人常善救人,故无弃人;常善救物,故无弃物:是谓袭明。(二十七章,上篇,第28页)

或谓为"习常",所谓:

> 见小曰明,守柔曰强。……无遗身殃,是为习常。(五十二章,下篇,第18页)

若吾人不知宇宙间事物变化之通则,而任意作为,则必有不利之结果。所谓:

> 不知常,妄作,凶。(十六章,上篇,第14页)

事物变化之一最大通则,则一事物若发达至于极点,则必一变而为其反面。此即所谓"反",所谓"复"。《老子》云:

> 反者道之动。(四十章,下篇,第5页)

又云:

> 大曰逝,逝曰远,远曰反。(二十五章,上篇,第25—26页)

又云:

> 万物并作,吾以观复。(十六章,上篇,第14页)

惟"反"为道之动，故"祸兮福之所倚，福兮祸之所伏"。"正复为奇，善复为妖"（五十八章，下篇，第24页）。惟其如此，故"曲则全，枉则直，洼则盈，敝则新，少则得，多则惑"（二十二章，上篇，第22页）。惟其如此，故"飘风不终朝，骤雨不终日"（二十三章，上篇，第23页）。惟其如此，故"以道佐人主者，不以兵强天下，其事好还"（三十章，上篇，第31页）。惟其如此，故"天之道其犹张弓欤；高者抑之，下者举之。有余者损之，不足者补之"（七十七章，下篇，第40页）。惟其如此，故"天下之至柔，驰骋天下之至坚"。（四十三章，下篇，第9页）"天下莫柔弱于水，而攻坚强者莫之能胜"（七十八章，下篇，第41页）。惟其如此，故"物或损之而益，或益之而损"（四十二章，下篇，第8页）。凡此皆事物变化自然之通则，《老子》特发现而叙述之，并非故为奇论异说。而一般人视之，则以为非常可怪之论。故曰"正言若反"（七十八章，下篇，第41页）。故曰："玄德深矣远矣，与物反矣，然后乃至大顺。"（六十五章，下篇，第33页）故曰："下士闻道大笑之，不笑不足以为道"（四十一章，下篇，第6页）。

第六节　处世之方

事物变化既有上述之通则，则"知常曰明"之人，处世接物，必有一定之方法。欲得到一物必从其反面下手，欲维持一物必先包含其反面。大要吾人若欲如何，必先居于此如何之反面，南辕正所以取道北辙。故

> 将欲歙之，必固张之；将欲弱之，必固强之；将欲废之，必固兴之；将欲夺之，必固与之。（三十六章，上篇，第37页）
> 甚爱必大费，多藏必厚亡。（四十四章，下篇，第10页）

此非《老子》之尚阴谋，《老子》不过叙述其所发现耳。反之，则将欲张之，必固歙之；将欲强之，必固弱之。故

> 圣人后其身而身先，外其身而身存。非以其无私耶？故能成其私。（七章，上篇，第7页）
> 不自见故明，不自是故彰；不自伐故有功，不自矜故长；夫惟不争，故天下莫能与之争。（二十二章，上篇，第22—23页）

以其终不自为大，故能成其大。（三十四章，上篇，第36页）

贵以贱为本，高以下为基，是以侯王自谓孤寡不谷。（三十九章，下篇，第5页）

大国以下小国，则取小国；小国以下大国，则取大国。（六十一章，下篇，第28页）

是以欲上民，必以言下之；欲先民，必以身后之。……以其不争，故天下莫能与之争。（六十六章，下篇，第33页）

慈故能勇，俭故能广，不敢为天下先，故能成器长。（六十七章，下篇，第34页）

夫惟病病，是以不病。（七十一章，下篇，第37页）

凡此皆"知常曰明"之人所以自处之道也。一事物发展至极点，必变为其反面。其能维持其发展而不致变为其反面者，则其中必先包含其反面之分子，使其发展永不能至极点也。故

明道若昧，进道若退，夷道若纇，上德若谷，大白若辱。广德若不足，建德若偷。质真若渝，大方无隅。（四十一章，下篇，第6—7页）

大成若缺，其用不弊；大盈若冲，其用不穷；大直若屈，大巧若拙，大辩若讷。（四十五章，下篇，第10—11页）

"知常曰明"之人，知事物真相之如此，故

知其雄，守其雌，为天下谿。……知其白，守其黑，为天下式。……知其荣，守其辱，为天下谷。（二十八章，上篇，第29—30页）

总之：

圣人去甚，去奢，去泰。（二十九章，上篇，第31页）

其所以如此，盖恐事物之发展若"泰""甚"，则将变为其反面也。故曰：

持而盈之，不如其已。揣而锐之，不可常保。金玉满堂，莫之能守。富贵而骄，自遗其咎。功遂身退，天之道。（九章，上篇，第7—8页）

又曰：

> 保此道者不欲盈。（十五章，上篇，第13—14页）

黑格尔谓历史进化，常经"正""反""合"三阶级。一事物发展至极点必变而为其反面，即由"正"而"反"也。"大直若屈，大巧若拙"。若只直则必变为屈，若只巧则必"弄巧成拙"。惟包含有屈之直，有拙之巧，是谓大直大巧，即"正"与"反"之"合"也。故大直非屈也，若屈而已。大巧非拙也，若拙而已。"知常曰明"之人，"知其雄，守其雌"，常处于"合"，故能"殁身不殆"矣①。

第七节　政治及社会哲学

上述物极则反之通则，无论在何方面，皆是如此。如五色本以悦目，而其极能"令人目盲"。五音本以悦耳，而其极能"令人耳聋"（见十二章，上篇，第10页）。本此推之，则社会上、政治上诸制度，往往皆足以生与其原来目的相反之结果。故曰：

> 天下多忌讳而民弥贫。民多利器，国家滋昏。人多伎巧，奇物滋起。法令滋彰，盗贼多有。（五十七章，下篇，第23页）

法令本所以防盗贼，法令滋彰，盗贼反而多有。又如人之治天下，本欲以有所为，然以有为求有所为，则反不足以有所为，故曰：

> 天下神器，不可为也；为者败之，执者失之。（二十九章，上篇，第30页）

又曰：

---

① 按一哲学系统之各部分之发生的程序，与其逻辑的程序，不必相同。本章叙述《老子》哲学，注重于其逻辑的程序。故先述其所谓道、德；次述其所谓反、复。但若就《老子》哲学之发生的程序说，则或《老子》之作者，先有见于"法令滋彰，盗贼多有"等反、复之事实，乃归纳为所谓反、复之理论也。

> 民之难治，以其上之有为，是以难治。（七十五章，下篇，第39页）

又如民之求生太过者，往往适足以求死。故曰：

> 人之生动之死地亦十有三，夫何故？以其生生之厚。（五十章，下篇，第15页）

又曰：

> 益生曰祥。（五十五章，下篇，第21页）

又曰：

> 民之轻死，以其求生之厚，是以轻死。（七十五章，下篇，第39页）

故圣人之治天下，注重于取消一切致乱之源。法令仁义，皆排除之。以无为为之，以不治治之；无为反无不为，不治反无不治矣。故曰：

> 我无为而民自化，我好静而民自正，我无事而民自富，我无欲而民自朴。（五十七章，下篇，第23页）

圣人之养生，亦以不养养之，故曰：

> 夫惟无以生为者，是贤于贵生。（七十五章，下篇，第39页）

"人法地，地法天，天法道，道法自然"（二十五章，上篇，第26页），是人亦法自然。以上所说，亦与人法自然之理相合也。

然人在天地间，若欲维持生活，亦不可无相当之制作，特不可使其发展达于极点而生其反面之结果耳。故曰：

> 朴散则为器，圣人用之，则为官长。（二十八章，上篇，第30页）

又曰：

> 道常无名，朴虽小，天下莫能臣也。……始制有名。名亦既有，夫亦将知止。知止可以不殆。（三十二章，上篇，第33页）

就宇宙之发生言，则道为无名，万物为有名。就社会之进化言，则社会原始为无名，所谓"朴"也；制作为有名，所谓"朴散则为器，圣人用之，则为官长也"。"名亦既有"，惟"知止可以不殆"，即不使制作太多而生其反面之结果也。

第八节 《老子》对于欲及知之态度

《老子》中屡言及欲。盖人生而有欲，又设种种方法以满足其欲。然满足欲之方法愈多，欲愈不能满足，而人亦愈受其害，所谓"益生曰祥"，"物或益之而损"也。故与其设种种方法以满足欲，不如在根本上寡欲。欲愈寡即愈易满足，而人亦愈受其利，所谓"物或损之而益"，"夫惟无以生为者，是贤于贵生"也。寡欲之法，在于减少欲之对象，《老子》曰：

> 不尚贤，使民不争。不贵难得之货，使民不为盗。不见可欲，使民心不乱。是以圣人之治，虚其心，实其腹，弱其志，强其骨，常使民无知无欲。（三章，上篇，第3—4页）

又曰：

> 绝圣弃智，民利百倍。绝仁弃义，民复孝慈。绝巧弃利，盗贼无有。此三者以为文不足，故令有所属。见素抱朴，少私寡欲。（十九章，上篇，第18页）

又曰：

> 化而欲作，吾将镇之以无名之朴。无名之朴，夫亦将无欲。不欲以静，天下将自定。（三十七章，上篇，第38页）

三章及三十七章皆言无欲，然无欲实即寡欲。盖《老子》之意，仍欲使民"实其腹"，"强其骨"。人苟非如佛家之根本绝灭人生，即不能绝对无欲也。故即在

《老子》之理想社会中，尚须"甘其食，美其服，安其居，乐其俗"。则其民非绝对无欲明矣。《老子》之意，只使人"去甚，去奢，去泰"。其所以如此者，盖

> 知足不辱，知止不殆，可以长久。（四十四章，下篇，第10页）
> 祸莫大于不知足，咎莫大于欲得。故知足之足常足矣。（四十六章，下篇，第12页）

《老子》曰：

> 治人事天莫若啬。（五十九章，下篇，第25页）

寡欲亦即啬也。

为欲寡欲，故《老子》亦反对知识。盖（一）知识自身本即一欲之对象。（二）知识能使吾人"不知足"。（三）知识能助吾人努力以得欲之对象因而使吾人"不知止"，所谓"为学日益"也。（四十八章，下篇，第12页）《老子》云：

> 知慧出，有大伪。（十八章，上篇，第17页）

又曰：

> 民之难治，以其智多；故以智治国国之贼，不以智治国国之福。（六十五章，下篇，第32—33页）

惟"不以智治国国之福"，故"绝圣弃智，民利百倍"；"绝学无忧"（二十章，上篇，第18页）也。

《老子》曰：

> 是以圣人欲不欲，不贵难得之货；学不学，复众人之所过。（六十四章，下篇，第32页）

"欲不欲"即欲达到无欲或寡欲之地步，即以"不欲"为"欲"也。"学不学"

即欲达到无知之地步，即以"不学"为学也。以学为学，乃众人之过；以不学为学，乃圣人之教也。

第九节　理想的人格及理想的社会

婴儿之知识欲望皆极简单，故《老子》言及有修养之人，常以婴儿比之，如云：

我独泊兮其未兆，如婴儿之未孩。（二十章，上篇，第19页）

又曰：

常德不离，复归于婴儿。（二十八章，上篇，第29页）

又曰：

专气致柔，能婴儿乎？（十章，上篇，第8页）

又曰：

含德之厚，比于赤子。（五十五章，下篇，第20页）

圣人治天下，亦欲使天下之人皆如婴儿，故曰：

圣人在天下，歙歙为天下浑其心，圣人皆孩之。（四十九章，下篇，第14页）

《老子》又以愚形容有修养之人，盖愚人之知识欲望亦极简单也。故曰：

我愚人之心也哉。沌沌兮，俗人昭昭，我独昏昏；俗人察察，我独闷闷。澹兮其若海，飂兮若无止。众人皆有以，而我独顽似鄙。（二十章，上篇，第19—20页）

圣人治天下，亦欲使天下之人皆能如此，故曰：

> 古之善为道者，非以明民，将以愚之。（六十五章，下篇，第32页）

"不以智治国"，即欲以"愚"民也。然圣人之愚，乃修养之结果，乃"大智若愚"之愚也。"大智若愚"之愚，乃智愚之"合"，与原来之愚不同。《老子》所谓"圣人之治，虚其心，实其腹，弱其志，强其骨。常使民无知无欲"（三章，上篇，第3—4页）。此使民即安于原来之愚也。此民与圣人之不同也。

"为道日损"，若使人之"知"与"欲"，皆"损之又损，以至于无为"（四十八章，下篇，第13页），则理想的社会，即可成立矣。《老子》云：

> 小国寡民，使有什伯之器而不用，使民重死不远徙。虽有舟舆，无所乘之；虽有甲兵，无所陈之。使人复结绳而用之。甘其食，美其服，安其居，乐其俗。邻国相望，鸡犬之声相闻。民至老死不相往来。（八十章，下篇，第42页）

此即《老子》之理想的社会也。此非只是原始社会之野蛮境界；此乃包含有野蛮之文明境界也。非无舟舆也，有而无所乘之而已。非无甲兵也，有而无所陈之而已。"甘其食，美其服"，岂原始社会中所能有者？可套《老子》之言曰："大文明若野蛮"。野蛮的文明，乃最能持久之文明也。①

---

① 一民族若仅仅有文明而无野蛮，则即为其衰亡之先兆。中国人文质彬彬（冯友兰原书作"文采彬彬"，似是笔误。——编者注），以弱不胜衣为可贵，此即仅有文明而无野蛮。中国民族若真衰老，则即因其太文明也。

第九章　惠施、公孙龙及其他辩者

第一节　辩者学说之大体倾向

汉人所谓名家，战国时称为"刑名之家"（《战国策·赵策》，"刑名"即"形名"，说见王鸣盛《十七史商榷》卷五），或称为"辩者"。《庄子·天地篇》谓："辩者有言曰：'离坚白，若县寓。'"（《庄子》卷五，"四部丛刊"本，第9页）《天下篇》谓："惠施以此为大观于天下，而晓辩者。天下之辩者，相与乐之。……桓团、公孙龙，辩者之徒。"（《庄子》卷十，第40—42页）于此可见"辩者"乃当时之"显学"，而"辩者"亦当时此派"显学"之通名也。

辩者之书，除《公孙龙子》存一部分外，其余均佚。今所知惠施及其他辩者之学说，仅《庄子·天下篇》所举数十事。然《天下篇》所举，仅其辩论所得之断案，至所以达此断案之前提，则《天下篇》未言及之。自逻辑言，一同一之断案，可由许多不同之前提推来。吾人若知一论辩之前提，则可推知其断案。若仅知其断案，则无由定其系由何前提推论而得，其可能的前提甚多故也。故严格言之，《天下篇》所举惠施等学说数十事，对之不能作历史的研究，盖吾人可随意为此等断案，加上不同的前提而皆可通，注释者可随意予以解释，不易断定何者真合惠施等之说也。但中国哲学史中之只有纯理论的兴趣之学说极少，若此再不讲，则中国哲学史更觉畸形。若欲讲此数十事，而又不欲完全瞎猜，则必须先明辩者学说之大体倾向。欲明辩者学说之大体倾向，须先看较古书中对于辩者学说之传说及批评。

《庄子·天地篇》曰：

> 夫子问于老聃曰："有人治道若相放，可不可，然不然。辩者有言曰：'离坚白，若县寓。'若是则可谓圣人乎？"（《庄子》卷五，第9页）

又《秋水》篇曰：

> 公孙龙问于魏牟曰："龙少学先王之道，长而明仁义之行。合同异，离坚白。然不然，可不可。困百家之知，穷众口之辩，吾自以为至达矣。"（《庄子》卷六，第24页）

《天下篇》曰：

> 桓团，公孙龙，辩者之徒，饰人之心，易人之意。能胜人之口，不能服人之心，辩者之囿也。……然惠施之口谈，自以为最贤。……以反人为实，而欲以胜人为名，是以与众不适也。（《庄子》卷十，第42—43页）

《荀子·非十二子篇》曰：

> 不法先王，不是礼义。而好治怪说，玩琦辞。甚察而不惠（王念孙曰："惠当为急之误"），辩而无用。多事而寡功，不可以为治纲纪。然而其持之有故，其言之成理，足以欺惑愚众，是惠施邓析也。（《荀子》卷三，"四部丛刊"本，第14页）

又《解蔽篇》曰：

> 惠子蔽于辞，而不知实。……由辞谓之道，尽论矣。（《荀子》卷十五，第5页）

司马谈曰：

> 名家苛察缴绕，使人不得反其意，专决于名，而失人情。故曰：使人俭而善失真。若夫控名责实，参伍不失，此不可不察也。（《太史公自序》，《史记》卷百三十，同"文影殿刊"本，第5页）

《汉书·艺文志》曰：

> 名家者流，盖出于礼官。古者名位不同，礼亦异数。孔子曰："必也正

名乎？名不正则言不顺，言不顺则事不成。"此其所长也。及警者为之，则苟钩鈲析乱而已。（《汉书》卷三十，同"文影殿刊本"，第25页）

此当时及以后较早学者对于辩者学说之传说及批评也。此等批评虽未尽当，传说虽未必尽可信，然于其中可见辩者学说之大体倾向。换言之，即此等传说批评，可指示吾人以推测辩者学说之方向。本此指示以解释现所有关于辩者学说之材料，或可不致大失真也。

《庄子》书中除《天下篇》外，"寓言十九"，上所引《天地》及《秋水》篇二事，固不能断其为真。不过《庄子》书中所述历史上的人物之言行，虽不必真，然与其人之真言行，必为一类。如《庄子》书中述孔子之言，必为讲礼义经典者；其所述虽非必真为孔子所说，要之孔子之主张，自亦在此也。故认《庄子》书中所述历史上的人物之言行为真固不可；认其可以表示其人言行之大体倾向，则无不可也。

即以上所引观之，可见辩者之学说必全在所谓名理上立根据。所谓"专决于名"也。故汉人称之为名家。吾人解释现所有辩者之言，亦宜首注意于此方面。

第二节　惠施与庄子

荀子以惠施、邓析并举；然据《吕氏春秋》所说，邓析只以教人讼为事，盖古代一有名之讼师也。大约其人以诡辩得名，故后来言及辩者多及之。其实辩者虽尚辩而不必即尚诡也。

惠施姓惠名施，相传为宋人（《淫辞篇》高注，《吕氏春秋》，"四部丛刊"本，卷十八，第13页）。与庄子为友。庄子及见惠施之死（见《庄子·徐无鬼》），则惠施似较庄子为年长。《吕氏春秋》谓惠施"去尊"（《爱类篇》，《吕氏春秋》卷二十一，第9页）。《韩非子》谓惠施"欲以齐荆偃兵"（《内储说上》，《韩非子》，"四部丛刊"本，卷九，第4页）。《庄子·天下篇》谓惠施谓"泛爱万物，天地一体也"（《庄子》卷十，第39页）。是惠施亦主张兼爱非攻，与墨家同。故胡适之先生归之于"别墨"。然《庄子·天下篇》不以惠施为墨家。盖墨家为一有组织的团体，须加入其团体，"以巨子为圣人，皆愿为之尸，冀得为其后世"（《天下篇》，《庄子》卷十，第29页）者，方可为墨；非随便以兼爱非攻为说，即为墨也。且惠施"去尊"之说，其详虽不可考，要之"去尊"亦与墨家尚同之说相违也。大约战国之时，战事既多而烈，非兵之说甚盛。故孟子反对战争；公孙龙亦主张偃兵；此自是当时之一种普通潮流。惠施、公孙龙固不以此名家也。

《庄子·天下篇》中虽未明言惠施为辩者，然谓："惠施以此为大观于天下，而晓辩者。""惠施日以其知与人之（俞云："衍之字。"）辩，特与天下之辩者为怪。（《庄子》卷十，第42页）"惠施之口谈，自以为最贤。"（同上）此可见惠施实以辩名家者。故《庄子·德充符》谓：庄子谓惠子曰："今子外乎子之神，劳乎子之精。倚树而吟，据槁梧而瞑，天选子之形，子以坚白鸣。"（《庄子》卷二，第44页）《齐物论》亦言："惠子之据梧也……故以坚白之昧终。"（《庄子》卷一，第32页）荀子谓惠施"蔽于辞而不知实"（《解蔽篇》，《荀子》卷十五，第5页），《天下篇》所谓"惠施卒以善辩为名"（《庄子》卷十，第43页）也。

《天下篇》曰：

> 南方有倚人焉，曰黄缭，问天地所以不坠不陷，风雨雷霆之故。惠施不辞而应，不虑而对，遍为万物说。说而不休，多而无已，犹以为寡，益之以怪。（《庄子》卷十，第43页）

惠施之万物说，今不可得见；其学说之尚可考者，略见于《天下篇》所说之十事。此十事之解释，各家不相同。由吾人之意见观之，庄子之学说似受惠施之影响极大。《齐物论》谓："方生方死，方死方生"（《庄子》卷一，第27页），与惠施十事中"日方中方睨，物方生方死"（《庄子》卷十，第38页）之说同。又谓："天下莫大于秋毫之末，而泰山为小"（《庄子》卷一，第34页），与惠施"天与地卑，山与泽平"（《庄子》卷十，第38页）之说同。又谓："天地与我并生，而万物与我为一"（《庄子》卷一，第34页），与惠施"泛爱万物，天地一体也"（《庄子》卷十，第39页）之说同。《庄子·徐无鬼》谓庄子伤惠施之死曰：

> 郢人垩慢其鼻端若蝇翼，使匠石斫之。匠石运斤成风，听而斫之，尽垩而鼻不伤；郢人立不失容。宋元君闻之，召匠石曰："尝试为寡人为之。"匠石曰："臣则尝能斫之。虽然，臣之质死久矣。"自夫子之死也，吾无以为质矣，吾无与言之矣。（《庄子》卷八，第30页）

《庄子》书中"寓言十九"，此亦不能即认为真庄子之言。《庄子》书中屡记庄与惠施谈论之事，亦不能即认为历史的事实。然庄子思想，既与惠施有契合者，如上所引《齐物论》三事，《庄子》书中此等记载，固亦可认为可能，可引为旁证也。吾人得此指示为线索，则知欲了解《天下篇》所述惠施十事，莫如在《庄子》书中，寻其解释，此或可不致厚诬古人也。

第三节 《天下篇》所述惠施学说十事

《天下篇》曰：

> 惠施……历物之意曰：至大无外，谓之大一；至小无内，谓之小一。（《庄子》卷十，第38页）

此所谓惠施十事中之第一事也。《庄子·秋水篇》云："河伯曰：'然则吾大天地而小毫末可乎？'北海若曰：'否。……计人之所知，不若其所不知。其生之时，不若未生之时。以其至小，求穷其至大之域，是故迷乱而不自得也。由此观之，又何以知毫末之足以定至细之倪，又何以知天地之足以穷至大之域。'河伯曰：'世之议者皆曰：至精无形，至大不可围，是信情乎？'"（《庄子》卷六，第13—14页）《则阳篇》谓："精至于无伦，大至于不可围。"（《庄子》卷八，第59页）"至精无形（或无伦），至大不可围"，与"至大无外，至小无内"意同。"世之议者"当即指惠施也。普通人皆以天地为大，毫末为小。然依逻辑推之，则必"无外"者，方可谓之至大；"无内"者，方可谓之至小。由此推之，则毫末不足以"定至细之倪"，天地不足以"穷至大之域"。

惠施之第二事为：

> 无厚不可积也，其大千里。（《庄子》卷十，第38页）

《庄子·养生主》曰："刀刃者无厚。"（《庄子》卷二，第4页）无厚者，薄之至也。薄之至极，至于无厚，如几何学所谓"面"。无厚者不可有体积。然可有面积，故可"其大千里"也。

惠施之第三事为：

> 天与地卑，山与泽平。（《庄子》卷十，第38页）

《庄子·秋水篇》曰："以差观之，因其所大而大之，则万物莫不大；因其所小而小之，则万物莫不小。知天地之为稊米也，知毫末之为丘山也，则差数睹矣。"（《庄子》卷六，第16页）惟"无外"者为"至大"，以天地与"至大"比，"因其所小而小之"，则天地为稊米矣。惟"无内"者为"至小"，以毫末与"至小"比，"因其所大而大之"，则毫末为丘山矣。推此理也，因其所高而高之，则万物莫不高；因其所低而低之，则万物莫不低。故"天与地卑，山与泽平"也。

惠施之第四事为：

> 日方中方睨，物方生方死。（《庄子》卷十，第38页）

郭象《庄子·大宗师》注曰："夫无力之力，莫大于变化者也。故乃揭天地以趋新，负山岳以舍故；故不暂停，忽已涉新；则天地万物，无时而不移也。"（《庄子》卷三，第9页）"天地万物，无时不移"，故"日方中方睨，物方生方死"。

惠施之第五事为：

> 大同而与小同异，此之谓小同异；万物毕同毕异，此之谓大同异。（《庄子》卷十，第38—39页）

《庄子·德充符》曰："自其异者视之，肝胆楚越也。自其同者视之，万物皆一也。"（《庄子》卷二，第30页）郭象注曰："因其所异而异之，则天下莫不异。……因其所同而同之，则万物莫不同。"（同上）此观点即《秋水篇》中所说者。天下之物，若谓其同，则皆有相同之处，谓万物毕同可也；若谓其异，则皆有相异之处，谓万物毕异可也。至于世俗所谓同异，乃此物与彼物之同异，乃小同异，非大同异也。

惠施之第六事为：

> 南方无穷而有穷。（《庄子》卷十，第39页）

《庄子·秋水篇》曰："井蛙不可以语于海者，拘于虚（同墟，谓为地域所限）也。"（《庄子》卷六，第11页）普通人所至之处有限，故以南方为无穷。然此井蛙之见也。若从"至大无外"之观点观之，则南方之无穷，实有穷也。

惠施之第七事为：

今日适越而昔来。(《庄子》卷十，第 39 页)

《秋水篇》云："夏虫不可以语于冰者，笃于时也。"(《庄子》卷六，第 11 页)若知"故不暂停，忽已涉新；则天地万物，无时而不移也"。假定"今日适越"，明日到越；而所谓明日者，忽焉又为过去矣。故曰"今日适越而昔来"也。此条属于诡辩，盖所谓今昔，虽无一定之标准，然在一辩论范围内，所谓今昔，须用同一之标准。"昔来"之昔，虽可为昔，然对于"今日适越"之"今"，固非昔也。庄子对于此条似不以为然；故《齐物论》曰："未成乎心而有是非，是今日适越而昔至也。是以无有为有；无有为有，虽有神禹，且不能知，吾独且奈何哉？"①(《庄子》卷一，第 25—26 页)

惠施之第八事为：

连环可解也。(《庄子》卷十，第 39 页)

《庄子·齐物论》曰："其分也，成也；其成也，毁也。"(《庄子》卷一，第 30 页)"日方中方睨，物方生方死"。连环方成方毁；现为连环，忽焉而已非连环矣。故曰："连环可解也。"

惠施之第九事为：

我知天下之中央，燕之北，越之南是也。(《庄子》卷十，第 39 页)

《庄子·秋水篇》曰："计四海之在天地之间也，不似礨空之在大泽乎？计中国之在海内，不似稊米之在太仓乎？"(《庄子》卷六，第 12 页)然人犹执中国为世界之中，以燕之南、越之北为中国之中央，复以中国之中央为天下之中央，此真《秋水篇》所谓井蛙之见也。若就"至大无外"之观点言之，则"天下无方，故所在为中，循环无端，故所在为始也"。(《释文》引司马注)

惠施之第十事为：

泛爱万物，天地一体也。(《庄子》卷十，第 39 页)

---

① 金岳霖先生云：此条亦或系指出所谓去来之为相对的。如吾人昨日自北平起程，今日到天津。自天津言，吾人系今日到天津。自北平言，吾人系昨日来天津。但观《庄子》"今日适越而昔至"之言，此条之意，似系指出所谓今昔之为相对的。

"自其异者视之，肝胆楚越也；自其同者视之，万物皆一也"。"泛爱万物，天地一体"，自万物之同者而观之也。《庄子·齐物论》曰："天下莫大于秋毫之末，而泰山为小；莫寿于殇子，而彭祖为夭。天地与我并生，而万物与我为一。"（《庄子》卷一，第34页）亦此意也。

第四节　惠施与庄子之不同

惠施之十事，若照上文所解释，则惠施处处从"至大无外"之观点，指出普通事物之为有限的、相对的。与《庄子》——《齐物论》《秋水》等篇中所说，极相近矣。然《庄子·齐物论》甫言"天地与我并生，而万物与我为一"；下文即又言"既已为一矣，且得有言乎？"（《庄子》卷一，第34页）此一转语，乃庄子与惠施所以不同之处。盖惠施只以知识证明"万物毕同毕异"、"天地一体"之说，而未言若何可以使吾人实际经验"天地一体"之境界。庄子则于言之外，又言"无言"；于知之外，又言不知；由所谓"心斋""坐忘"，以实际达到忘人我，齐死生，万物一体，绝对逍遥之境界。故《天下篇》谓庄子"上与造物者游，而下与外死生无终始者为友"（《庄子》卷十，第37页）；至谓惠施，则"弱于德，强于物，其涂隩矣"（《庄子》卷十，第43页）。由此观之，庄子之学，实自惠施又进一步。故上文虽用庄子之书解释惠施之十事，然惠施终为惠施，庄子终为庄子也。

《庄子·秋水篇》述公子牟谓公孙龙曰：

> 且夫知不知是非之竟，而犹欲观于庄子之言，是犹使蚊负山，商蚷驰河也，必不胜任矣。且夫知不知论极妙之言，而自适一时之利者，是非坎井之蛙欤？且彼方跐黄泉而登大皇，无南无北，奭然四解，沦于不测。无东无西，始于玄冥，反于大通。子乃规规然而求之以察，索之以辩，是直用管窥天，用锥指地也，不亦小乎？（《庄子》卷六，第26页）

此用庄学之观点，以批评辩者，虽不必尽当，然庄学实始于言而终于无言，始于辩而终于无辩，超乎"是非之竟"而"反于大通"。与辩者之始终于"察""辩"者不同。故《天下篇》批评惠施，注重于其好辩；谓其"以反人为实，而欲以胜人为名"，"特与天下之辩者为怪"。至于叙述庄子学说则特别注重于其不好辩。曰：

> 庄周……以谬悠之说，荒唐之言，无端崖之词，时恣纵而不傥，不以觭见之也。……以卮言为曼衍，以重言为真，以寓言为广。……不谴是非以与世俗处。其书虽瑰玮，而连犿无伤也。其辞虽参差，而諔诡可观。(《庄子》卷十，第37页)

"不以觭见之也"；"不谴是非以与世俗处"；"连犿无伤也"，皆似对惠施之"以反人为实，而欲以胜人为名，是以与众不适也"而言。《天下篇》叙庄子学术不过二百余字，而言及其言论之方法者，约占半数，盖欲于此点别庄子与惠施也。《韩非子》引慧子《即惠施》曰：

> 往者东走，逐者亦东走；其东走则同，其所以东走之为则异。故曰同事之人之不可不审察也。(《说林上》，《韩非子》卷七，"四部丛刊"本，第14页)

庄子与惠施之不同，亦犹是矣。

然庄子之学，在其"言"与"知"之方面，与惠施终有契合。故惠施死，庄子有无与言之叹。故《庄子·天下篇》曰：

> 夫充一尚可，曰愈贵道几矣。惠施不能以此自宁，散于万物而不厌，卒以善辩为名。惜乎惠施之才，骀荡而不得，逐万物而不反；是穷响以声，形与影竞走也。悲夫！(《庄子》卷十，第43页)

此谓惠施之学，本可"几"于"道"；但"惠施不能以此自宁"，故散漫无归，"卒以善辩为名"；深惜其才而叹曰"悲夫"。盖自庄学之观点言之，惠施之学，可谓一间未达，而入于歧途者也。①

---

① 《天下篇》对于墨子，称为"才士也夫"；对于尹文、宋轻，称为"救世之士"。虽亦致推崇，究非甚佳考语。但于慎到、田骈，则推为"概乎皆尝有闻"；于惠施，则推为"愈贵道几矣"。盖此二派，对于庄学，实有同处。庄子言"言"，又言"无言"；言"知"，又言"无知"。慎到仅注重"不知"，有所得为"块不失道"。惠施仅注重"言"，所得为"卒以善辩为名"。盖皆仅有庄学之一方面也。

第五节　公孙龙之"白马论"

公孙龙，赵人。(《史记·孟子·荀卿列传》)《庄子·天下篇》云："辩者以此与惠施相应，终身无穷。桓团、公孙龙辩者之徒。"(《庄子》卷十，第42页)据此言，公孙龙略在惠施后。然庄子已与其指物、白马之说相辩论（见下），则亦与庄子同时也。公孙龙尝说燕昭王、赵惠王偃兵曰："偃兵之意，兼爱天下之心也。"(《审应篇》，《吕氏春秋》，"四部丛刊"本，卷十八，第2页)然偃兵乃当时一般人之意见，非公孙龙所以名家。《公孙龙子·迹府篇》曰：

> 公孙龙，六国时辩士也。疾名实之散乱，因资材之所长，为守白之论。假物取譬，以守白辩。……欲推是辩以正名实，而化天下焉。(《公孙龙子》卷上，双鉴楼缩印道藏六子本)

又曰：

> 龙之所以为名者，乃以白马之论耳。今使龙去之，则无以教焉。(同上)

《庄子·天下篇》曰：

> 桓团、公孙龙辩者之徒，饰人之心，易人之意；能胜人之口，不能服人之心，辩者之囿也。(《庄子》卷十，第42页)

公孙龙之所以名家，在于"辩"，故当时以"辩士""辩者"称之。

公孙龙"所以为名者，乃以白马之论"。《公孙龙子·白马论》曰：

> 白马非马。……马者，所以命形也；白者，所以命色也；命色者，非命形也，故曰白马非马。……求马，黄黑马皆可致；求白马，黄黑马不可致。……故黄黑马一也，而可以应有马，而不可以应有白马，是白马之非马审矣。……马固有色，故有白马。使马无色，有马如已耳；安取白马？故白者，非马也。白马者，马与白也，马与白非马也；故曰白马非马也。……白

者不定所白，忘之而可也。白马者，言白定所白也。定所白者，非白也。马者无去取于色，故黄黑皆所以应；白马者有去取于色，黄黑马皆所以色去，故惟白马独可以应耳。无去者非有去也；故曰白马非马。（《公孙龙子》卷上）

马之名所指只一切马所共有之性质，只一马 as such，所谓"有马如已耳"（已似当为己，如己即 as such 之意）。其于色皆无"所定"，而白马则于色有"所定"，故白马之名之所指，与马之名之所指，实不同也。白亦有非此白物亦非彼白物之普通的白；此即所谓"不定所白"之白也。若白马之白，则只为白马之白，故曰"白马者，言白定所白也。定所白者，非白也"。言已为白马之白，则即非普通之白。白马之名之所指，与白之名之所指，亦不同也。

第六节　公孙龙所谓"指"之意义

马，白，及白马，之名之所指，即《公孙龙子·指物论》所谓之"指"。指与物不同。所谓物者，《名实论》云：

> 天地与其所产焉，物也。物以物其所物而不过焉，实也。实以实其所实，不旷焉，位也。……正其所实者，正其名也。……夫名，实谓也。知此之非此也，知此之不在此也，则不谓也（原作"知此之非也，明不为也"。依俞樾校改）。知彼之非彼也，知彼之不在彼也，则不谓也。（《公孙龙子》卷下）

由此段观之，则物为占空间时间中之位置者，即现在哲学中所谓具体的个体也。如此马，彼马，此白物，彼白物，是也。指者，名之所指也。就一方面说，名之所指为个体，所谓"名者，实谓也"。就又一方面说，名之所指为共相。如此马彼马之外，尚有"有马如已耳"之马。此白物彼白物之外，尚有一"白者不定所白"之白。此"马"与"白"即现在哲学中所谓"共相"或"要素"。此亦名之所指也。公孙龙以指物对举，可知其所谓指，即名之所指之共相也①。

第七节　公孙龙之"坚白论"

公孙龙之《白马论》指出"马"、"白"及"白马"乃独立分离的共相。《庄子·秋水篇》称公孙龙"离坚白"；"离坚白"者，即指出"坚"及"白"乃两个分离的共相也。《公孙龙子·坚白论》曰：

> 坚，白，石，三，可乎？曰，不可；曰，二，可乎？曰，可。曰，何哉？曰，无坚得白，其举也二；无白得坚，其举也二。……视不得其所坚，而得其所白者，无坚也；拊不得其所白，而得其所坚，无白也。……得其白，得其坚，见与不见离，一二不相盈故离。离也者藏也。（《公孙龙子》卷下）

此所谓"无坚""无白"，皆指具体的石中之坚白而言。视石者见白而不见坚，不见坚则坚离于白矣。拊石者得坚而不得白，不得白则白离于坚矣。此可见"坚"与"白""不相盈"，所谓"不相盈"者，即此不在彼中也。此就知识论上证明坚白之为两个分离的共相也。《坚白论》中又设为难者驳词云：

> 目不能坚，手不能白，不可谓无坚，不可谓无白。其异任也，其无以代也，坚白域于石，恶乎离？（同上）

---

① 严格言之，名有抽象与具体之分。抽象之名，专指共相；具体公共之名，指个体而包涵共相。指所指之个体，即其外延（Denotation）；其所涵之共相，即其内涵（Connotation）也。但中国文字，形式上无此分别；中国古哲学家亦未为此文字上之分别。故指个体之马之"马"，与指马之共相之"马"；谓此白物之"白"，与指白之共相之"白"，未有区别。即"马""白"兼指抽象的共相与具体的个体，即兼有二种功用也。

〔又注〕余第一次稿云："共相"或"要素"，公孙龙未有专用名词以名之。"马""白"在文字语言上之代表，即此《名实论》所谓名也。吾人对于此白马、彼白马之知识谓之"知见"（Percept）。对于"马""白"及"白马"之知识，谓之概念（Concept）。公孙龙所谓"指"，即概念也（陈钟凡先生谓指与旨通，旨训意，指亦训意。说详陈先生所著《诸子通谊》）。公孙龙未为共相专立名词，即以"指"名之，犹柏拉图所说之概念（Idea），即指共相也。此说亦可通。但不如直以指为名之所指之共相之为较直截耳。

此谓目手异任，不能相代；故目见白不见坚，手拊坚不得白。然此自是目不见坚，手不得白而已，其实坚白皆在石内，何能相离也？公孙龙答曰：

> 物白焉，不定其所白；物坚焉，不定其所坚。不定者兼，恶乎其（原作甚，依陈澧校改）石也。（同上）

谢希深曰："万物通有白，是不定白于石也。夫坚白岂惟不定于石乎？亦兼不定于万物矣。万物且犹不能定，安能独与石同体乎？"白"不定其所白"，坚"不定其所坚"，岂得谓"坚白域于石"。天下之物有坚而不白者，有白而不坚者；坚白为两个分离的共相更可见矣。此就形上学上证明坚白之"离"也。《坚白论》又曰：

> 坚未与石为坚而物兼。未与物为坚而坚必坚。其不坚石物而坚，天下未有若坚而坚藏。白固不能自白，恶能白石物乎？若白者必白，则不白物而白焉。黄黑与之然，石其无有，恶取坚白石乎？故离也，离也者因是。（同上）

谢希深注曰："坚者不独坚于石，而亦坚于万物，故曰：'未与石为坚而物兼也'。亦不与万物为坚而固当自为坚，故曰：'未与物为坚而坚必坚也'。天下未有若此独立之坚而可见，然亦不可谓之无坚，故曰'而坚藏也'。"（同上）独立之白，虽亦不可见，然白实能自白。盖假使白而不能自白，即不能使石与物白。若白而能自白，则不借他物而亦自存焉。黄黑各色亦然。白可无石，白无石则无坚白石矣。由此可见坚白可离而独存也。此就形上学上言"坚"及"白"之共相皆有独立的潜存。"坚"及"白"之共相，虽能独立地自坚自白，然人之感觉之则只限于其表现于具体的物者，即人只能感觉其与物为坚、与物为白者。然即其不表现于物，亦非无有，不过不能使人感觉之耳。此即所谓"藏"也。其"藏"乃其自藏，非有藏之者。故《坚白论》曰：

> 有自藏也，非藏而藏也。（同上）

柏拉图谓个体可见而不可思，概念可思而不可见，即此义也。于此更可见"坚""白"之"离"矣。岂独"坚""白"离，一切共相皆分离而有独立的存在，故《坚白论》曰：

离也者，天下故独而正。（同上）

第八节　公孙龙之"指物论"

现代新实在论者谓个体之物存在（exist）；共相潜存（subsist）。所谓潜存者，即不在时空中占位置，而亦非无有。如坚虽不与物为坚，然仍不可谓无坚。此即谓坚"藏"，即谓坚潜存也。知"坚藏"之义，则《公孙龙子·指物篇》可读矣。《指物篇》曰：

> 物莫非指，而指非指。天下无指，物无可以谓物。非指者，天下无（原作而，据俞樾校改）物，可谓指乎？指也者，天下之所无也；物也者，天下之所有也；以天下之所有，为天下之所无，未可。天下无指，而物不可谓指也；不可谓指者，非指也；非指者，物莫非指也。天下无指，而物不可谓指者，非有非指也。非有非指者，物莫非指也。物莫非指者，而指非指也。天下无指者，生于物之各有名，不为指也。不为指，而谓之指，是兼不为指。以有不为指，之无不为指，未可。且指者，天下之所兼。天下无指者，物不可谓无指也。不可谓无指者，非有非指也。非有非指者，物莫非指，指非非指也，指与物，非指也。使天下无物指，谁径谓非指？天下无物，谁径谓指？天下有指无物指，谁径谓非指？径谓无物非指？且夫指固自为非指，奚待于物，而乃与为指？（《公孙龙子》卷中）

天下之物，若将其分析，则惟见其为若干之共相而已。然共相则不可复分析为共相，故曰："物莫非指而指非指，天下无指，物无可以为物"也。然共相必"有所定"，有所"与"，即必表现于物，然后在时空占位置而为吾人所感觉；否则不在时空，不为吾人所感觉；故曰："天下无物，可谓指乎？"又曰："指也者，天下之所无也；物也者，天下之所有也。"盖共相若"无所定"，不"与物"，则不在时空而"藏"，故为"天下之所无也"。物有在时空中之存在，而为"天下之所有"。故物虽可分析为若干共相，而物之自身则非指。故一方面言"物莫非指"，一方面又言"物不可谓指"也。谓"天下无指"，即谓共相之自身，不在时空内。然天下之物，皆有其名。"名，实谓也"。名所以谓实；实亦为个体；名则代表共相。然名亦只为共相之代表，非即共相。天下虽有名，而仍无共相。

故曰："天下无指者，生于物之各有名，不为指也。"名不为指，则不可谓之为指。故曰："以有不为指，之无不为指，未可。"一共相为其类之物之所共有，如"马"之共相为马之类之物所共有，"白"之共相为白物之类之物所共有。故谓天下无指，非谓天下之物无指也。故曰："且指者，天下之所兼。天下无指者，物不可谓无指也。"按一方面言，物莫非指，盖具体的物皆共相之聚合而在时空占位置者也。按又一方面言，则物为非指，盖在时空占位置者乃个体，非共相也。故按一方面言，"不可谓指者，非有非指也。非有非指者，物莫非指"。按又一方面言，"指非非指，指与物非指也"。"指与物非指"者，若干共相联合现于时空中之"位"而为物。现于物中之指，即"与物"之指，即所谓"物指"。若使无指，则不能有物。若使无物指，亦不能有物。若使有指无物，则仅有"藏"而不现之共相，而讲物指之人亦无有矣。故曰："天下无物指，谁径谓非指？天下无物，谁径谓指？天下有指无物指，谁径谓非指，径谓无物非指？"然共相联合而现于时空之位以为物，亦系自然的，非有使之者。故曰："且夫指固自为非指，奚待于物，而乃与为指？""非指"即物也。

第九节　公孙龙之"通变论"

共相，不变者也；个体，常变者也。或变或不变，《公孙龙子·通变论》即讨论此问题者。《通变论》曰：

> 曰，二有一乎？曰，二无一。曰，二有右乎？曰，二无右。曰，二有左乎？曰，二无左。曰，右可谓二乎？曰，不可。曰，左可谓二乎？曰，不可。曰，左与右可谓二乎，曰，可。（同上）

二之共相只是二，非他一切。故非一、非左、非右。但左加右则其数二，故"左与右可谓二"。《通变论》曰：

> 曰，谓变非不变可乎？曰，可。曰，右有与，可谓变乎？曰，可。曰，变奚（原作只，据俞樾校改）？曰，右。（同上）

共相不变，个体常变，变非不变也。"右有与"之"与"，即《坚白论》"坚未与石为坚"之"与"。盖共相之自身虽不变，然表现共相之个体，则固可变。故右之共相不变,而"有与"之右则可变。如在此物之右之物可变而为在此物之左也。问者问:"何者变?"答言:"右变。"不过此右乃指具体的事例中之右,即"有与"之右,非右之共相而已。①

《通变论》曰:

> 曰,右苟变,安可谓右?苟不变,安可谓变?曰,二苟无左又无右,二者左与右,奈何?(同上)

问者不达可变之右乃具体的事例中之右,此右虽变,而右之共相仍不变;故问:右若变,何以仍谓右?若不变,何以谓之变?问者又不达左与右加其数为二,故称为二,故又问:二既非左又非右,何以谓"二者左与右"?《通变论》曰:

> 羊合牛非马,牛合羊非鸡。曰:何哉?(同上)

此谓左与右加其数为二,故称为二。非谓左之共相与右之共相,聚合为一,而成为二也。左之共相与右之共相不能聚合而为二,犹羊之共相与牛之共相不能聚而为马,牛之共相与羊之共相不能聚合而为鸡也。《通变论》曰:

> 曰:羊与牛唯异;羊有齿,牛无齿,而牛之非羊也,羊之非牛也(原作"而牛羊之非羊也,之非牛也"。依孙诒让校改),未可。是不具有,而或类焉。羊有角,牛有角,牛之而羊也,羊之而牛也,未可。是俱有,而类之不同也。羊牛有角,马无角;马有尾,羊牛无尾,故曰:羊合牛非马也。非马者,无马也。无马者,羊不二,牛不二;而羊牛二;是而羊而牛,非马可也。若举而以是,犹类之不同。若左右,犹是举。(同上)

此历举牛、羊、马之共相,内容不同,故羊之共相与牛之共相,不能聚合而为马也。然羊之共相与牛之共相,虽不能合而为马,而羊之共相与牛之共相相加,其数为二,故曰:"羊不二,牛不二,而牛羊二"也。羊牛虽不一类,然不害其相加为二,左右之为二,亦犹是已。故曰:"若举而以是,犹类之不同。若左右,

---

① 此点经金岳霖先生指正。如此解释,则公孙龙以为共相不变、个体常变之旨可见。余原稿云:盖共相之自身虽不变,然若表现于个体,则可谓为有变矣。故右之共相,若"有与"即"可谓变"也。变谓何?仍变为右?不过此乃指具体的事例中之右(如此物之右),非右之共相而已。亦可通。不过谓共相可谓为有变,依现在哲学观点言之,此言有语病。

犹是举。"《通变论》曰：

> 牛羊有毛，鸡有羽。谓鸡足一，数足二；二而一，故三。谓牛羊足一，数足四；四而一，故五。羊牛足五，鸡足三，故曰，牛合羊非鸡，非有以非鸡也。与马以鸡，宁马。材不材，其无以类审矣。举是，谓乱名，是狂举。（同上）

此谓牛羊与鸡更不同。鸡足之共相，或"谓鸡足"之言，及实际的鸡之二足为三。若牛或羊足之共相或"谓牛羊足"之言，及实际的牛或羊之四足则数五[①]。故牛之共相与羊之共相不能聚合而为鸡。与其谓牛之共相与羊之共相可合而为鸡，则尚不如谓其可合而为马，盖与鸡比，马犹与牛羊为相近也。故曰"与马以鸡，宁马"也。若必谓羊牛可为鸡，则是"乱名"，是"狂举"也。此篇下文不甚明了；然其大意谓青与白不能为黄，白与青不能为碧，犹"羊合牛非马，牛合羊非鸡"。故曰："黄其马也，碧其鸡也。"盖另举例以释上文之意，所谓"他辩"也。

第十节 "合同异"与"离坚白"

《庄子·德充符》曰："自其异者视之，肝胆楚越也；自其同者视之，万物皆一也。"盖或自物之异以立论，则见万物莫不异；或自物之同以立论，则见万物莫不同。然此特就个体的物言之耳。一个体本有许多性质，而其所有之性质又皆非绝对的。故泰山可谓为小，而秋毫可谓为大。若共相则不然。共相只是共相，其性质亦是绝对的。如大之共相只是大，小之共相只是小。惠施之观点注意于个体的物，故曰"万物毕同毕异"，而归结于"泛爱万物，天地一体"也。公孙龙之观点，则注重于共相，故"离坚白"而归结于"天下皆独而正"。二派之观点异，故其学说亦完全不同。战国时论及辩者之学，皆总而之曰："合同异，离坚白。"或总指其学为"坚白同异之辩"。此乃笼统言之。其实辩者之中，当分二派：一派为"合同异"；一派为"离坚白"。前者以惠施为首领；后者以公孙龙为首领。

[①] 鸡足之共相及实际的鸡足，实不能相加。不过公孙龙派之"辩者"有此说。故《庄子·天下篇》谓辩者有"鸡三足""黄马骊牛三"之说。

庄子之学，一部分与惠施有契合处。故庄子赞成"合同异"，而不赞成"离坚白"。《齐物论》曰：

> 以指喻指之非指，不若以非指喻指之非指也。以马喻马之非马，不若以非马喻马之非马也。天地一指也；万物一马也。（《庄子》卷一，第28页）

公孙龙谓"物莫非指，而指非指"；此"以指喻指之非指"也。公孙龙又谓"白马非马"；此"以马喻马之非马"也。然若"自其同者视之"，则指与非指之万物同，而指为非指；马与非马之万物同，而马为非马。如此则"天地一指也，万物一马也"。如此则"天地与我并生，而万物与我为一"矣。

第十一节　《天下篇》所述辩者学说二十一事

《庄子·天下篇》举"天下之辩者"之辩二十一事（《庄子》卷十，第40—42页）。其中有就惠施之观点立论者，有就公孙龙之观点立论者。今将此二十一事，分为二组：一名为"合同异"组，一名为"离坚白"组。

其属于"合同异"组者：

> 卵有毛。
> 郢有天下。
> 犬可以为羊。
> 马有卵。
> 丁子有尾。
> 山出口。
> 龟长于蛇。
> 白狗黑。

《荀子·不苟篇》曰："山渊平，天地比，齐秦袭，入乎耳，出乎口，钩有须，卵有毛，是说之难持者也。而惠施、邓析能之。"（《荀子》卷二，第1页）可见此类之说，皆惠施一派之说也。

鸟类之毛谓之羽；兽类之毛谓之毛。今曰"卵有毛"，是卵可以出有毛之物也。犬非羊也，而曰"犬可以为羊"。马为胎生之物，而曰"马有卵"，是马可以为卵生之物。成玄英云："楚人呼虾蟆为丁子。"(《庄子疏》)丁子本无尾，而曰"丁子有尾"，是丁子可以为有尾之物。山本无口也，而曰"山出口"，是山亦可为有口之物也。《荀子》所说"入乎耳，出乎口"，杨倞注谓："或曰，即山出口也，言山有口耳也。"《荀子》谓："钩有须。"俞樾曰："钩疑姁之假字。"姁有须，即谓妇人有须也。此皆就物之同以立论。因其所同而同之，则万物莫不同，故此物可谓为彼，彼物可谓为此也。

惠施曰："天与地卑，山与泽平。""我知天下之中央，燕之北，越之南，是也。"依同理，亦可谓"郢有天下"，"齐秦袭"矣。

语云："尺有所短，寸有所长。"因其所长而长之，则"龟可长于蛇"。《释文》引司马彪云："白狗黑目，亦可为黑狗。"谓白狗白者，因其毛白，因其所白而白之也。若因其所黑而黑之，则"白狗黑"矣。

其属于"离坚白"组者：

鸡三足。

火不热。

轮不辗地。

目不见。

指不至，物不绝。

矩不方，规不可以为圆。

凿不围枘。

飞鸟之景，未尝动也。

镞矢之疾，而有不行不止之时。

狗非犬。

黄马骊牛三。

孤驹未尝有母。

一尺之捶，日取其半，万世不竭。

"鸡三足"，"黄马骊牛三"者，《公孙龙子·通变论》云："谓鸡足一，数足二，二而一，故三。谓牛羊足一，数足四，四而一，故五。"(《公孙龙子》卷中)《庄子·齐物论》云："一与言为二。"(《庄子》卷一，第35页)"谓鸡足"即言也。鸡足之共相或"谓鸡足"之言为一，加鸡足二，故三。依同理，谓黄马骊牛一，数黄马骊牛二。"黄马与骊牛"之共相或谓"黄马骊牛"之言，与一黄马，一骊牛，为三。

"火不热"者，公孙龙"离坚白"之说，从知识论及形上学两方面立论。此条若从形上学方面立论，则火之共相为火，热之共相为热。二者绝对非一。具体的火虽有热之性质，而火非即是热。若从知识论方面立论，则可谓火之热乃由于吾人之感觉。热是主观的，在我而不在火。

"轮不辗地"者，轮之所辗者，地之一小部分耳。地之一部分非地，犹之白马非马。亦可谓：辗地之轮，乃具体的轮；其所辗之地，乃具体的地。至于轮之共相则不辗地；而地之共相亦不为轮所辗也。

"目不见"者，《公孙龙子·坚白论》曰："白以目以火见，而火不见，则火与目不见，而神见，神不见而见离。"（《公孙龙子》卷下）吾人之能有见，须有目及光及神经作用。有此三者，吾人方能有见，若只目则不能见也。此就知识论方面言也。若就形上学方面言，则目之共相自是目，火之共相自是火，神之共相自是神，见之共相自是见。四者皆"离"，更不能混之为一。

"指不至，物不绝"者，今本《庄子》作"指不至，至不绝"。《列子·仲尼篇》引公孙龙云："有指不至，有物不绝。"（《列子》，"四部丛刊"本，卷四，第7页）"至不绝"当为"物不绝"。盖公孙龙之徒以"指""物"对举，如《公孙龙子·指物论》所说。柏拉图谓概念可知而不可见。盖吾所能感觉者乃个体，至共相只能知之而不能感觉之；故曰："指不至也。"共相虽不可感觉，而共相所"与"现于时空之物，则继续常有；故曰："物不绝。"

"矩不方，规不可以为圆"者，绝对之方，为方之共相；绝对之圆，为圆之共相。事实上之个体的方物圆物，皆不绝对的方或圆。即个体的矩与规，亦非绝对的方或圆。故若与方及圆之共相比，则"矩不方，规不可以为圆"矣。

"凿不围枘"者，围枘者，事实上个体之凿耳。至于凿之共相，则不围枘也。

"飞鸟之景，未尝动也。镞矢之疾，而有不行不止之时"者，《释文》引司马彪云："形分止，势分行。形分明者行迟，势分明者行疾。"谓飞鸟之影动及飞矢不止者，就其势分而言也。谓飞鸟之影不动及飞矢不行者，就其形分而言也。谓"镞矢之疾，而有不行不止之时"者，兼就其形分与势分而言也。亦可谓动而有行有止者，事实上之个体的飞矢及飞鸟之影耳。若飞矢及飞鸟之影之共相，则不动而无行无止，与一切共相同也。亦可谓：一物于一时间内在两点谓为动。一物于两时间内在一点谓为止。一物于一时间内在一点谓为不动不止。谓"飞鸟之影，未尝动也"者，就飞鸟之影不于一时间内在两点而言也。谓"镞矢之疾，而有不行不止之时"者，就飞矢之于一时间内在一点而言也。此亦指思想中之飞鸟之影与思想中之镞矢而言，与下"一尺之捶"同（末段金岳霖先生说）。

"狗非犬"者，《尔雅》谓："犬未成豪曰狗。"是狗者，小犬耳。小犬非犬，犹白马非马。

"孤驹未尝有母"者，《释文》引李颐云："驹生有母，言孤则无母，孤称立则母名去也。母尝为驹之母，故孤驹未尝有母也。"此亦就孤驹之共相言。孤驹之义，即为无母之驹，故孤驹无母。然事实上之个体的孤驹，则必有一时有母，不得言"孤驹未尝有母"也。

"一尺之棰，日取其半，万世不竭。"此谓物质可无限分割。"一尺之棰"，今日取其半，明日取其半之半，再明日取其半之半之半。如是"日取其半"，则虽"万世不竭"可也。然此分只能对思想中之棰，于思想中行之。若具体的"棰"则不能"日取其半，万世不竭"。盖具体的物，事实上不能将其无限分割也。

第十二节　感觉与理智

就上所述，可知惠施之观点，注重于个体。个体常变；故惠施之哲学，亦可谓为变之哲学。公孙龙之观点，注重于共相。共相不变；故公孙龙之哲学亦可谓为不变之哲学。二人之学说虽不同，然皆用理智观察世界所得之结果也。辩者所持之论，皆与吾人感觉所见不合。辩者盖用理智以观察世界，理智所见之世界，固可与感觉所见者不合也。

吾人之常识，皆以吾人由感觉所得之知识为根据。就常识之观点，辩者之言为"然不然，可不可"。凡常识之以为不然者，彼然之；常识之以为然者，彼不然之。常识之以为不可者，彼可之；常识之以为可者，彼不可之。此所谓"以反人为实而以胜人为名"也。此所谓"苛察缴绕，使人不得反其意，专决于名而失人情"也。此所谓"钩鈲析乱"也。此公孙龙所以"困百家之知，穷众口之辩也"。此诸家批评辩者之言，皆就吾人常识之观点以立论者也。惟辩者之所以"治怪说、玩琦辞"，是否果只为"以反人为实，而以胜人为名"，或为发现真理，此则吾人所不知。然一学说之价值，与其人之所以立此学说之动机，固无关系也。

第十章　庄子及道家中之庄学

第一节　庄子与楚人精神

《史记》曰：

> 庄子者，蒙人也。名周。周尝为蒙漆园吏，与梁惠王、齐宣王同时。其学无所不窥，然其要本归于老子之言。其著书十余万言，大抵率寓言也。……善属书离辞，指事类情，用剽剥儒墨；虽当世宿学，不能自解免也。言其洸洋自恣以适己，故自王公大人不能器之。楚威王闻庄周贤，使使厚币迎之，许以为相。庄周笑谓楚使者曰："千金，重利；卿相，尊位也。子独不见郊祭之牺牛乎？养食之数岁，衣以文绣，以入太庙；当是之时，虽欲为孤豚，岂可得乎？子亟去，无污我。我宁游戏污渎之中自快，无为有国者所羁。终身不仕，以快吾志焉。"（《老庄申韩列传》，《史记》卷六十三，同"文影殿刊"本，第4—5页）

蒙为宋地，庄子为宋人。然庄子之思想，实与楚人为近。《史记》谓屈原《离骚》，"濯淖污泥之中，蝉蜕于浊秽，以浮游尘埃之外，不获世之滋垢，皭然泥而不滓者也"。所谓楚词，皆想像丰富，情思飘逸。此等文学，皆与《诗》三百篇之专歌咏人事者不同。《庄子》书中，思想文体，皆极超旷。《天运篇》谓：

> 天其运乎？地其处乎？日月其争于所乎？孰主张是？孰维纲是？孰居无事推而行是？意者其有机缄而不得已耶？意者其运转而不能自止耶？云者为雨乎？雨者为云乎？孰隆施是？孰居无事淫乐而劝是？风起北方，一西一东，有上彷徨，孰嘘吸是？孰居无事而披拂是？敢问何故？巫咸袑曰："来，吾语汝。……"（《庄子》卷五，"四部丛刊"本，第35—36页）

此段形式内容，皆与《天问》一致。此虽不必为庄子所自作，要之可见庄学与楚人之关系也。庄学对于传统的思想制度，皆持反对态度。"剽剥儒墨"，而独推尊老聃。《庄子·天下篇》虽不以老聃为与庄周同派，而对于老聃则极致推崇。盖宋与楚近，庄子一方面受楚人思想之影响，一方面受辩者思想之影响。故能以辩者之辩论，述超旷恍惚之思，而自成一系统焉。

据《史记》所说，庄子与梁惠王、齐宣王同时，似亦与孟子同时。马夷初先生作《庄子年表》，起周烈王七年（公元前369年），迄赧王二十九年（公元前286年）（见《天马山房丛著》）。孟子与庄子同时，然二人似均未相辩驳，似甚可疑。然庄子之学为杨朱之学之更进步者，则自孟子之观点言之，庄子亦杨朱之徒耳。庄子视孟子，亦一孔子之徒。孟子之"距杨墨"，乃笼统"距"之；庄子之"剽剥儒墨"，亦笼统"剽剥"之。故孟子但举杨朱，庄子但举孔子。孟子、庄子二人，必各不相知也。

第二节　道，德，天

庄学之哲学，与《老子》不同，但其所谓"道""德"，则与《老子》同；前已言之。兹述《庄子》书中所谓道。《知北游》云：

> 东郭子问于庄子曰："所谓道恶乎在？"庄子曰："无所不在。"东郭子曰："期而后可。"庄子曰："在蝼蚁。"曰："何其下耶？"曰："在稊稗。"曰："何其愈下耶？"曰："在瓦甓。"曰："何其愈甚耶？"曰："在屎溺。"东郭子不应。庄子曰："夫子之问也，固不及质。正获之问于监市履狶也，每下愈况。汝唯莫必，无乎逃物；至道若是，大言亦然。周、遍、咸三者，异名同实，其指一也。"（《庄子》卷七，第49—50页）

道即天地万物所以生之总原理，有物即有道，故道"无所不在"也。《大宗师》云：

> 夫道有情有信，无为无形；可传而不可受，可得而不可见。自本自根，未有天地，自古以固存；神鬼神帝，生天生地。在太极之先而不为高，在六极之下而不为深，先天地生而不为久，长于上古而不为老。（《庄子》卷三，第10页）

道为天地万物所以生之总原理，故"自本自根"，无始无终而永存，天地万物皆依之生生不已也。

道之作用，亦系自然的；故曰：

> 技兼于事，事兼于义，义兼于德，德兼于道，道兼于天。(《天地》，《庄子》卷五，第2页)

天即自然之义，故曰：

> 无为为之之谓天。(同上)

又曰：

> 天在内，人在外。……牛马四足是谓天；落（同络）马首，穿牛鼻，是谓人。(《秋水》，《庄子》卷六，第21页)

"道兼于天"即《老子》所说"道法自然"之意也。

道即天地万物所以生之总原理，此原理即表现于万物之中。《天道》云：

> 吾师乎！吾师乎！韰万物而不为戾，泽及万世而不为仁，长于上古而不为寿，覆载天地，刻雕众形而不为巧；此之谓天乐。(《庄子》卷五，第24页)

所以者何？道即表现于万物之中，故万物之自生自长，自毁自灭，一方面可谓系道所为，而一方面亦可谓系万物之自为也。"吾何为乎？何不为乎？夫固将自化"。(《秋水》，《庄子》卷六，第20页)《齐物论》云：

> 夫吹万不同，而使其自己也，咸其自取，怒者其谁耶？(《庄子》卷一，第21页)

万物之所以如此，"咸其自取"，所谓"夫固将自化"也。惟其如此，故道可"无为而无不为"，如《老子》所说。

道非事物，故可称之为"无"。《天地》云：

> 泰初有"无"，无有无名。一之所起，有一而未形。物得以生谓之德。未形者有分，且然无间谓之命。流动而生物，物成生理谓之形。形体保神，各有仪则，谓之性。（《庄子》卷五，第8—9页）

泰初有"无"，无即道也。《老子》云："道生一。"庄子亦以道为"一之所起，有一而未形"。德者，得也；"物得以生谓之德"。由此而言，则天地万物所以生之总原理，即名曰道；各物个体所以生之原理，即名曰德。故曰：

> 形非道不生；生非德不明。（《天地》，《庄子》卷五，第4页）

惟因道德同是物之所以生之原理，所以老庄书中，道德二字，并称列举。江袤云：

> 道德实同而名异。……无所不在之谓道，自其所得之谓德。道者，人之所共由；德者，人之所自得也。试以水为喻。夫湖海之涵浸，与坳堂之所畜，固不同也；其为水有异乎？江河之流注，与沟浍之湍激，自其所得如是也。谓之实同名异，讵不信然？（焦竑《老子翼》卷七引，渐西村舍刊本，第38页）

江氏谓道者人之所共由；德者人之所自得。颇能说明道德之所以同，及其所以异。不过依庄学之意，则应云：道者物（兼人言）之所共由，德者物之所自得耳。物之将生，由无形至有形者，谓之命。及其成为物，则必有一定之形体。其形体与其精神，皆有一定之构造与规律，所谓"各有仪则"；此则其性也。

第三节　变之哲学

然物之形体，非一成不变者。依庄学所见，天地万物，无时不在变化中。故曰：

一受其成形，不亡以待尽，与物相刃相靡，其行尽如驰，而莫之能止，不亦悲乎！（《齐物论》，《庄子》卷一，第24页）

又《秋水篇》云：

　　物之生也，若骤若驰。无动而不变，无时而不移。（《庄子》卷六，第20页）

又《寓言篇》云：

　　万物皆种也，以不同形相禅。始卒若环，莫得其伦。是谓天均；天均者，天倪也。（《庄子》卷九，第13页）

"天均"《齐物论》作"天钧"。谓之钧者，喻其运行不息也。上文谓惠施之哲学，可谓为变之哲学；庄学亦变之哲学也。

第四节　何为幸福

　　凡物皆由道，而各得其德，凡物各有其自然之性。苟顺其自然之性，则幸福当下即是，不须外求。《庄子·逍遥游》篇，故设为极大极小之物，鲲鹏极大，蜩鸠极小。"鹏之徙于南冥也，水击三千里，抟扶摇而上者九万里，去以六月息者也。"（《庄子》卷一，第2页）蜩与学鸠笑之曰："我决起而飞，抢榆枋，时则不至而控于地而已矣，奚以之九万里而南为？"（《庄子》卷一，第4页）此所谓"故极小大之致，以明性分之适。……苟足于其性，则虽大鹏无以自贵于小鸟，小鸟无羡于天池，而荣愿有余矣。故小大虽殊，逍游一也"。（郭象《注》，《庄子》卷一，第1—4页）物如此，人亦然。《逍遥游》云：

　　故夫知效一官，行比一乡，德合一君，而征一国者，其自视也，亦若此矣。（《庄子》卷一，第7页）

笛卡尔曰："在人间一切物中，聪明之分配，最为平均；因即对于各物最难满足之人，皆自以其自己之聪明为甚丰而不求再多。"（《方法论》第1页）盖各人对

于其自己所得于天者,皆极满足也。《马蹄篇》云:

> 彼民有常性,织而衣,耕而食。是谓同德。一而不党,命曰天放。故至德之世,其行填填,其视颠颠。当是时也,山无蹊隧,泽无舟梁。万物群生,连属其乡。禽兽成群,草木遂长。是故禽兽可系羁而游,鸟鹊之巢,可攀援而窥。夫至德之世,同与禽兽居,族与万物并,恶乎知君子小人哉?同乎无知,其德不离。同乎无欲,是谓素朴。素朴而民性得矣。(《庄子》卷四,第12页)

又《天道篇》,老聃谓孔子云:

> 夫子若欲使天下无失其牧乎?则天地固有常矣,日月固有明矣,星辰固有列矣,禽兽固有群矣,树木固有立矣。夫子亦放德而行,循道而趋,已至矣。又何偈偈乎揭仁义,若击鼓而求亡子焉?噫!夫子乱人之性也!(《庄子》卷五,第30—31页)

"天地固有常"等,乃自然的,天然的,即所谓"天"也。"放德而行,循道而趋",即随顺人及物之性也。《天道篇》云:

> 夫明白于天地之德者此之谓大本大宗,与天和者也。……与天和者,谓之天乐。(《庄子》卷五,第23页)

随顺人及物之性,即与天和,即天乐也。

政治上、社会上各种制度,由庄学之观点观之,均只足以予人以痛苦。盖物之性至不相同,一物有一物所认为之好,不必强同,亦不可强同。物之不齐,宜即听其不齐,所谓以不齐齐之也。一切政治上、社会上之制度,皆定一好以为行为之标准,使人从之,此是强不齐以使之齐,爱之适所以害之也。《至乐篇》云:

> 昔者海鸟止于鲁郊。鲁侯御而觞之于庙,奏《九韶》以为乐,具太牢以为膳。鸟乃眩视忧悲,不敢食一脔,不敢饮一杯,三日而死。此以己养养鸟,非以鸟养养鸟也。夫以鸟养养鸟者,宜栖之深林,游之坛陆,浮之江湖,食之鳅鲦,随行列而止,委蛇而处,彼唯人言之恶闻,奚以夫诡诡为乎?《咸池》《九韶》之乐,张之洞庭之野,鸟闻之而飞,兽闻之而走,鱼

闻之而下入，人卒闻之，相与环而观之。鱼处水而生，人处水而死。彼必相与异，其好恶故异也。故先圣不一其能，不同其事；名止于实，义设于适；是之谓条达而福持。(《庄子》卷六，第35页)

"不一其能，不同其事；名止于实，义设于适。"故无须定一一定之规矩准绳，而使人必从之也。圣人作规矩准绳，制定政治上及社会上各种制度，使天下之人皆服从之。其用意虽未尝不善，其用心未尝不为爱人，然其结果则如鲁侯爱鸟，爱之适所以害之。故庄学最反对以治治天下，以为欲使天下治，则莫如以不治治之。《应帝王篇》云：

汝游心于淡，合气于漠，顺物自然而无容私焉，而天下治矣。(《庄子》卷三，第30页)

《在宥篇》云：

闻在宥天下，不闻治天下也。在之也者，恐天下之淫其性也。宥之也者，恐天下之迁其德也。天下不淫其性，不迁其德，有治天下者哉。(《庄子》卷四，第26页)

所以不治天下而天下自治者，盖天下之人，其所好虽不同，而莫不愿治；故曰：

以为一世蕲乎乱（治也），孰弊弊焉以天下为事？(《逍遥游》，《庄子》卷一，第13页)

又曰：

天下均治之为愿，而何计以有虞氏为？(《天地》，《庄子》卷五，第17页)

既"天下均治之为愿"，故听其自然而自治矣。庄学亦主张以不治治天下，然其立论之根据，则与《老》学不同也。

如不随顺人之性，而强欲以种种制度治之，则如络马首，穿牛鼻，以人为改天然，其结果适足以致苦痛，此各种人为之通弊也。《骈拇篇》云：

> 是故凫胫虽短，续之则忧。鹤胫虽长，断之则悲。故性长非所断，性短非所续。(《庄子》卷四，第4页)

人为之目的，多系截长补短，改造天然。故自有人为，而人随顺天然之幸福失。既无幸福，亦无生趣。譬犹中央之帝，名曰混沌，本无七窍；若强凿之，则七窍开而混沌已死矣（见《应帝王》）。《秋水篇》云：

> 无以人灭天，无以故灭命。(《庄子》卷六，第21页)

以人为改天然，即"以人灭天"，"以故灭命"也。

第五节 自由与平等

由上观之，可知庄学中之社会政治哲学，主张绝对的自由，盖惟人皆有绝对的自由，乃可皆顺其自然之性而得幸福也。主张绝对的自由者，必主张绝对的平等，盖若承认人与人、物与物间，有若何彼善于此，或此善于彼者，则善者应改造不善者使归于善，而即亦不能主张凡物皆应有绝对的自由矣。庄学以为人与物皆应有绝对的自由，故亦以为凡天下之物，皆无不好，凡天下之意见，皆无不对。此庄学与佛学根本不同之处。盖佛学以为凡天下之物皆不好，凡天下之意见皆不对也。《齐物论篇》云：

> 且吾尝试问乎女。民湿寝则腰疾偏死，鳅然乎哉？木处则惴栗恂惧，猿猴然乎哉？三者孰知正处？民食刍豢，麋鹿食荐，蝍蛆甘带，鸱鸦耆鼠，四者孰知正味？猿，猵狙以为雌，麋与鹿交，鳅与鱼游。毛嫱，丽姬，人之所美也，鱼见之深入，鸟见之高飞，麋鹿见之决骤，四者孰知天下之正色哉？(《庄子》卷一，第38—39页)

若必执一以为正色，则"四者孰知天下之正色哉"？若不执一以为正色，则四者皆天下之正色也。犹海鸟之"浮江湖"，"食鳅鲦"，与鲁君之"奏《九韶》"，"具太牢"，其养虽绝不相同，然皆为天下之正养也。

人之意见，万有不齐，如有风时万窍之怒号，如《齐物论》开端所说者，究孰为是，孰为非？果能以当时所谓"辩"者"明是非"乎？《齐物论篇》云：

> 既使我与若辩矣，若胜我，我不若胜，若果是也，我果非也邪？我胜若，若不吾胜，我果是也，而果非也邪？其或是也，其或非也邪？其俱是也，其俱非也邪？我与若不能相知也，则人固受其黮暗。吾谁使正之？使同乎若者正之，既与若同矣，恶能正之？使同乎我者正之，既同乎我矣，恶能正之？使异乎我与若者正之，既异乎我与若矣，恶能正之？使同乎我与若者正之，既同乎我与若矣，恶能正之？然则我与若与人，俱不能相知也，而待彼也邪？（《庄子》卷一，第44—45页）

此明"辩"不能定是非也。盖若必执一以为是，则天下人之意见，果孰为是？正与上述之孰为正处正味正色，同一不能决定也。若不执一以为是，则天下人之意见皆是也。惟其皆是，故听其自尔，而无须辩矣。《齐物论篇》云：

> 是不是，然不然。是若果是也，则是之异乎不是也，亦无辩；然若果然也，则然之异乎不然也，亦无辩。化声之相待，若其不相待。和之以天倪，因之以曼衍，所以穷年也。忘年忘义，振于无竟，故寓诸无竟。（《庄子》卷一，第45—46页）

视天下之意见，皆如自然之"化声"，皆如《齐物论》所谓之"鷇音"。鸟鸣风响，未闻人欲争其是非，而何独对于人之言论斤斤评论其是非哉？故听其自尔可矣。

执此原理以应付当时学术界中之争辩，《齐物论篇》云：

> 夫言非吹也，言者有言，其所言者，特未定也。果有言邪？其未尝有言邪？其以为异于鷇音，亦有辩乎，其无辩乎？道恶乎隐而有真伪？言恶乎隐而有是非？道恶乎往而不存？言恶乎存而不可？道隐于小成，言隐于荣华。故有儒墨之是非，以是其所非，而非其所是。欲是其所非而非其所是，则莫若以明。物无非彼，物无非是。自彼则不见，自知则知之。故曰，彼出于是，是亦因彼。彼是，方生之说也。虽然，方生方死，方死方生，方可方不可，方不可方可；因是因非，因非因是。是以圣人不由，而照之于天，亦因是也。是亦彼也，彼亦是也。彼亦一是非，此亦一是非。果且有彼是乎哉？果且无彼是乎哉？彼是莫得其偶，谓之道枢。枢始得其环中，以应无穷。是亦一无穷，非亦一无穷也。故曰，莫若以明。（《庄子》卷一，第26—28页）

此所说"彼是",似亦驳公孙龙之说。公孙龙《名实论》以为彼只是彼,此只是此(见上第九章第六节引)。庄学则以为彼是乃相对的。故曰:"彼出于是,是亦因彼,彼是方生之说也。"彼是互相谓为彼是。儒墨之互相是非,亦犹是也。若于"儒墨之是非",必执一以为是,则"彼亦一是非,此亦一是非",如环无端,不可穷矣。惟知"道恶乎往而不存,言恶乎存而不可"者,视"儒墨之是非",与"鷇音"同为天然之"化声",故听其自尔,所谓"是以圣人不由,而照之于天"也。此所谓"以明"也。有所是则有所非,有所非则有所是;故是非乃相对待的,所谓"偶"也;彼是亦然。若听是非彼是之自尔而无所是非彼是,则无偶矣。故曰:"彼是莫得其偶,谓之道枢"也。彼此互相是非,"是亦一无穷,非亦一无穷",如一环然。不与有所是非者为循环之辩论,而立于环中以听其自尔。则所谓"枢始得环中,以应无穷"也。《齐物论篇》又曰:

> 是以圣人和之以是非,而休乎天钧;是之谓两行。(《庄子》卷一,第31页)

"天钧"者,《寓言篇》亦言"天均""天倪"。"天均""天倪"皆谓万物自然之变化;"休乎天钧",即听万物之自然也。圣人对于物之互相是非,听其自尔。故其态度,即是不废是非而超过之,"是之谓两行"。

用此观点以观物,即以道之观点观物也。《秋水篇》曰:

> 以道观之,物无贵贱。以物观之,自贵而相贱。以俗观之,贵贱不在己。以差观之,因其所大而大之,则万物莫不大;因其所小而小之,则万物莫不小。知天地之为稊米也,知毫末之为丘山也,则差数睹矣。以功观之,因其所有而有之,则万物莫不有;因其所无而无之,则万物莫不无。知东西之相反而不可以相无,则功分定矣。以趣观之,因其所然而然之,则万物莫不然;因其所非而非之,则万物莫不非。知尧桀之自然而相非,则趣操睹矣。……以道观之,何贵何贱,是谓反衍。无拘而志,与道大蹇。何少何多,是谓谢施。无一而行,与道参差。严乎若国之有君,其无私德。繇繇乎若祭之有社,其无私福。泛泛乎其若四方之无穷,其无所畛域。兼怀万物,其孰承翼?是谓无方,万物一齐,孰短孰长?道无终始,物有死生。不恃其成,一虚一满,不位乎其形。年不可举,时不可止。消息盈虚,终则有始。是所以语大义之方,论万物之理也。(《庄子》卷六,第16—20页)

世俗以人在政治上社会上之阶级，分别贵贱，是"贵贱不在己"也。就物之本身言，则皆"自贵而相贱"，如《逍遥游》所说小鸟之笑大鹏是也。然此皆依有限之观点，以观物也。若能超越有限，自无限之点以观物，即所谓"以道观之"也。以道之观点观物，即见物无不齐矣。若更能与道合一，则不作一切分别，而达"万物与我为一"之境界。此点下文另详。

或曰：庄学以"两行"为是，是仍有所是非也。此点《齐物论》亦已言之。《齐物论篇》曰：

> 今且有言于此，不知其与是类乎？其与是不类乎？类与不类，相与为类，则与彼无以异矣。……今我则已有谓矣，而未知吾所谓之其果有谓乎？其果无谓乎？天下莫大于秋毫之末，而大山为小；莫寿于殇子，而彭祖为夭。天地与我并生，而万物与我为一。既已为一矣，且得有言乎？既已谓之一矣，且得无言乎？一与言为二，二与一为三。自此以往，巧历不能得，而况其凡乎？故自无适有，以至于三，而况自有适有乎？无适焉，因是已。（《庄子》卷一，第33—35页）

庄学以"两行"为是，亦有所是非，是亦与别人之有所是非者为同类；然以"两行"为是，是欲超出是非，则又与别人之有所是非者不类；故曰："今我则已有谓矣，而未知吾所谓之其果有谓乎？其果无谓乎？"以超出是非为是，尚不免有有所是非之嫌，况真有所是非乎？故曰，"自无适有，以至于三，而况自有适有乎"？故"无适焉，因是已"。

第六节 死与不死

凡物皆无不好，凡意见皆无不对，此《齐物论》之宗旨也。推而言之，则一切存在之形式，亦皆无不好。所谓死者，不过吾人自一存在之形式转为别一存在之形式而已。如吾人以现在所有之存在形式为可喜，则死后吾人所得之新形式，亦未尝不可喜。《大宗师篇》曰：

> 特犯（同逢）人之形而犹喜之。若人之形者，万化而未始有极也。其为乐可胜计耶？（《庄子》卷三，第9页）

《齐物论篇》曰：

> 予恶乎知悦生之非惑邪？予恶乎知恶死之非弱丧而不知归者邪？丽之姬，艾封人之子也。晋国之始得之也，涕泣沾襟。及其至于王所，与王同筐床，食刍豢，而后悔其泣也。予恶乎知夫死者不悔其始之蕲生乎？梦饮酒者旦而哭泣，梦哭泣者旦而田猎。方其梦也，不知其梦也，梦之中又占其梦焉。觉而后知其梦也。且有大觉而后知此其大梦也。（《庄子》卷一，第43—44页）

《秋水篇》云："道无终始；物有死生。"郭象注云："死生者，无穷之变耳，非终始也。"（《庄子》卷六，第20页）知此理也，则可齐生死矣。《大宗师篇》曰：

> 浸假而化予之左臂以为鸡，予因以求时夜。浸假而化予之右臂以为弹，予因以求鸮炙。浸假而化予之尻以为轮，以神为马，予因而乘之，岂更驾哉？且夫得者，时也（郭云："当所遇之时，世所谓之得。"）；失者，顺也。（郭云："时不暂停，随顺而往，世谓之失。"）安时而处顺，哀乐不能入也。此古之所谓悬解也。（《庄子》卷三，第16页）

哀乐不能入，即以理化情也。斯宾诺莎（Spinoza）以情感为"人之束缚"（Human bondage）。若有知识之人，知宇宙之真相，知事物之发生为必然，则遇事不动情感，不为所束缚，而得"人之自由"（Human freedom）矣。譬如飘风坠瓦，击一小儿与一成人之头。此小儿必愤怒而恨此瓦；成人则不动情感，而所受之痛苦亦轻。盖成人之知识，知瓦落之事实之真相，故"哀乐不能入"也。《养生主篇》谓秦失谓哭老聃之死者云：

> 是遁天倍情，忘其所受，古者谓之遁天之刑。（《庄子》卷二，第6页）

死为生之天然的结果，对此而有悲痛愁苦，是"遁天倍情"也。"遁天"者必受刑，即其悲哀时所受之痛苦是也。若知"得者时也，失者顺也，安时而处顺"，则"哀乐不能入"，不受"遁天之刑"而如悬之解矣。其所以能如此者，则以理化情也。《至乐篇》谓庄子妻死，鼓盆而歌，答惠子问曰：

> 是其始死也，我独何能无慨然？察其始而本无生。非徒无生也，而本无形。非徒无形也，而本无气。杂乎芒芴之间，变而有气；气变而有形；形变而有生；今又变而之死；是相与为春秋冬夏四时行也。人且偃然寝于巨室，而我嗷嗷然随而哭之，自以为不通乎命，故止也。（《庄子》卷六，第32页）

庄子始亦不能"无慨然"，此情也。"后察其始"云云，即以理化情也。以理化情，则"哀乐不能入"矣。

自又一方面言之，则死生不但可齐，吾人实亦可至于无死生之地位。《德充符篇》云：

> 自其异者视之，肝胆楚越也；自其同者视之，万物皆一也。（《庄子》卷二，第30页）

《田子方篇》曰：

> 草食之兽，不疾易薮；水生之虫，不疾易水，行小变而不失其大常也。……夫天下者，万物之所一也。得其所一而同焉，则四肢百体将为尘垢，而死生终始将为昼夜，而莫之能滑，而况得丧祸福之所介乎？（《庄子》卷七，第34页）

《大宗师篇》云：

> 夫藏舟于壑，藏山于泽，谓之固矣。然而夜半有力者负之而走，昧者不知也。藏大小有宜，犹有所遁，若夫藏天下于天下，而不得所遁，是恒物之大情也。……故圣人将游于物之所不得遁而皆存。善夭善老，善始善终，人犹效之，又况万物之所系而一化之所待乎？（《庄子》卷三，第8—10页）

宇宙间之物，无论吾人如何藏之，终有失之之可能。但若以整个的宇宙藏于整个的宇宙之中，则更无地可以失之。故吾人之个体如能与宇宙合一，"得其所一而同焉"，则宇宙无终始，吾亦无终始；宇宙永久，吾亦永久矣。此所谓"游于物之所不得遁而皆存"也。《大宗师篇》曰：

> 吾犹守而告之，三日而后能外天下。已外天下矣，吾又守之，七日而后

能外物。已外物矣，吾又守之，九日而后能外生。已外生矣，而后能朝彻。朝彻而后能见独。见独而后能无古今。无古今而后能入于不死不生。杀生者不死，生生者不生。其为物无不将也，无不迎也，无不毁也，无不成也。其名为撄宁。撄宁也者，撄而后成者也。（《庄子》卷三，第13—14页）

成玄英云："外，遗忘也。"（《庄子疏》）先忘天下，次忘所用之物，次并己之生而忘之。于此时则所处为另一境界，一切一新，如晨起时所经验者，所谓"朝彻"也。此时惟见有"得其所一而同焉"之一，所谓"见独"也。既同于此一，则"无古今"而"入于不死不生"，即超时间而永存也。由此可知，忘生则得不死；若不忘生，则不能也。所谓"杀生者不死，生生者不生"也。至此境界者，不作一切分别，故"无不将也，无不迎也"。在此情形中所有之经验，即纯粹经验也。

第七节　纯粹经验之世界

由上述可知在纯粹经验中，个体即可与宇宙合一。所谓纯粹经验（Pure experience）即无知识之经验。在有纯粹经验之际，经验者，对于所经验，只觉其是"如此"（詹姆斯所谓"that"），而不知其是"什么"（詹姆斯所谓"what"）。詹姆斯谓纯粹经验，即是经验之"票面价值"（Face value），即是纯粹所觉，不杂以名言分别（见詹姆士《急进的经验主义》"Essays in Radical Empiricism"第39页），佛家所谓现量，似即是此。庄学所谓真人所有之经验，即是此种。其所处之世界，亦即此种经验之世界也。《齐物论篇》云：

古之人其知有所至矣。恶乎至？有以为未始有物者，至矣尽矣，不可以加矣。其次以为有物矣，而未始有封也。其次以为有封矣，而未始有是非也。是非之彰也，道之所以亏也。道之所以亏，爱之所以成。果且有成与亏乎哉？果且无成与亏乎哉？有成与亏，故昭氏之鼓琴也；无成与亏，故昭氏之不鼓琴也。（《庄子》卷一，第31页）

有经验而不知有物，不知有封（即分别），不知有是非，愈不知则其经验愈纯粹。在经验之中，所经验之物，是具体的；而名之所指，是抽象的。所以名言所指，实只经验之一部。譬如"人"之名之所指，仅系人类之共同性质。至于每个具体的人之特点个性，皆所不能包括。故一有名言，似有所成而实则有所亏也。郭象注云：

> 夫声不可胜举也。故吹管操弦，虽有繁手，遗声多矣。而执籥鸣弦者，欲以彰声也。彰声而声遗，不彰声而声全。故有成而亏之者，昭文之鼓琴也。不成而无亏者，昭文之不鼓琴也。（同上）

凡一切名言区别，皆是如此。故吾人宜只要经验之"票面价值"而不须杂以名言区别。《齐物论篇》云：

> 可乎可，不可乎不可。道行之而成，物谓之而然。恶乎然？然于然。恶乎不然？不然于不然。物固有所然，物固有所可。无物不然，无物不可。故为是举莛与楹，厉与西施，恢诡谲怪，道通为一。其分也，成也，其成也，毁也。凡物无成与毁，复通为一。唯达者知通为一，为是不用而寓诸庸。庸也者，用也。用也者，通也。通也者，得也。适得而几矣。因是已。已而不知其然谓之道。（《庄子》卷一，第29—30页）

凡物可即可，然即然，不必吾有意识的可之或然之也。莛即莛，楹即楹，厉即厉，西施即西施，不必我有意识地区别之也。有名言区别即有成，有成即有毁。若纯粹经验，则无成与毁也。故达人不用区别，而止于纯粹经验，则庶几矣。其极境虽止而又不知其为止。至此则物虽万殊，而于吾之知识上实已无区别。至此则真可觉"天地与我并生，而万物与我为一"矣。

《庄子》书中所谓"心斋""坐忘"，盖即指此境界。所谓"心斋"者，《人间世篇》云：

> 若一志，无听之以耳，而听之以心。无听之以心，而听之以气。耳止于听（本作听止于耳，依俞樾校改），心止于符，气也者，虚而待物者也。惟道集虚。虚者，心斋也。（《庄子》卷二，第13页）

《大宗师篇》曰：

> 颜回曰："回益矣。"仲尼曰："何谓也？"曰："回忘仁义矣。"曰："可矣，犹未也。"他日，复见，曰："回益矣。"曰："何谓也？"曰："回忘礼

乐矣。"曰："可矣，犹未也。"他日，复见，曰："回益矣。"曰："何谓也？"曰："回坐忘矣。"仲尼蹴然曰："何谓坐忘？"颜回曰："堕肢体，黜聪明。离形去智，同于大通。此谓坐忘。"(《庄子》卷三，第26页)

所谓"心斋""坐忘"，皆主除去思虑知识，使心虚而"同于大通"，在此情形中所有之经验，即纯粹经验也。上节所讲"外天下""外物"，意亦同此。《天地篇》曰：

> 性修反德，德至同于初。同乃虚，虚乃大，合喙鸣（郭云："无心于言而自言者，合于喙鸣"）。喙鸣合，与天地为合。其合缗缗，若愚若昏。是谓玄德，同乎大顺。(《庄子》卷五，第9页)

所谓玄德，亦即真人在纯粹经验中之状况也。《大宗师篇》中所说真人所处之境界，即是如此。故曰：

> 古之真人，其寝不梦，其觉无忧，其食不甘，其息深深。……古之真人，不知悦生，不知恶死。其出不䜣，其入不距。翛然而往，翛然而来而已矣。不忘其所始，不求其所终。受而喜之，忘而复之。是之谓不以心捐道，不以人助天。是之谓真人。(《庄子》卷三，第3—4页)

真人无思虑知识，"心虚"而"同于大通"，故能有"其寝不梦"等诸德也。上节所讲"无不将也，无不迎也"，意亦同此。①

第八节　绝对的逍遥

人至此境界，始可绝对的逍遥矣。盖一切之物，苟顺其性，虽皆可以逍遥，然一切物之活动，皆有所倚赖，即《逍遥游篇》中所谓"待"。《逍遥游篇》曰：

---

① 上文谓庄学于言之外，又言无言；于知之外，又言不知（第九章第四节）；于此可见矣。然庄学所说之无知，乃经过知之阶级，实即知与原始的无知之合也。此无知经过知之阶级，与原始的无知不同。对于纯粹经验，亦应作此分别。如小儿初生，有经验而无知识。其经验为纯粹经验；此乃原始的纯粹经验也。经过有知识的经验，再得纯粹经验。此再得者，已比原始的纯粹经验高一级矣。"玄德""若愚""若昏"，非"愚""昏"也，"若"愚"若"昏而已。不过庄学于此点，似未十分清楚。

> 列子御风而行，泠然善也。旬有五日而后返。彼于致福者，未数数然也。此虽免乎行，犹有所待者也。（《庄子》卷一，第8页）

列子御风而行，无风则不得行，故其逍遥有待于风。推之世上一般人，或必有富贵而后快，或必有名誉而后快，或必有爱情而后快，是其逍遥有待于富贵、名誉或爱情也。有所待则必得其所待，然后逍遥；故其逍遥亦为其所待所限制，而不能为绝对的。若夫"心斋""坐忘"之人，既已"以死生为一条，可不可为一贯"（《德充符篇》中语），其逍遥即无所待，为无限制的、绝对的。《逍遥游篇》曰：

> 若夫乘天地之正，御六气之辩，以游无穷者，彼且恶乎待哉？故曰：至人无己；神人无功；圣人无名。（同上）

"乘天地之正，御六气之辩，以游无穷者"，即与宇宙合一者也。其所以能达此境界者，则因其无己、无功、无名，而尤因其无己。

如此之人，谓之至人。《齐物论篇》曰：

> 至人神矣。大泽焚而不能热；河汉沍而不能寒；疾雷破山，飘风振海，而不能惊（郭云："夫神全形具而体与物冥者，虽涉至变，而未始非我，故荡然无愆介于胸中也"）。若然者，乘云气（郭云："寄物而行，非我动也"），骑日月（郭云："有昼夜而无死生也"），而游乎四海之外（郭云："夫唯无其知而任天下之自为，故驰万物而不穷也"），死生无变于己（郭云："与变为体，故死生若一。"），而况利害之端乎（郭云："况利害于死生，愈不足以介意。"）（《庄子》卷一，第40页）

至人无入而不自得，此逍遥之极致也。

此庄学中之神秘主义也。神秘主义一名词之意义，在第六章中已详。第六章谓如孟子哲学中有神秘主义，其所用以达到神秘主义的境界之方法，为以"强恕""求仁"，以至于"万物皆备于我矣，反身而诚，乐莫大焉"之境界。庄学所用之方法，乃在知识方面取消一切分别，而至于"天地与我并生，而万物与我为一"之境界。此二方法，在中国哲学史中，分流并峙，颇呈奇观。不过庄学之方法，自魏晋而后，即无人再讲。而孟子之方法，则有宋明诸哲学家，为之发挥提倡，此其际遇之不同也（详见拙著《中国哲学中之神秘主义》，见《燕京学报》第一期）。庄学尤可异者，即其神秘主义不需要唯心论的宇宙。此点庄学亦与斯宾诺莎之哲学合。

第九节　庄学与杨朱之比较

观乎此可知"隐者"及杨朱等之拘拘于以隐居避世为"全生葆真"之法之陋也。《山木篇》云：

> 庄子行于山中，见大木，枝叶盛茂，伐木者止其旁而不取也。问其故，曰："无所可用。"庄子曰："此木以不材得终其天年。"夫子出于山，舍于故人之家。故人喜，命竖子杀雁而烹之。竖子请曰："其一能鸣，其一不能鸣，请奚杀？"主人曰："杀不能鸣者。"明日，弟子问于庄子曰："昨日山中之木，以不材得终其天年；今主人之雁，以不材死。先生将何处？"庄子笑曰："周将处乎材与不材之间。似之而非也；故未免乎累。若夫乘道德而浮游，则不然。无誉无訾，一龙一蛇。与时俱化，而无肯专为。一上一下，以和为量。浮游乎万物之祖，物物而不物于物，则胡可得而累邪？此神农、黄帝之法则也。若夫万物之情，人伦之传，则不然。合则离，成则毁，廉则挫，尊则议，有为则亏，贤则谋，不肖则欺，胡可得而必乎哉？悲夫！弟子志之，其唯道德之乡乎！"（《庄子》卷七，第15—16页）

盖吾人若不能"以死生为一条，以可不可为一贯"，则在人间世，无论如何巧于趋避，终不能完全"免乎累"。所谓"万物之情，人伦之传，合则离，成则毁，廉则挫，尊则议，有为则亏，贤则谋，不肖则欺，胡可得而必乎哉"？无论材与不材，皆不能必其只受福而不受祸也。若至人则"死生无变于己，而况利害之端乎"？不以利害为利害，乃利害所不能伤而真能"免乎累"者也。此"乘道德而浮游"之人所以能"物物而不物于物"也。"物物而不物于物"者，即对于一切皆为主动而不为被动也。

第十一章 《墨经》及后期墨家

第一节 战国时墨家之情形

《韩非子·显学篇》曰：

> 自墨子之死也，有相里氏之墨，有相夫氏之墨，有邓陵氏之墨。（《韩非子》卷十九，"四部丛刊"本，第7页）

《庄子·天下篇》曰：

> 相里勤之弟子，五侯之徒，南方之墨者，苦获、已齿、邓陵子之属，俱诵《墨经》，而倍谲不同，相谓别墨。以坚白同异之辩相訾，以觭偶不仵之辞相应。以巨子为圣人，皆愿为之尸，冀得为其后世，至今不决。（《庄子》卷十，"四部丛刊"本，第29页）

此战国时墨家之情形也。此时有《墨经》。《墨经》之作，亦辩者之学之反动。盖辩者所持之论，皆与吾人之常识违反。儒墨之学，皆注重实用，对于宇宙之见解，多根据常识。见辩者之"然不然，可不可"，皆以为"怪说觭辞"而竞起驳之。然辩者立论，皆有名理的根据，故驳之者之立论，亦须根据名理。所以墨家有《墨经》，儒家有《荀子》之《正名篇》，皆拥护常识，驳辩者之说。儒墨不同，而对于反辩者则立于同一观点。盖儒墨乃从感觉之观点以解释宇宙；而辩者则从理智之观点以解释宇宙也。

在另一方面，儒墨俱受辩者之影响，故于发挥其自己学说之时，立论亦均较前精确；壁垒均较前森严。试以本章所论《墨子》六篇与《墨子》中之他篇比，以《荀子》与《论语》《孟子》比，便可见矣。

《墨经》之成就，比《荀子·正名篇》为高；盖原来墨家本较儒家重辩。《墨子》云："以其言非吾言者，是犹以卵投石也。尽天下之卵，其石犹是也。不可毁也。"(《贵义篇》，《墨子》卷十二，孙诒让《墨子闲诂》，涵芬楼影印本，第8页）又云："言无务为多而务为智，无务为文而务为察。"(《修身篇》，《墨子》卷一，第7页）言有三表，皆"务为智"，"务为察"也。又《墨子·贵义篇》谓："子墨子南游使卫，关中载书甚多。"(《墨子》卷十二，第5页）《耕柱篇》云：

> 公孟子曰："君子不作。术（同述）而已。"子墨子曰："不然。……吾以为古之善者则诛（即述之误）之；今之善者则作之。欲善之益多也。"(《墨子》卷十一，第22—23页）

《庄子·天下篇》亦谓"墨子好学而博，不异，不与先王同"。即《墨经》亦可见墨子后之墨者之"好学而博"也。

汪中《墨子序》谓："《经上》至《小取》六篇，当时谓之《墨经》。庄周称相里勤之弟子，五侯之徒，南方之墨者，苦获、已齿、邓陵子之属，以坚白同异之辩相訾，以觭偶不忤之辞相应者也。"(《述学》）此说别无证据，但《大取》、《小取》二篇，亦为战国时作品，其内容与《经》及《经说》大致相同。兹亦以之附于《墨经》中。

晋人鲁胜，称《经》上下，《经说》上下，为"墨辩"。胡适之先生因之，称《经》上下，《经说》上下，《大取》《小取》为"墨辩"；又以作"墨辩"者为"别墨"。按《墨经》中虽亦有"坚白同异之辩"，"觭偶不忤之辞"，然其主要目的，在于阐明墨学，反对辩者。"墨辩"之名，鲁胜以前无有也。墨家各派，"倍谲不同"，"相谓别墨"，即互相指为非墨学正统，非自谓"别墨"也。然皆"以巨子为圣人，皆愿为之尸，冀得为其后世"，则纷乱之中，仍有统一存焉。盖墨者之铁的组织，尚未崩溃也。

第二节 《墨经》中之功利主义

功利主义为墨子哲学之根本，但墨子虽注重利，而未言何以须重利。《墨经》则更进一步，与功利主义以心理的根据。《经上》云：

利，所得而喜也。(《墨子》卷十，第5页)《经说》云："得是而喜，则是利也；其害也，非是也。"(《墨子》卷十，第20页)

害，所得而恶也。(《墨子》卷十，第5页)《经说》云："得是而恶，则是害也；其利也，非是也。"(《墨子》卷十，第20页)

吾人之所喜者为利，吾人之所恶者为害。趋利避害，乃人性之自然，故功利主义，为吾人行为之正当标准也。边沁云：

"天然"，使人类为二种最上威权所统治；此二威权，即是快乐与苦痛。只此二威权，能指出人应做什么，决定人将做什么。功利哲学，即承认人类服从此二威权之事实，而以之为哲学之基础。此哲学之目的，在以理性法律，维持幸福。(边沁《道德立法原理导言》"An Introduction to the Principles of Morals and Legislation"第1页)

《墨经》正是如此主张。边沁所谓快乐苦痛，《墨经》谓之利害，即可以致快乐苦痛者也。边沁所谓理性，《墨经》谓之智。欲是盲目的，必须智之指导，方可趋将来之利而避将来之害。《经说上》云：

为欲蘄（斫也，本作虋，依孙校改）其指，智不知其害，是智之罪也。若智之慎之（本作文，依孙校改）也，无遗于其害也，而犹欲蘄之，则离之。是犹食脯也，骚之利害（孙云"疑言臭之善恶"），未可知也；欲而骚，是不以所疑止所欲也。墙外之利害，未可知也；趋之而得刀（本作力，依孙校改），则弗趋也，是以所疑止所欲也。(《墨子》卷十，第26页)

智之功用，在于逆睹现在行为之结果。结果既已逆睹，智可引导吾人，以趋利避害，以舍目前之小利而避将来之大害，或以受目前之小害而趋将来之大利。此即所谓"权"。《大取篇》云：

于所体之中而权轻重之谓权。权非为是也；亦（本作非，依孙校改）非为非也；权，正也。断指以存腕，利之中取大，害之中取小也。害之中取小也，非取害也，取利也；其所取者，人之所执也。遇盗人而断指以免身，利也；其遇盗人，害也。………利之中取大，非不得已也。害之中取小，不得已也。所未有而取焉，是利之中取大也。于所既有而弃焉，是害之中取小

也。(《墨子》卷十一，第2页)

《经上》云：

> 欲正权利，恶正权害。(恶上原有且字，依孙校删改。)(《墨子》卷十，页六)《经说》云："权(原作仗，依孙校改)者，两而无偏。"(《墨子》卷十，第26页)

权"于所体之中而权轻重"，"两而无偏"。盖"功利哲学"以为人所取及所应取之利，非目前之小利，乃将来之大利。人所避及所应避之害，非目前之小害，乃将来之大害。故可欲者不必即为利，必吾人依"正权"所以为之可欲者乃为利。可恶者不必即为害，必吾人依"正权"所以为可恶者，乃为害也。①

本此观点，《墨经》为诸道德下定义，指出道德之要素为"利"。《经上》云：

> 义，利也。(《墨子》卷十，第2页)《经说》云："义，志以天下为爱(原作芬，依孙校改)，而能能利之，不必用。"(《墨子》卷十，第18页)
> 忠，利君(原作以为利而强低，依张纯一校改)也。(《墨子》卷十，第3页)《经说》云："忠，以君为强，而能能利君，不必容(原作忠不利弱子亥足将入止容，依张纯一校改)。"(《墨子》卷十，第18—19页)
> 孝，利亲也。(《墨子》卷十，第3页)《经说》云："孝，以亲为爱(原作芬，依孙校改)，而能能利亲，不必得。"(《墨子》卷十，第19页)
> 功，利民也。(《墨子》卷十，第6页)《经说》云："功不待时，若衣裘。"(《墨子》卷十，第21页)

"义，志以天下为爱而能能利之，不必用"。"下能字，善也。能能利之，言能善利之也。不必用，言不必人之用其义也"(孙诒让说)。"忠，以君为强"。"即《荀子·臣道篇》'强君'之义，不必容，谓不必见容于君也"(张纯一说)。

---

① 案《荀子·不苟篇》曰："欲恶取舍之权，见其可欲也，则必前后虑其可恶也者；见其可利也，则必前后虑其可害也者；而兼权之，孰计之，然后定其欲恶取舍。如是，则常不失陷矣。凡人之患，偏伤之也。见其可欲也，则不虑其可恶也者；见其可利也，则不顾其可害也者；是以动则必陷，为则必辱；是偏伤之患也。"(《荀子》卷二，"四部丛刊"本，第9页)荀子所说，正与《墨经》意同。

"能能利亲，亦谓能善而利之也。不必得，谓不必中亲之意"（孙诒让说）。墨家之道，"反天下之心"（《庄子·天下篇》），墨者自知之矣。"功不待时"者，《公孟篇》云："乱则治之，譬犹噎而穿井也，死而求医也。"（《墨子》卷十二，第13页）乱则治之，乃"待时"之功，不若"不待时"之功之为利更大也。此皆以利为诸道德之要素也。

第三节 论知识

《墨经》为欲拥护常识，反对辩者，特立论就知识论（Epistemology）方面说知识之性质及其起源。《经上》云：

> 知，材也。（《墨子》卷十，第1页）《经说》云："知材，知也者，所以知也，而不必知（原作"而必知"，依胡适之先生校改），若明。"（《墨子》卷十，第17页）

此知乃吾人所以能知之才能。有此才能，不必即有知识。如眼能视物，乃眼之"明"；但眼有此"明"，不必即有见。盖能见之眼须有所见，方可有见；能知之知须有所知，方可有知也。《经上》云：

> 知，接也。（《墨子》卷十，第2页）《经说》云："知，知也者，以其知遇（原作过，依孙校改）物而能貌之，若见。"（《墨子》卷十，第17页）

此知乃能知遇所知所生之知识，人之能知即"所以知"之官能，遇外物即所知，即可感觉其态貌。如能见之眼，见所见之物，即可有见之知识。《经上》云：

> 恕（今毕本作恕，《道藏》本，吴钞本，明嘉靖本均作恕），明也。（《墨子》卷十，第2页）《经说》云："恕，恕（原皆作恕）也者，以其知论物而其知之也著，若明。"（《墨子》卷十，第17页）

吾人知，即"所以知"之官能，遇外物，即所知，不但能感觉其态貌，且能知其为何物。如见一树，不但感觉其态貌，且知其为树。此即所谓"明"，"明"有了解之义。知其为树，即将此个体的物列于吾人经验中之树之类中，此所谓

"以知论物"也。如此则凡树所有之性质，吾虽尚未见此树有，亦敢断其必有。于是吾人对于此个体的物之知识乃明确，所谓"其知之也著"也。

此外尚有一种知识，吾人不从感觉得来。《经下》云：

> 知而不以五路，说在久。（《墨子》卷十，第9页）《经说》云："知（旧作智，下同），以目见，而目以火见，而火不见，惟以五路知。久，不当以目见，若以火见。"（《墨子》卷十，第47页）

五路者，五官也。官而名以路者，谓感觉所经由之路也。人之得知识多恃五路；《荀子》所谓"缘天官"是也。例如"见"之成须有目及火（即光），若无目则不能成见也。所谓"惟以五路知"也。然亦有不以五路知而得之知识，如对于"久"之知识是也。久者，《经上》云：

> 久，弥异时也。（《墨子》卷十，第6页）《经说》云："久，合古今旦莫（即暮字。原作今久古今且莫，依胡适之先生校改）。"
> 宇，弥异所也。（《墨子》卷十，第6页）《经说》云："宇，冡（即蒙）东西南北（原作东西家南北，依胡适之先生校改）。"

久即时间，宇即空间。吾人对于时间之知识，固非由五官得来也。

《经上》云：

> 虑，求也。（《墨子》卷十，第1页）《经说》云："虑也者，以其知有求也，而不必得之，若睨。"（《墨子》卷十，第17页）

此条所说，为有目的之知识活动。吾人运用知识，以求达到一目的。此知识活动即谓之虑，即"知之有求"者。睨为目之斜视。张目见物，不必有目的。若睨而斜视，则必为"知之有求"者也。但此等知不必即得其所求；所谓"而不必得之"也。

人之能知之才能，《墨经》认为吾人生命之要素。《经上》云：

> 生，刑（同形）与知处也。（《墨子》卷十，第5页）《经说》云："生，形（原作楹，依毕校改）之生，常（原作商，依孙校改）不可必也。"（《墨子》卷十，第19—20页）

又云：

> 卧，知无知也。(《墨子》卷十，第 5 页)

形之有知者为生，否则为死。有知而无知（有知之才能而无知之事实）为卧；无知而无知为死。

此外《墨经》又就逻辑方面，论吾人知识之来源及其种类。《经上》云：

> 知：闻，说，亲，名，实，合，为。(《墨子》卷十，第 5 页)《经说》云："知，传受之，闻也。方不障，说也。身观焉，亲也。所以谓，名也。所谓，实也。名实耦，合也。志行，为也。"(《墨子》卷十，第 28 页)

"闻、说、亲"谓吾人知识之来源。"名、实、合、为"谓吾人知识之种类。今分论之。

"闻"谓吾人由"传受"而得之知识。在历史方面，吾人所有之知识，多属此类。

"说"谓吾人所推论而得之知识。《经下》云：

> 闻所不知若所知，则两知之。(《墨子》卷十，第 15 页)《经说》曰："闻在外者所不（邓高镜先生云："衍不字。"）知也。或曰：'在室者之色，若是其色。'是所不知若所知也。犹白若黑也，谁胜？是若真色也。若白者必白。今也知其色之若白也，故知其白也。夫名以所明正所不知，不以所不知疑（同拟）所明。若以尺度所不知长。外，亲知也；室中，说知也。"(《墨子》卷十，第 54 页)

吾人见室外之白物，而不知室内之物为何色。或曰："室内之物之色，与室外之物之色同。"吾人即知室内之物之色之为白而非黑。盖天下之白物无穷，而皆在白物之名所指之类中。犹天下之马无穷，而皆在马之名所指之类中。吾人已知某物之可名为白物，则不必见之而即知其色之何似；吾人已知某物之可名为马，则不必见之而即知其形貌之何若。此所谓"方不障"也。盖吾人之知识，至此可不受时空之限制矣。名能使吾人就所已知推所未知。所谓"夫名以所明正所不知；不以所不知疑所明"也。

"亲"谓吾人亲身经历所得之知识，即吾人能知之才能与所知之事物相接而得之知识也。所谓"身观焉"是也。一切知识，推究其源，皆以亲知为本。如历史上所述诸事情，吾人对之，惟有闻知而已。然最初"传"此知识之人，必对于此事有"身观焉"之亲知也。虽吾人未见之物，若知其名，即可推知其大概有何性质，为何形貌，然吾人最始必对此名所指之物之有些个体，有"身观焉"之亲知也。知识论所论之知识即此等知识也。

次论吾人知识之种类有四。"名"谓对于名之知识。名所以谓实也；所谓"所以谓"也。《经上》云：

> 名：达，类，私。（《墨子》卷十，第5页）《经说》云："名，物，达也。有实必待之（原作文，依孙校改）名（原作多，依孙校改）也。命之马，类也。若实也者，必以是名也。命之臧，私也。是名也，止于是实也。声出口俱有名，若姓字丽（原作洒，依梁校改）。"（《墨子》卷十，第27页）

物之名指一切物，为最高类（Summum Genus）之名，即所谓"达名"。凡有个体，必用此名；故曰："有实必待之名也。"马则指一类之物，为"类名"。仅此类之个体用此名；故曰："若实也者，止于是名也。""臧"为指一人之固有名词，即所谓私名也。此名仅一个体可用；故曰："是名也止于是实也。"①

"实"谓吾人对于实之知识。实为名之"所谓"，即名之所指之个体也。

"合"谓吾人对于名实相合即所谓"名实耦"之知识。《墨经》谓以名谓实之谓有三种。《经上》云：

> 谓：移，举，加。（《墨子》卷十，第5页）《经说》云："谓，命狗，犬，移也（原作谓狗犬，命也。依伍非百校改）。狗犬，举也。叱狗，加也。"（《墨子》卷十，第28页）

狗为犬之未成豪者，即犬之一种，谓"狗，犬也"。犹谓"白马，马也"。此移犬之名以谓狗，移马之名以谓白马也。此所谓"移"也。"举，拟实也"（《经上》，《墨子》卷十，第5页）。"举告以之（原作文，依孙校）名举彼实也"（《经说上》，《墨子》卷十，第20页）。举狗及犬之名，以泛指狗及犬之实，此所谓"举"也。指一个体之狗而叱之曰："狗！"意谓"此是狗"，是加此狗之名

---

① 《大取篇》谓名有"以形貌命者"，有"以居运命者"，有"以举量数命者"。"诸以形貌命者，若山丘室庙者皆是也"。"诸以居运命者，若乡里齐荆者皆是也"。"以举量数命者"无说；望文生义，当系指数量诸名也。此三分法，甚不完备，疑有脱误。

于此个体，即所谓"加"也。吾人谓"狗是犬"，狗果是犬否？吾人谓"此是狗"，此果是狗否？换言之，即吾人所用之名，是否与实合，此吾人所须注意者。知吾人所用之名是否与实相合之知识，即此所谓"合"也。

"为"谓吾人知所以作一事情之知识。"志，行，为也"。吾人作一事情，必有作此事情之目的，及作此事情之行为；前者谓之"志"，后者谓之"行"。合"志"与"行"，总名曰"为"。"为"有六种。《经上》云：

> 为：存，亡，易，荡，治，化。（《墨子》卷十，第6页）《经说》云："为，甲（原作早，依孙校改）台，存也。病，亡也。买鬻，易也。消（原作霄，依孙校改）尽，荡也。顺长，治也。蛙鼠，（原作买，依孙校改）化也。"（《墨子》卷十，第28—29页）

此依行为之目的，即所谓"志"，之不同，将"为"分类也。《经上》又云："已、成、亡。"《经说》云："已，为衣，成也。治病，亡也。"谓为衣以成衣为止，治病以无病为止也。制甲筑台，以使其"存"为目的，即为衣以成为止之意，是以"存"为"为"也。治病以使无病为目的，是以"亡"为"为"也。买卖以交易为目的，是以"易"为"为"也。消灭除尽谓之荡，吾人对于事物有时欲消灭除尽之，是以"荡"为"为"也。顺成长养谓之治，吾人有时对于事物欲顺成长养之，是以"治"为"为"也。《经上》云："化，征易也。"（《墨子》卷十，第6页）《经说》云："化，若蛙为鹑。"（《墨子》卷十，第22页）《列子·天瑞篇》云："田鼠之为鹑。"盖古蛙鼠皆可化为鹑也。吾人有时对于事物欲使其逐渐变化，是以"化"为"为"也。吾人欲达吾人之"志"，必有相当之"行"。知如何"行"之知识，亦名之曰"为"。

墨子注重实用之观念，《墨经》尚保存之，于此可见矣。《经下》云：

> 知其所以不知，说在以名取。（《墨子》卷十，第9页）《经说》云："知，杂所知与所不知而问之。则必曰，是所知也，是所不知也。取去俱能之，是两知之也。"（《墨子》卷十，第47页）

《贵义篇》云："巨（俞云："当作皀，皓之假字。"）者，白也。黔者，黑也。虽明目者无以易之。兼白黑使瞽取焉，不能知也。故我曰：瞽不知白黑者，非以其名也，以其取也。"（《墨子》卷十二，第4页）能以名取者，即能以知识应用于行为也。

第四节 论"辩"

吾人之知识之以言语表出者谓之"言"。《经上》云：

> 言，出举也。……言，口之利也。……执所言而意得见，心之辩也。(《墨子》卷十，第5—6页)《经说》云："故言也者，诸口能之，出名（原作民，依孙校改）者也。名（原亦作民），若画虎也。言也，谓言犹石致也。"(《墨子》卷十，第20页)

《贵义篇》谓墨子云："以其言非吾言者，是犹以卵投石也。"(《墨子》卷十二，第8页) 墨者主张"言无务为多而务为智，无务为文而务为察"。故谓言须精坚如石，所谓"言犹石致"也。欲达此目的，则吾人之言，须遵守一定之法则，即《小取篇》所说"辩"之诸法则也。辩有广义狭义。《经》及《经说》所说之辩，为狭义之辩，依此说"辩"与"说"不同。《经上》云：

> 说，所以明也。………攸不可，两不可也。……辩，争彼也。辩，胜当也。(《墨子》卷十，第5页)《经说》云："彼，凡牛枢非牛，两也，无以非也。辩，或谓之牛，或谓之非牛，是争彼也。是不俱当，不俱当，必或不当，不当若犬。"(《墨子》卷十，第25—26页)

《经说下》又云：

> 辩也者，或谓之是，或谓之非；当者胜也。(《墨子》卷十，第44页)

此以辩为彼此争辩之辩，若只有一说（此说与上"说知"之说不同），此有所可，彼亦可之。此有所不可，即有"攸不可"，彼亦不可之。是"两不可也"。如此以牛枢（孙云："疑木名。"）为非牛，彼亦以牛枢为非牛，是"两无以非"，何辩之有？若此以牛枢为牛，彼以为非牛，是即有彼此之争而辩，辩则"当者胜也"。此专以辩为争辩之辩，是狭义之辩也。《小取篇》所说之"辩"，则较此范围为大。《小取篇》云：

> 夫辩者，将以明是非之分，审治乱之纪，明同异之处，察名实之理，处利害，决嫌疑。焉摹略万物之然，论求群言之比，以名举实，以辞抒意，以说出故，以类取，以类予。有诸己，不非诸人；无诸己，不求诸人。（《墨子》卷十一，第9页）

此谓辩之用有六：（一）明是非；（二）审治乱；（三）明同异；（四）察名实；（五）处利害；（六）决嫌疑。其方法为"以名举实，以辞抒意，以说出故"。所谓"以名举实"，上文已详。辞即今人所谓"命题"，合二名以表一意，乃谓之辞，所谓"以辞抒意"。亦即《荀子·正名篇》所谓"兼异实之名以论一意"是也。《经上》云：

> 故，所得而后成也。（《墨子》卷十，第1页）《经说》曰："故，小故有之不必然，无之必不然。体也，若有端。大故有之必然，无之必不然，若见之成见也。"（"大故"下依孙诒让校）（《墨子》卷十，第17页）

《经上》云："端，体之无厚（原作序，依王校改）而最前者也。"有端不必即能成体；所谓"有之不必然，无之必不然也"。此所谓小故，今逻辑中称为必要原因。此所谓大故，今逻辑中称为充足及必要原因。尚有充足原因，即有之必然，无之不必不然之故，《墨经》未言。故为一事之原因，"以说出故"，即以言语说出一事之原因，亦即以言语说明吾人所以持一辞之理由。所谓"说，所以明"也。此"说"应解为说知之说，即推论也。

立说之方法有七。《小取篇》云：

> 或也者，不尽也。假也者，今不然也。效也者，为之法也。所效者，所以为之法也。故中效则是也；不中效则非也。此效也。辟也者，举也物而以明之也。侔也者，比辞而俱行也。援也者，曰，子然，我奚独不可以然也。推也者，以其所不取之同于其所取者予之也。是犹谓也者同也，吾岂谓也者异也。（《墨子》卷十一，第10页）

"或也者，不尽也。"《经上》云："尽，莫不然也。"一类事物对于一性质，有时非"莫不然"。如马不必皆白。吾人于此只可谓马或白，不能谓马是白。有时吾人对于一事物之知识不完全，则对之亦只能作或然判断。如彼马是白，但吾人不知其果是白与否，亦只可谓彼马或白。

"假也者，今不然也。"吾人对于事物，可虚拟条件而断其在此条件下当有如何情形。如孔子曰："如有用我者，期月而已可矣；三年有成。""如有用我者"，非孔子为此言时之事实，乃孔子所虚拟之条件，所谓"今不然也"。

"效也者，为之法也。"法者，《经上》云：

> 法，所若而然也。（《墨子》卷十，第5页）《经说》云："法，意，规，圆，三也，俱可以为法。"（《墨子》卷十，第25页）

《经下》云：

> 一法者之相与也尽类（此类字依王校改），若方之相合也，说在方。（《墨子》卷十，第14页）《经说》云："一方尽类，俱有法而异，或木或石，不害其方之相合也。尽类犹方也。物俱然。"（《墨子》卷十，第51页）

法为公式，对于一类事物之公式，可适用于此一类之任何个体。如方物之类，有方木方石，木石虽异，然不害其为方也。引申之，凡仿效一物而能成类此之物，则所效者为"法"，而仿效所成之物为"效"。譬之为圆，或以意象中之圆，或以作圆之规，或以已成之圆，皆可为为圆之法。法定则效此法者皆成圆形。"故中效"之故，即上文"以说出故"之故。故即是成事之原因，立论之理由。欲知所出之故，是否为真故，是否为"有之必然，无之必不然"之故，莫如用此"故"作"法"，观其是否"中效"。"中效"者，谓效之而亦然也。能证明其为所若而然之法，然后知其即是"所得而后成"之故。故曰"故中效则是也，不中效则非也"（自"凡仿效一物"以下至此，选录胡适之先生《小取篇新诂》）。墨子谓"言有三表"。此所说与墨子所说之第三表相同，不过此不专就政治上社会上诸理论言耳。

"辟也者，举也物而以明之也"。孙诒让云："王云：'也与他同。举他物以明此物谓之譬。'《潜夫论·释难》篇云：'夫譬喻也者，生于直告之不明，故假物之然否以彰之。'（卷七，"四部丛刊"本，第5页）《荀子·非相》篇云：'谈说之术，分别以喻之，譬称以明之。'"（《荀子》卷三，"四部丛刊"本，第10页）

"侔也者，比辞而俱行也"。辟是以此物说明彼物，侔是以此辞比较彼辞。例如《公孙龙子·迹府篇》载公孙龙谓孔穿曰：

> 龙闻楚王……丧其弓，左右请求之，王曰："止。楚王遗弓，楚人得之，又何求乎？"仲尼闻之曰："……亦曰'人亡之，人得之'而已，何必楚？"若此仲尼异"楚人"于所谓"人"。夫是仲尼异"楚人"于所谓"人"，而非龙异"白马"于所谓"马"，悖。（《公孙龙子》卷上，双鉴楼缩印道藏六子本）

此即是"比辞而俱行"也。《小取篇》杀盗非杀人一段亦可作此例。

"援也者，曰子然，我奚独不可以然也。"援即今人所谓"援例"。上所引公孙龙之言，亦有援例之意。《小取篇》杀盗非杀人一段亦可作此例。

"推也者，以其所不取之同于其所取者予之也。是犹谓也者同也，吾岂谓也者异也。""也者同也"，"也者异也"，上两"也"字皆当作"他"字。譬如吾人谓凡人皆有死。人若询其理由，吾人当谓，因见过去之人皆死，现在之人及将来之人与过去之人同类，故可"推"知现在及将来之人，亦须死也。吾人已观察若干个体的事物，知其如此，遂以为凡与所已观察之诸例同类者，亦必如此。其所已观察之诸例，即是"其所取者"。其所未观察之同类事物，即是"其所不取"。因其"所不取"之事物与其"所取者"相同。故可下一断语，谓凡类此者皆如此。此即所谓"以类取，以类予"也（自"侔也者"至此，胡适之先生说）。

《大取篇》亦有所谓"语经"。"语经"者，言语之常经也（孙诒让说）。《大取篇》云：

> 语经……三物必具，然后足以生。……夫辞（此二字依孙校增）以故生，以理长，以类行者也。立辞而不明于其所生，妄（原作忘，依顾校改）也。今人非道无所行，唯有强股肱而不明于道，其困也可立而待也。夫辞以类行者也。立辞而不明于其类，则必困矣。（《墨子》卷十一，第3—8页）

此与《小取篇》所说大意相同，惜其详不可知矣。

第五节　《墨经》中"同异之辩"

辟、侔、援、推，四法皆就物之同点，以吾人对于所已知之物之知识，展至于吾人所未知之物。然物之同有多种；故此等论断，易陷于误谬。《小取篇》云：

> 夫物有以同而不率遂同。辞之侔也，有所至而正（孙诒让云："疑当作止。"）。其然也，有所以然也；其然也同，其所以然不必同。其取之也，有所以取之；其取之也同，其所以取之不必同。是故辟、侔、援、推之辞，行而异，转而危，远而失，流而离本，则不可不审也，不可常用也。故言多方，殊类，异故，则不可偏（孙诒让云："与遍同。"）观也。（《墨子》卷十一，第10页）

物之异亦常不同。《墨经》对于同异，有详细讨论。《经上》云：

> 同，异而俱于之一也。（《墨子》卷十，第6页）《经说》云："同（原：作侗）二人而俱见是楹也。"（《墨子》卷十，第21页）
> 同：重，体，合，类。（《墨子》卷十，第6页）《经说》云："同，二名一实，重同也。不外于兼，体同也。俱处于室，合同也。有以同，类同也。"（《墨子》卷十，第29页）
> 异：二，不体，不合，不类。（《墨子》卷十，第6页）《经说》云："异，二必（孙诒让云："读为毕，古通用。"）异，二也。不连属，不体也。不同所，不合也。不有同，不类也。"（《墨子》卷十，第29页）
> 同异交得，放有无。（《墨子》卷十，第6页）《经说》云："同异交得，于福家良恕，有无也。比度，多少也。免蚓还园，去就也。鸟折用桐，坚柔也。剑尤早，死生也。处室子，子母，长少也。两绝胜，白墨也。中央，旁也。论行行行学实，是非也。难宿，成未也。兄弟俱适也。身处志往，存亡也。霍为姓，故也。贾宜，贵贱也。"（《墨子》卷十，第29—30页）

此指出所谓同及异，均有四种。故谓此物与彼物同，彼物与此物同，其同同而所以同不必同也。如墨子与墨翟，二名俱指一实，是重同也。凡相"连属"者，如手足头目，同为一人之一体，是体同也。凡"同所"，"俱处于室"，即同在一处者，如同室之人，同在一室之中，是合同也。同类之物，皆有相同之性质，是类同也。异亦有四种。必先知所谓同物之同，果为何种之同；所谓异物之异，果为何种之异，然后方可对之有所推论而不致陷于误谬也。

此外不同类之物，有时亦可以同一名谓之。此亦吾人所应注意者也。《经下》云：

> 异类不吡，说在量。（《墨子》卷十，第9页）《经说》云："异，木与

夜孰长；智与粟孰多；爵，亲，行，价，四者孰贵。……"（《墨子》卷十，第34页）

木与夜为异类而均可以长短谓之，智与粟为异类而均可以多寡谓之，若因此而认为同类，"则必困矣"。

此即《墨经》中之"同异之辩"也。此"同异之辩"与"合同异"一派辩者之"同异之辩"，宗旨不同。此虽不必为驳彼而发，然依《墨经》之观点，则惠施与庄子"合同异"之说，实为误谬。惠施谓"万物毕同毕异"。盖因万物虽异，皆"有以同"；万物虽同，皆"有以异"也。然万物"有以同"，谓为类同可也。因此而即曰"万物一体"，是以类同为体同也，其误甚矣。异亦有四种。谓万物毕异，亦应指出其异为何种，不能混言之也。"同异交得"一节，《经说》不甚明了。其大要似谓诸事物皆可有相反的性质，如有无、多少、去就、坚柔、死生、长少、白黑、中央与旁、是非、存亡、贵贱等，要视吾人从何方面观察之耳。如一女子先为"处室女"，后为"子之母"，是一人而亦长亦少也。一人对其弟为兄，对其兄为弟，是一人而亦兄亦弟，所谓"兄弟俱适"也。一人可身在此而志在彼，所谓"身处志往。存亡也"。"合同异"一派之辩者，利用此点，遂谓"白狗黑"，"龟长于蛇"。实则白狗虽亦可谓为黑，龟亦可谓为长，蛇亦可谓为短，所谓黑白长短，虽无一定之标准，然在一辩论范围内，所谓黑白长短，须用同一之标准。如龟固亦可谓为长，但对于蛇则普通终为短也。惠施庄子之学，虽另有其立足点，然其所用以"合同异"之辩论，实可受上述之攻击也。

第六节　《墨经》中"坚白之辩"

辩者"合同异"，"离坚白"，《墨经》则主张离同异，合坚白。其离同异之说，已如上述。《经上》云：

坚白不相外也。（《墨子》卷十，第4页）《经说》云："得二，坚白（此白字据孙校补），异处不相盈，相非，是相外也。"（《墨子》卷十，第25页）

《经下》云：

坚白，说在因。(《墨子》卷十，第12页)《经说》云："坚得白，必相盈也。"(《墨子》卷十，第37页)

于一，有知焉有不知焉，说在存。(《墨子》卷十，第16页)《经说》云："于石一也，坚白二也，而在石，故有智焉有不智焉。可。"(《墨子》卷十，第44页)

不可偏去而二，说在见与俱，一与二，广与修(原作循，据俞校改)。(《墨子》卷十，第8页)《经说》云："见不见离，一二不相盈，广修坚白。"(《墨子》卷十，第34页)

此主张合坚白，即"坚白不相外"，以驳公孙龙"离坚白"，即坚白必相外之说也。《公孙龙子·坚白论》谓："视不得其所坚，而得其所白者，无坚也。拊不得其所白，而得其所坚。得其坚也，无白也。……得其白，得其坚，见与不见离，见不见离，一二(原作一一，依孙校改)不相盈，故离。"(《公孙龙子》卷下)此公孙龙就知识论证明坚与白为二独立的共相，上文已详(见第八章)。《坚白论》中又述难者之言曰："目不能坚，手不能白，不可谓无坚，不可谓无白。……坚白域于石，恶乎离？""石之白，石之坚，见与不见，二与三，若广修而相盈也，其非举乎？"(同上)《墨经》此处所说，正彼难者之言，以为坚白相盈，不相外，同在于石，所谓"存"也。吾人视石，得白不得坚；吾人拊石，得坚不得白；然此自是吾人之知与不知耳，非关石之有无坚与白也。坚一也，白二也，因见不见离，而谓一二不相盈。然见与不见，与石之有无坚白无关。坚白在石，实如广修之纵横相涵也。所谓"不可偏去而二"也。此驳公孙龙就知识论证明坚白为二之说。坚白若不在一处，如白雪中之白，与坚石中之坚，则"异处不相盈"，坚非白，白亦非坚，坚白"相非"，可谓为"相外"。若坚白石，则坚白俱"域于石"，合而同体，则坚内有白，白内有坚；《经说》上所谓"坚白之撄相尽"；所谓"无坚得白，必相盈也"，是"坚白不相外也"。此驳公孙龙就形上学证明坚白为二之说。[1]

《经下》云：

有指于二而不可逃，说在以二絫。(《墨子》卷十，第16页)《经说》云："有指，子智是，有(同又)智是吾所无(原作先，依孙校改)；举，

---

[1] 《经下》云："不坚白，说在无久与宇。"(《墨子》卷十，第11—12页)《经说》中无无久与宇之说。吾人可推想，此条系谓：若无时空，则亦无坚白。似驳公孙龙"天下未有若坚而坚藏"之说。

重。则子智是而不智吾所无（原亦作先）举也，是一谓，有智焉，有不智焉，可。若智之，则当指之（同此）智告我，则我智之。兼指之，以二也。衡指之，参直之也。若曰，必独指吾所举，毋指（原作举，依梁校改）吾所不举。则者（犹此也）固不能独指。所欲指（原作相，依孙校改）不传，意若未佼（原作校，依梁校改）。且其所智是也，所不智是也。则是智是之不智也。恶得为一谓，而有智焉，有不智焉？"（《墨子》卷十，第44—45页）

又云：

> 所知而弗能指，说在春也。（《墨子》卷十，第16页）《经说》曰："所，春也，其执固不可指也。"（《墨子》卷十，第45页）

此似系对于公孙龙所谓指之辩论。公孙龙所谓指，乃名之所指之共相（见第八章）。然名本一方面指共相，一方面指个体，如"坚"一方面指"坚"之共相，一方面指诸坚物。所谓"有指于二而不可逃"也。所谓"兼指之以二"也。公孙龙一派谓"一谓，有智焉，有不智焉，可"。一谓即一名，言共相时，吾人只知其名所指之共相，不知其所指之个体，所谓"必独指吾所举，毋指吾所不举"也。然《墨经》以为共相即在个体之中，共相不能独为名所指，名独指共相，则其义不备，所谓"此固不能独指，所欲指不传，意若未佼"也。故"恶得为一谓，而有智焉，有不智焉"？且名所专指之共相，能指而示人否？公孙龙一派之辩者，所说无所"与"之坚白，若果有，当指而示人。所谓"若智之，则当指之智告我，则我智之"也。然个体可指而示人，共相本可知而不可见者，不可指以示人；故《墨经》攻之曰："所指而弗能指，说在春也"。春，蠢也（邓高镜先生说）。公孙龙一派所说之共相，本不可指以示人；故曰："其执固不可指也"。公孙龙一派，对于共相之学说，为西洋古代哲学中所谓之实在论，而《墨经》则近于唯名论。[①]

《经下》云：

> 牛马之非牛，与可之，同；说在兼。（《墨子》卷十，第14页）《经说》云："故曰，牛马，非牛也，未可。牛马，牛也，未可。则或可或不可。而曰牛马，牛也，未可亦不可。且牛不二，马不二，而牛马二。则牛不非牛，

[①] "有指于二"一条，有数句不可解，"参直"，亦系《墨经》中专门名词。《经上》云："直参也"（《墨子》卷十，第2页）。惜无说。若有说，则此条意义或当更明显。

马不非马，而牛马非牛非马无难。"(《墨子》卷十，第52页)

此言若以"牛马"为一词，则谓"牛马"为牛不可。因"牛马"中之牛固是牛，而牛马中之马则非牛也。但谓"牛马"非牛亦不可，因"牛马"之中固有牛也。然"牛不二，马不二，而牛马二"，故牛固不可谓为非牛，马固不可谓为非马，而"牛马"则可谓为非牛非马也。此与公孙龙"白马非马"之说，有相同处。但公孙龙断言"白马非马"。此则言牛马，就一方面说，谓之非牛亦未可。盖公孙龙就共相，即名之内涵立论；此则就个体，即名之外延立论，此二派之观点本不同也。

《墨经》与公孙龙一派辩者，对于共相之问题，虽意见不同；然对于"正名实"之一点，则主张相合。《墨经下》"狂举不可以知异"(《墨子》卷十，第14页)一条，与《公孙龙子·通变论》中所谓狂举相合。《经下》又云：

彼（原作循）此；彼此，与彼此同，说在异。(《墨子》卷十，第14页)《经说》云："彼，正名者，彼此。彼此可，彼彼止于彼，此此止于此。彼此不可，彼且此也（孙云："疑当云，彼且此也，此亦且彼也。"）彼此亦可，彼此止于彼此，若是而彼此也，则彼亦且此此也。（孙云："疑当作，则彼亦且此，此亦且彼也。"）(《墨子》卷十，第53页)

此正名之主张，与公孙龙合。此条之文，亦与《公孙龙子·名实论》之文大致相同。若彼只为彼，此只为此，是正也。所谓"彼此可"也。若彼此之义不定，彼之义有时为此，此之义有时为彼，则不正。所谓"彼此不可"也。然即正名之后，彼此之名之意义虽定，而彼此之名所指之物则不必一定不移。自一方面观之，此物为彼；自又一方面观之，彼物为此。此以彼为彼，彼亦以此为彼。盖彼此本为对待之名也。此所谓"彼此亦可"也。《庄子·齐物论》之论"彼是"，即依此点以立论。《齐物论》曰："物无非彼；物无非是。……故曰：'彼出于是，是亦因彼。彼是方生之说也。'"(《庄子》卷一，第27页)专就物之个体言，诸物固互相彼此；其为彼此，固不一定。然彼此之共相，固常确定不移，彼此之名之意义，固亦可使之确定不移也。使彼此之名之意义，确定不移，即正名之事也。

第七节　《墨经》对于其他辩者之辩论

《经下》云：

> 火（原作必，依孙校改）热，说在顿。（《墨子》卷十，第9页）《经说》云："火，谓火热也，非以火之热我有。若视白（原作曰，依梁校改）。"（《墨子》卷十，第47页）

此似为驳当时辩者"火不热"之说。火不热之说，亦可有一知识论的论据，以为火之热，乃由于吾人之感觉；热是主观的，在我而不在火。此谓火热乃火之热，其热在火而不在我。若视白，白亦在白物而不在我也。

《经下》云：

> 非半不斱则不动，说在端。（《墨子》卷十，第13页）《经说》云："非，斱半，进前取也。前，则中无为半，犹端也。前后取，则端中也。斱必半，毋与非半，不可斱也。"（《墨子》卷十，第50页）

此驳当时辩者"一尺之捶，日取其半，万世不竭"之说也。端，点也。《经上》云："端，体之无厚（原作序，依王校改）而最前者也。"（《墨子》卷十，第3页）其说云："端，是无间（原作同，依梁校改）也。"（《墨子》卷十，第24页）言端至小极微，故其中无间而不可分析也。"一尺之捶，日取其半"，取之不已，至所余者为不可复分之一点，则不可斱半而取之矣。凡可斱者，必其可分为半者也。若无半与非半，则俱不可斱也。此亦就具体的个体言之。

《经下》云：

> 可无也，有之而不可去，说在尝然。（《墨子》卷十，第13页）《经说》云："可无也，已然（原作给，依孙校改）则尝然（原作当给，依孙校改），不可无也。"（《墨子》卷十，第51页）

言天下之事物，若其未有，本亦可无。但既已尝有之事物，则即永为尝有，不可去也。此条虽非必即以驳当时辩者"孤犊未尝有母"之说，然实可与彼参看。

盖就孤犊之个体言,若始即无母,此个体何来?若果昔有母,虽今无母,亦不可谓其未尝有母也。

《经下》云:

> 行修(原作循,依张校改)以久,说在先后。(《墨子》卷十,第14页)《经说》云:"行者,行者必先近而后远。远近,修也。先后,久也。民行修,必以久也。"(《墨子》卷十,第51页)

此言行远必经时间,可与辩者"今日适越而昔至"之说参看。①

第八节 《墨经》对于兼爱之说之辩护

后来墨家对于"辩"如此讲究,故当时之批评墨家兼爱之说者,墨家皆以辩驳之。就《经》及《小取》等篇观之,当时对于墨家兼爱之说,有二种批评。一为"无穷害兼",谓天下之人无穷,如何能尽爱之?一为"杀盗即杀人",谓墨家既主兼爱,何以又主罚有罪者。墨家对于此二说俱有辩护。《经下》云:

> 无穷不害兼,说在盈否。(《墨子》卷十,第15页)《经说》云:"无,南者有穷则可尽,无穷则不可尽,有穷无穷未可知,则可尽不可尽不可尽(毕云:"此三字疑衍。")未可知。人之盈之否未可知,而必人可尽不可尽亦未可知,而必人之可尽爱也,悖。人若不盈无(原作先,依孙校改)穷,则人有穷也。尽有穷无难。盈无穷,则无穷尽也。尽有穷,无难。"(《墨子》卷十,第55页)

> 不知其数,而知其尽也,说在问(原作明,依孙校改)者。(《墨子》卷十,第15页)《经说》云:"不,不(邓高镜先生云:"旧作二,即不字。"此"二"是重复号,重上"不"字)智其数,恶智爱民之尽之(旧作

---

① 《经下》云:"景不徙,说在改为。"(《墨子》卷十,第12页)《经说》云:"景,光至景亡。若在,尽古息。"(《墨子》卷十,第37页)说者皆以为此即《庄子·天下篇》"飞鸟之影,未尝动也"之意。其实《天下篇》所说,乃"飞鸟之影",此则但为影。谓飞鸟之影不动,乃与常识相违之说;谓"景不徙"则否。譬如一日规上指午时之影,吾人皆知其为非指巳时之影。何者?生此影之针不动,故其影亦不动。指巳时之影,因光至而亡。指午时之影,乃新生之影也。指巳时之影,若在,当尽古停留,因其本为一不动之影也。若"飞鸟之景",本为动影,故与此绝不相同。

文）也？或者遗乎其问也，尽问人则尽爱其所问。若不智其数而智爱之尽之也，无难。"（《墨子》卷十，第55页）

逃臣狗犬，遗（原作贵，依孙校改）者不知其所处，不害爱之，说在丧子者。（《墨子》卷十，第15—16页）《经说》云："逃臣不智其处，狗犬不智其名也，遗者巧，弗能两也。"（《墨子》卷十，第45页）

又，《小取》云：

爱人，待周爱人，而后为爱人；不爱人，不待周不爱人，不周爱，因为不爱人矣。乘马，不待周乘马，然后为乘马也。有乘于马，因为乘马矣。逮至不乘马，待周不乘马，而后为不乘马。此一周一不周者也。（《墨子》卷十一）

此答"无穷害兼"之说也。难者曰：南方有穷，则可尽，无穷则不可尽，有穷无穷，尚不可知，则可尽不可尽，更不可知，而子必人之可尽爱，岂不悖哉？答曰：彼无穷之南方，人不能盈满，是人数有穷矣。人数既有穷，尽爱之何难？人若竟能盈满此无穷之南方，则无穷有时而尽矣。地既有穷，尽爱人何难？难者曰：子不知其人数，焉知爱民之尽之耶？答曰：如有疑惑者，尽问人，必尽爱其所问。虽遗其所问之数，又何害哉？难者又谓：不知尽人之所处，又焉能尽爱之。答曰："不知其所处，不害爱之。"譬如逃臣狗犬，其遗失者，既不知其何在，又不知其今改何名，借使巧求，弗能两合。此正如失子者，其父虽不知子之所在，而不害爱之也（"难者曰，南方有穷"以下，邓高镜先生说）。

《小取篇》云：

白马，马也。乘白马，乘马也。骊马，马也。乘骊马，乘马也。获，人也。爱获，爱人也。臧，人也。爱臧，爱人也。此乃是而然者也。获之亲，人也。获事其亲，非事人也。其弟，美人也。爱弟，非爱美人也。车，木也。乘车，非乘木也。船，木也。入船，非入（原入字皆作人，依苏时学校改）木也。盗人，人也。多盗，非多人也。无盗，非无人也。奚以明之？恶多盗，非恶多人也。欲无盗，非欲无人也。世相与共是之，若若是，则虽盗人，人也；爱盗，非爱人也；不爱盗，非不爱人也；杀盗人，非杀人也；无难（原衍盗无难三字，依孙校改）矣。此与彼同类，世有彼而不自非也。墨者有此而非之，无也（即他字）故焉。所谓内胶外闭与？心毋空乎内，

胶而不解也。此乃是而不然者也。(《墨子》卷十一，第11—12页)

此证明杀盗为非杀人。故杀盗无害于兼爱人也。当时驳墨家非命之说之言，《小取篇》下文亦有反驳之辞，不具引。

第九节　对于当时其余诸家之辩论

此外《墨经》中尚有许多论证，似为墨家以"辩"攻击当时其余诸家者，兹分述之。《经下》云：

> 在诸其所然未者（同诸）然，说在于是推之。(《墨子》卷十，第12页)《经说》云："在，尧善治，自今在诸古也，自古在之（同诸）今，则尧不能治也。"(《墨子》卷十，第37页)
>
> 尧之义也，生于今而处于古而异时。说在所义二(《墨子》卷十，第10页)。《经说》云："尧霍，或以名视（借为示）人，或以实视人。举友富商也，是以名视人也。指是霍也，是以实视人也。尧之义也，是声也于今；所义之实处于古。"(《墨子》卷十，第48页)

此驳儒家祖述尧舜之说也。如尧善治天下，自今言在诸古也。若自古言在诸今，则尧未必能治也。盖治天下之所以然不同也（"如尧善治天下"以下，邓高镜先生说）。《经下》云：

> 物之所以然，与所以知之，与所以使人知之，不必同。说在病。(《墨子》卷十，第9页)《经说》云："物或伤之，然也。见之，智也。告之，使智也。"(《墨子》卷十，第35页)

盖儒家所说尧治天下之所以然，自是儒家之所知耳，未必果真即尧治天下之所以然也。"尧之义也"一条，谓：义，善也。尧之义名生于今，所以之实乃在于古。古今异时，则知义名义实必二也。如举某友富商，是以名示人。如指此是霍某，是以实示人。称尧善名在于今，而其善实在于古，名实何得为一耶（义善也以下，邓高镜先生说）。盖谓儒家所与尧之义名，未必即合于尧之义实也。

《经下》云：

> 仁义之为外内也，非（旧作内，从孙校改），说在仵颜（颜字有误。孙云："当作䫉。《吕氏春秋·明理篇》云：'其民䫉䫈。'高注云：'䫉犹大，䫈逆也。'"）（《墨子》卷十，第15—16页）。《经说》云："仁，仁爱也。义，利也。爱利，此也。所爱所利，彼也。爱利不相为内外；所爱利亦不相为外内。其为（谓也）仁内也，义外也，举爱与所利也，是狂举也。若左目出，右目入。"（《墨子》卷十，第55—56页）

仁内义外为告子一派之说（见第七章）。《管子·戒篇》亦云："仁从中出；义从外作。"（《管子》卷十，"四部丛刊"本，第1页）此谓能爱能利者，我也。所爱所利者，彼也。能爱能利俱内，不能谓能爱为内，能利为外。所爱所利俱外，亦不能谓所爱为内，所利为外。今谓仁内义外者，于爱则举能，于利则举所。是犹谓左目司出，而右目司入也，非狂举而何？（"能爱能利者我也"以下，邓高镜先生说）

《经下》云：

> 五行毋常胜，说在宜。（《墨子》卷十，第8页）《经说》云："五，金（旧作合）水土火木（旧作火）。离然火铄金，火多也。金靡炭，金多也。金之府（同腐）木，木离水。"（此条据邓高镜先生校。《墨子》卷十，第46页）

此驳驺衍等阴阳五行家之说也。金木水火土，多者胜少者，何胜之有？此亦就具体的金木水火土说。

《经下》云：

> 学之益也，说在诽者。（《墨子》卷十，第16页）《经说》云："学也，以为不知学之无益也，故告之也。是使智学之无益也，是教也。以学为无益也，教悖。"（《墨子》卷十，第56页）
>
> 无不必待有，说在所谓。（《墨子》卷十，第9页）《经说》云："无，若无马（原作焉，依孙校改），则有之而后无。无天陷，则无之而无。"（《墨子》卷十，第47—48页）

此驳《老子》之说也。《老子》谓"绝学无忧"（《老子》二十章），以学为无益。然既以学为无益，又何必以学无益为教。有教必有学，是仍谓学有益也。

《老子》又谓"有无相生"(《老子》二章),此所谓"无不必待有"。如云"无马"之"无",有待于有,因世界必有马,然后可言"无马"也。若言"无天陷"之无,则不必待有,因不必真有天陷之事,而后可言"无天陷"也。

《经下》云:

谓辩无胜,必不当。说在辩。(《墨子》卷十,第15页)《经说》云:"谓,所谓,非同也,则异也。同则或谓之狗,其或谓之犬也。异则或谓之牛,牛(孙诒让云:"疑当为其")或谓之马也。俱无胜,是不辩也。辩也者,或谓之是,或谓之非。当者,胜也。"(《墨子》卷十,第44页)

以言为尽悖,悖。说在其言。(《墨子》卷十,第15页)《经说》云:"以悖,不可也。之人(原作出入,依孙校改)之言可,是不悖,则是有可也。之人之言不可,以当,必不审。"(《墨子》卷十,第54页)

知知之否之是同(原作足用,依伍非百校改)也,悖(原作谆,依张校改),说在无以也。(《墨子》卷十,第15页)《经说》云:"智,论之,非智无以也。"(《墨子》卷十,第44页)

非诽者悖(原作谆,依张校改),说在弗非。(《墨子》卷十,第16页)《经说》云:"非(原作不,依孙校改)诽,非己之非也。不非诽,非可非也。不可非也,是不非诽也。"(《墨子》卷十,第56页)

此皆驳庄子之说也。庄子之学,以为一切事物及人之意见,万有不齐。若必执一以为是,则究竟以何者为是?若不执一以为是,则皆是也。故因其自尔,"和之以天倪,因之以曼衍,忘年忘义,振于无竟,故寓诸无竟"。自其积极方面观之,彼主张不废是非而超过之。自其消极方面观之,则惟见彼之不执一以为是,主张"辩无胜"及"知之否之是同"而已。《齐物论》曰:"辩也者,有不见也","大辩不言","言辩而不及"。若专即此等处观之,则庄子以"言为尽悖",以人之互相诽为非,即所谓"非诽"也。《墨经》主张人所是非不同则辩,辩则当者胜。上文已详。又以为"以言为尽悖"之言,是悖言也。盖若此言为是,则至少此言非悖,何得谓"言尽悖"?若此言为非,则言仍非尽悖也。"知之否之是同也",亦悖言也。盖此言即代表一知,此知不同于不知。此言即是一论;有知则可论,无知则无以论也。以言为非之言,即是一诽。以诽为非者,是亦以己为非也。若不以己之诽为非,是诽"非可诽也"。

第十二章　荀子及儒家中之荀学

第一节　荀子之为学

荀子，名况，字卿，《史记》曰：

> 荀卿，赵人，年五十，始来游学于齐。……田骈之属皆已死，齐襄王时，而荀卿最为老师。齐尚修列大夫之缺，而荀卿三为祭酒焉。齐人或谗荀卿。荀卿乃适楚，而春申君以为兰陵令。春申君死而荀卿废，因家兰陵。李斯尝为弟子，已而相秦。荀卿嫉浊世之政，亡国乱君相属，不遂大道，而营于巫祝，信机祥。鄙儒小拘，如庄周等，又滑稽乱俗。于是推儒墨道德之行事兴坏，序列著数万言而卒，因葬兰陵。(《孟子·荀卿列传》，《史记》卷七十四，同"文影殿刊"本，第5页)

当时人"营于巫祝，信机祥"。盖所谓阴阳家者说，已为当时之显学矣。孟子以后，儒者无杰出之士。至荀卿而儒家壁垒，始又一新。上文谓中国哲学家中，荀子最善于批评哲学。西汉经师，亦多得荀子传授。盖其用力甚勤，学问极博。《荀子·劝学篇》曰：

> 百发失一，不足为善射；千里蹞步不至，不足谓善御。伦类不通，仁义不一，不足谓善学。学也者，固学一之也。……全之尽之，然后学者也。君子知夫不全不粹之不足以为美也，故诵数以贯之，思索以通之，为其人以处之。(《荀子》卷一，"四部丛刊"本，第14—15页)

此荀子所以教人，亦即荀子自己为学之精神也。

汪中作《荀卿子年表》，起赵惠文王元年（公元前298年），迄赵悼襄王七年（公元前238年）云："凡六十年，庶论世之君子，得其梗概云尔。"（《述学》补遗，"四部丛刊"本，第13页）荀子生卒年不可考；然其一生之重要活动，则大约在此六十年中也。

第二节　荀子对于孔子、孟子之意见

孟子尊孔子；荀子亦尊孔子。荀子以为孔子，乃最能"全"能"尽"能"粹"者。《非十二子篇》曰：

> 若夫总方略，齐言行，壹统类，而群天下之英杰，而告之以大古，教之以至顺。奥窔之间，簟席之上，敛然圣王之文章具焉，佛然平世之俗起焉。……仲尼子弓是也。（《荀子》卷三，第15页）

《解蔽篇》曰：

> 夫道者，体常而尽变，一隅不足以举之。曲知之人，观于道之一隅，而未之能识也，故以为足而饰之，内以自乱，外以惑人，上以蔽下，下以蔽上，此蔽塞之祸也。孔子仁智且不蔽，故学乱术足以为先王者也。一家得周道，举而用之，不蔽于成积也。故德与周公齐，名与三王并，此不蔽之福也。《荀子》卷十五，第5—6页）

荀子以为当时诸家，皆有所见而同时亦有所蔽（见第一章第五节），盖皆不"全"不"尽"不"粹"者也。孔子"仁智且不蔽"，知"道"之全体，故异于"曲知之士"之只"观于道之一隅"也。孟子谓孔子为"集大成"，荀子所说亦此意。不过孟子较注重于孔子之德，荀子则较注重于孔子之学耳。荀子虽宗孔子，而对于孟子，则攻击甚力。《非十二子篇》曰：

> 略法先王而不知其统，然而犹材剧志大，闻见杂博，案往旧造说，谓之五行，甚僻违而无类，幽隐而无说，闭约而无解，案饰其词，而祗敬之，曰，此真先君子之言也。子思唱之，孟轲和之。世俗之沟犹瞀儒，谨谨然不知其非也，遂受而传之，以为仲尼子游，为兹厚于后世。是则子思、孟轲之罪也。（《荀子》卷三，第14—15页）

西人谓人或生而为柏拉图，或生而为亚力士多德。詹姆士谓：哲学家，可依其气质，分为硬心的及软心的两派（见第一章第六节）。柏拉图即软心派之代表；亚里士多德即硬心派之代表也。孟子乃软心的哲学家，其哲学有唯心论的倾向。荀子为硬心的哲学家，其哲学有唯物论的倾向。今所传《中庸》，未必全为子思所作。即孟子观之，如尽性则知天，及"万物皆备于我"之言，由荀子之近于唯物论的观点视之，诚为"僻违而无类，幽隐而无说，闭约而无解"也。荀子攻孟子，盖二人之气质学说，本不同也。战国时儒家中有孟荀二学派之争，亦犹宋明时代新儒家中有程朱、陆王二学派之争也。

第三节　荀子对于周制之意见

荀子对于周制，自一方面言，亦持拥护态度。《王制篇》曰：

> 王者之制，道不过三代，法不贰后王。道过三代谓之荡；法贰后王谓之不雅。衣服有制；宫室有度；人徒有数；丧祭械用皆有等宜。声则凡非雅声者举废；色则凡非旧文者举息；械用则凡非旧器者举毁。夫是之谓复古，是王者之制也。（《荀子》卷五，第8—9页）

后王之法，即指周道。《非相篇》曰：

> 人道莫不有辨，辨莫大于分，分莫大于礼，礼莫大于圣王。圣王有百，吾孰法焉？故曰，文久而息，节族久而绝，守法数之有司，极礼（俞樾云："疑礼字衍文。"）而褫。故曰，欲观圣王之迹，则于其粲然者矣，后王是也。彼后王者，天下之君也，舍后王而道上古，譬之是犹舍己之君而事人之君也。故曰，欲观千岁，则数今日；欲知亿万，则审一二；欲知上世，则审周道，欲知周道，则审其人，所贵君子。（《荀子》卷三，第6页）

孟、荀皆尊崇孔子，自一方面言，亦皆拥护周制。荀子言法后王；孟子言法先王，其实一也。

荀子所以以"周道"为后王之法者，本书上文谓当春秋战国之时，旧制度日即崩坏。当时贤哲有拥护旧制度者，有批评或反对旧制度者，有欲另立新制度，以替代旧制度者（第二章第二节）。此诸贤哲于发表其主张之时，一方面言之有故，持之成理，一方面又各托为古贤圣之言以自重，庄子所谓重言是也。孔子拥护周制，故常言及文王、周公。墨子继起，自以为法夏而不法周，特抬出一较古之禹以压文王、周公。孟子继起，又抬出更古之尧、舜以压禹。老、庄之徒继起，则又抬出传说中尧、舜以前之人物，以压尧、舜。在孟子时，文王、周公尚可谓为先王，"周道"尚可谓为"先王之法"。至荀子时，则文王、周公只可谓为后王，"周道"只可谓为后王之法矣。

当时老、庄之徒，谓古今时势大异，故周制不可复行。《庄子·天运篇》曰：

> 夫水行莫如用舟，而陆行莫如用车。以舟之可行于水也，而求推之于陆，则没世不行寻常。古今非水陆与？周、鲁非舟车与？今蕲行周于鲁，是犹推舟于陆也。劳而无功，身必有殃。（《庄子》卷五，"四部丛刊"本，第42页）

荀子曰：

> 故千人万人之情，一人之情是也。天地始者，今日是也。百王之道，后王是也。君子审后王之道，而论于百王之前，若端拜而议。推礼义之统，分是非之分，总天下之要，治海内之众，若使一人。故操弥约而事弥大。五寸之矩，尽天下之方也。故君子不下室堂，而海内之情举积此者，则操术然也。（《不苟篇》，《荀子》卷二，第7—8页）

又曰：

> 夫妄人曰，古今异情，其以治乱者异道，而众人惑焉。彼众人者，愚而无说，陋而无度者也。其所见焉，犹可欺也，而况于千世之传也。妄人者，门庭之间，犹可诬欺也，而况于千世之上乎。圣人何以不欺？曰，圣人者，以己度者也。故以人度人，以情度情，以类度类，以说度功，以道观尽。古今一度也，类不悖，虽久同理。故乡乎邪曲而不迷，观乎杂物而不惑，以此度也。（《非相篇》，《荀子》卷三，第7页）

所谓妄人即如《天运篇》作者之人也。"天地始者，今日是也"。今日之天地，犹是昔日之天地。今日之人类，犹是昔日之人类。"类不悖，虽久同理"，周制何以不可复行也？

第四节　天及性

孔子所言之天为主宰之天；孟子所言之天，有时为主宰之天，有时为运命之天，有时为义理之天；荀子所言之天，则为自然之天，此盖亦由于《老》庄之影响也。《庄子·天运篇》谓天地日月之运行，"其有机缄而不得已"，"其运转而不能自止"，即持自然主义的宇宙观者之言也。荀子之宇宙观，亦为自然主义的。荀子曰：

> 天行有常，不为尧存，不为桀亡。应之以治则吉，应之以乱则凶。……故明于天人之分，则可谓至人矣。不为而成，不求而得，夫是之谓天职。如是者，虽深，其人不加虑焉。虽大，不加能焉。虽精，不加察焉。夫是之谓不与天争职。天有其时，地有其财，人有其治，夫是之谓能参。舍其所以参，而愿其所参，则惑矣。列星随旋，日月递炤，四时代御，阴阳大化，风雨博施。万物各得其和以生，各得其养以成。不见其事，而见其功，夫是之谓神。皆知其所以成，莫知其无形，夫是之谓天。唯圣人为不求知天。（《天论篇》，《荀子》卷十一，第15—17页）

"列星随旋，日月递炤"，皆自然之运行；其所以然之故，圣人不求知之也。"不求知天"，而但尽人力以"自求多福"。人力能"自求多福"，"能治天时地财而用之"（杨倞注语），此人之所以能与天地参也。故曰：

> 大天而思之，孰与物畜而制之。从天而颂之，孰与制天命而用之。望时而待之，孰与应时而使之。因物而多之，孰与骋能而化之。思物而物之，孰与理物而勿失之也。愿于物之所以生，孰与有物之所以成。故错人而思天，则失万物之情。（《天论篇》，《荀子》卷十一，第23页）

此所谓"治天时地财而用之"也。

孟子言义理之天，以性为天之部分，此孟子言性善之形上学的根据也。荀子所言之天，是自然之天，其中并无道德的原理，与孟子异。其言性亦与孟子正相反对，《性恶篇》曰：

> 人之性恶，其善者伪也。（《荀子》卷十七，第1页）

所谓性及伪者，《性恶篇》曰：

> 不可学，不可事，而在人者谓之性。可学而能，可事而成之在人者，谓之伪。是性伪之分也。（《荀子》卷十七，第3页）

又曰：

> 性者，本始材朴也；伪者，文礼隆盛也。无性则伪之无所加；无伪则性不能自美。（《礼论篇》，《荀子》卷十三，第15—16页）

"生之所以然者谓之性"（《正名篇》，《荀子》卷十六，第1页），性乃属于天者。天既自有其"常"，其中无理想、无道德的原理，则性中亦不能有道德的原理。道德乃人为的，即所谓伪也。《性恶篇》曰：

> 今人之性，生而有好利焉，顺是故争夺生，而辞让亡焉。生而有疾恶焉，顺是故残贼生，而忠信亡焉。生而有耳目之欲，有好声色焉，顺是故淫乱生而礼义文理亡焉。然则从人之性，顺人之情，必出于争夺，合于犯分乱理，而归于暴。故必将有师法之化，礼义之道，然后出于辞让，合于文理，而归于治。用此观之，然则人性恶明矣，其善者伪也。（《荀子》卷十七，第1页）

人性虽恶，而人人可以为善。《性恶篇》曰：

> 涂之人可以为禹，曷谓也？曰：凡禹之所以为禹者，以其为仁义法正也。然则仁义法正，有可知可能之理。然而涂之人也，皆有可以知仁义法正之质，皆有可以能仁义法正之具，然则其可以为禹明矣。……今使涂之人，伏术为学，专心一志，思索孰察，加日县久，积善而不息，则通于神明，参于天地矣。故圣人者，人之所积而致矣。（《荀子》卷十七，第10—11页）

陈澧曰："戴东原曰：'此与性善之说，不惟不相悖，而且若相发明。'（《孟子字义疏证》）澧谓涂之人可以为禹，即孟子所谓人皆可以为尧舜，但改尧舜为禹耳。如此则何必自立一说乎？"（《东塾读书记》卷三，第2页）然荀子以为人皆有可以知仁义法正之质，能仁义法正之具，孟子则以为人即有仁义法正。孟子所谓性善，乃谓人性中本有善端，人即此善端，"扩而充之"，即为尧舜。荀子谓人之性恶，乃谓人性中本无善端。非但无善端，且有恶端。但人性中虽无善端，人却有相当之聪明才力。人有此才力，若告之以"父子之义"，"君臣之正"，则亦可学而能之。积学既久，成为习惯，圣即可积而致也。荀子曰：

> 涂之人百姓，积善而全尽，谓之圣人。彼求之而后得，为之而后成，积之而后高，尽之而后圣。故圣人也者，人之所积也。人积耨耕而为农夫，积斲削而为工匠，积反（同贩）货而为商贾，积礼义而为君子。（《儒效篇》，《荀子》卷四，第20页）

涂之人"皆有可以知仁义法正之质，皆有可以能仁义法正之具"，乃就人之聪明才力方面说，非谓人原有道德的性质也。人之积礼义而为君子，与其积耨耕而为农夫等同，盖皆知识习惯方面事也。孟子言人之所以异于禽兽者，在人有是非之心等善端。荀子则以为人所以异于禽兽者，在于人之有优秀的聪明才力。故荀子性恶之说，实与孟子性善之说不同也。

第五节　荀子之心理学

此点观荀子之心理学，更可了然。《荀子·正名篇》曰：

> 生之所以然者谓之性。性（王先谦云："当作生。"）之和所生，精合感应，不事而自然，谓之性。性之好恶喜怒哀乐，谓之情。情然而心为之择，谓之虑。心虑而能为之动，谓之伪。虑积焉，能习焉，而后成，谓之伪。正利而为谓之事。正义而为谓之行。所以知之在人者谓之知。知有所合谓之智。智（卢文弨云："智字衍。"）所以能之在人者谓之能。能有所合谓之能。性伤谓之病。节遇谓之命。（《荀子》卷十六，第1—2页）

又曰：

> 凡语治而待去欲者，无以道欲，而困于有欲者也。凡语治而待寡欲者，

无以节欲，而因于多欲者也。……欲不待可得，而求者从所可。欲不待可得，所受乎天也。求者从所可，所受乎心也（"所"字据俞樾校说补）。天性有欲，心为之制节（此九字据久保爱所据宋本增）。……人之所欲生甚矣，人之所恶死甚矣。然而人有从生成死者，非不欲生而欲死也，不可以生而可以死也。故欲过之而动不及，心止之也。……欲不及而动过之，心使之也。……性者，天之就也。情者，性之质也。欲者，情之应也。以所欲为可得而求之，情之所必不免也。以为可而道之，知所必出也。……凡人之取也，所欲未尝粹而来也。其去也，所恶未尝粹而往也。故人无动而不可以不与权俱。衡不正，则重县于仰，而人以为轻。轻县于俯，而人以为重。此人所以惑于轻重也。权不正，则祸托于欲，而人以为福。福托于恶，而人以为祸。此亦人所以惑于祸福也。道者，古今之正权也。离道而内自择，则不知祸福之所托。易者以一易一，人曰无得亦无丧也。以一易两，人曰无丧而有得也。以两易一，人曰无得而有丧也。计者取所多，谋者从所可。以两易一，人莫之为，明其数也。从道而出，犹以一易两也，奚丧？离道而内自择，是犹以两易一也，奚得？（《荀子》卷十六，第13—17页）

人有情欲，又有心，欲不必去，只以心节之可矣。心能"虑""知"而节欲。心之所以节欲者，心知纵欲而行，必将得人所不欲之结果也。人之所欲者，往往与人之所恶者相关连；所恶者往往与所欲者相关连。"凡人之取也，所欲未尝粹而来也；其去也，所恶未尝粹而往也"。故人于去取之际，必以心之虑知，权衡各方面之利害，而不致"惑于祸福"。"道者，古今之正权"也。此道即所谓"道者，非天之道，非地之道，人之所以道也"。（《儒效篇》，《荀子》卷四，第5页）"礼仪文理"，"仁义法正"皆"人之所以道也"。皆所以使人得遂其生，得遂其欲者也。《解蔽篇》曰：

圣人知心术之患，见蔽塞之祸，故无欲无恶，无始无终，无近无远，无博无浅，无古无今，兼陈万物，而中县衡焉。是故众异不得相蔽以乱其伦也。何谓衡？曰，道。……人何以知道？曰，心。心何以知？曰，虚壹而静。心未尝不臧也，然而有所谓虚。心未尝不满也，然而有所谓一。心未尝不动也，然而有所谓静。人生而有知，知而有志；志也者，臧也；然而有所谓虚。不以所已臧害所将受，谓之虚。心生而有知，知而有异；异也者，同时兼知之；同时兼知之，两也；然而有所谓一。不以夫一害此一，谓之壹。心卧则梦，偷则自行，使之则谋，故心未尝不动也；然而有所谓静。不以梦剧乱知谓之静。未得道而求道者，谓之虚壹而静，作之则。将须道者虚之，虚则入。将事道者壹之，壹则尽。将思道者静之，静则察。（自"未得道"以下至此，据胡适之先生校）知道察，知道行，体道者也。虚壹而静，谓之大清明。万物莫形而不见，莫见而不论；莫论而失位。……夫恶有蔽矣哉？（《荀子》卷十五，第6—9页）

总观以上所引，可见在荀子之心理学中，只有能虑能知之心，及有求而须满足之情欲。心节情欲，立"权""衡"以于"利之中取大；害之中取小"焉。荀子学说在此方面，盖与墨家之功利主义完全相同矣[①]。心何以知道？"曰，虚壹而静。"虚静乃《老》庄所常用之名词。《老子》言："致虚极，守静笃。"（《老子》十六章）《庄子·天道篇》曰：

圣人之静也，非曰静也善，故静也。万物无足以铙心者，故静也。水静则明烛须眉，平中准，大匠取法焉。水静犹明，而况精神。圣人之心静乎！天地之鉴也，万物之镜也。夫虚静恬淡，寂漠无为者，天地之平，而道德之至，故帝王圣人休焉。休则虚，虚则实，实则伦矣。虚则静，静则动，动则得矣。静则无为，无为也，则任事者责矣。无为则俞俞，俞俞者，忧患不能处，年寿长矣。（《庄子》卷五，第22页）

荀子亦讲静虚。但谓心之虚，乃"不以所已臧害所将受"；心之静，乃"不以梦剧乱知"。心之主要功用为知虑，"使之则谋"。"梦剧"者，"偷则自行"之随便胡思乱想也。不使胡思乱想妨碍知谋，即是静也。故荀子虽讲静虚，但不以庄子所说"至人之用心若镜"，为心之静虚状态。此荀子采《老》庄之说，而加以修正变化也。

荀子亦言诚。《荀子·不苟篇》曰：

君子养心莫善于诚，至诚则无它事矣。唯仁之为守，唯义之为行。诚心守仁则形，形则神，神则能化矣。诚心行义则理，理则明，明则能变矣。变化代兴，谓之天德。天不言而人推高焉，地不言而人推厚焉，四时不言而百姓期焉。夫此有常以至其诚者也。君子至德，嘿然而喻，未施而亲，不怒而威。夫此顺命以慎其独者也。善之为道者，不诚则不独，不独则不形，不形

[①] 荀子哲学中，亦有功利主义，故其驳墨子亦多就功利主义立论，观《富国篇》及《礼论篇》中驳墨子之言可见。此亦孟荀异点之一也。

则虽作于心，见于色，出于言，民犹若未从也。虽从必疑。天地为大矣，不诚则不能化万物。圣人为知矣，不诚则不能化万民。父子为亲矣，不诚则疏。君上为尊矣，不诚则卑。夫诚者，君子之所守也，而政事之本也。唯所居以其类至，操之则得之，舍之则失之。操而得之则轻，轻则独行。独行而不舍，则济矣。济而材尽，长迁而不反其初，则化矣。（《荀子》卷二，第6—7页）

"诚"有真实之意，"独"有专一之意。人若能对于一事物真实求之，自能对于其事物，专一求之。能"诚心守仁"，"诚心行义"，则自能"唯仁之为守，唯义之为行"。所谓"至诚则无它事矣"。如此则自有显著之结果可得，所谓"形""神""化""理""明""变"，皆"守仁""行义"之结果之表现于外者也。若对于一事物不能真实求之，则亦不能对于其事物专一求之。若不能专一求之，则自亦无显著之结果可得，所谓"不诚则不独，不独则不形"也。人对于仁义必"独行而不舍"，乃能有济。盖道德仁义，本人性中所无有。其学之也，乃化性起伪，如逆水之行舟。故非专精极勤，不能使性化于道德仁义。性化于道德仁义，即习惯于道德仁义。而道德仁义，亦即成人之第二天性。所谓"长迁而不反其初，则化矣"。主性善者教人复其初，主性恶者教人"长迁而不反其初"。此孟、荀之不同也。

第六节　社会国家之起源

荀子曰："人之欲善者，其性恶也。"黄百家驳之云："如果性恶，安有欲为善之心乎？"（《宋元学案》卷一）观以上所说，亦可知黄百家此驳，不足以难荀子。所谓善者，礼仪文理也，仁义法正也，人本不欲此，不过不得不欲此耳。荀子曰：

> 万物同宇而异体，无宜而有用为（同于）人，数也。人伦并处，同求而异道，同欲而异知，生也。皆有可也，知愚同。所可异也，知愚分。势同而知异，行私而无祸，纵欲而不穷，则民心奋而不可说也。……无君以制臣，无上以制下，天下害生纵欲，欲恶同物，欲多而物寡，寡则必争矣。故百技所成，所以养一人也。而能不能兼技，人不能兼官。离居不相待则穷；群而无分则争。穷者，患也；争者，祸也。救患除祸，则莫若明分使群矣。

强胁弱也，知惧愚也，民下违上，少陵长，不以德为政，如是则老弱有失养之忧，而壮者有分争之祸矣。事业，所恶也。功利，所好也。职业无分，如是则人有树事之患，而有争功之祸矣。男女之合，夫妇之分，婚姻聘内，送逆无礼，如是则人有失合之忧，而有争色之祸矣。故知者为之分也。（《富国篇》，《荀子》卷六，第1—3页）

此以功利主义说明社会国家之起源，而予一切礼教制度以理论的根据；与《墨子·尚同篇》所说同。盖人有聪明才知，知人无群之不能生存，又知人无道德制度之不能为群，故知者制为道德制度，而人亦受之。"故知者为之分也"，"知者"二字，极可注意。盖人之为此，乃以其有知识之故，非以其性中本有道德之故也。

荀子又曰：

水火有气而无生，草木有生而无知，禽兽有知而无义，人有气有生有知亦且有义，故最为天下贵也。力不若牛，走不若马，而牛马为用，何也？曰，人能群，彼不能群也。人何以能群？曰分。分何以能行？曰义。故义以分则和，和则一，一则多力，多力则强，强则胜物，故宫室可得而居也。故序四时，裁万物，兼利天下。无它故焉，得之分义也。故人生不能无群，群而无分则争，争则乱，乱则离，离则弱，弱则不能胜物，故宫室不可得而居也。不可少顷舍礼义之谓也。（《王制篇》，《荀子》卷五，第12—13页）

此言似以"有义"为"人之所以异于禽兽"，似从"人之所以为人者"立论，以证明分义之为必要。然归结于"和则一，一则多力，多力则强，强则胜物，故宫室可得而居也"；则仍从功利主义立论。

荀子又曰：

人之所以为人者，何已也？曰，以其有辨也。饥而欲食，寒而欲暖，劳而欲息，好利而恶害，是人之所生而有也，是无待而然者也，是禹桀之所同也。然则人之所以为人者，非特以二足而无毛也，以其有辨也。今夫狌狌形相，亦二足而无毛也，然君子啜其羹，食其胾。故人之所以为人者，非特以其二足而无毛也，以其有辨也。夫禽兽有父子而无父子之亲，有牝牡而无男女之别。故人道莫不有辨，辨莫大于分，分莫大于礼，礼莫大于圣王。（《非相篇》，《荀子》卷三，第5—6页）

此就"人之所以为人者"立论，以证明礼之必要。此点与孟子同。然以为"人之所生而有"者，惟"好利而恶害"等，仍与孟子异。

第七节　礼论，乐论

荀子于《礼论篇》又论礼之起源，曰：

> 礼起于何也？曰：人生而有欲；欲而不得，则不能无求；求而无度量分界，则不能不争。争则乱，乱则穷。先王恶其乱也，故制礼义以分之，以养人之欲，给人之求，使欲必不穷乎物，物必不屈于欲，两者相持而长，是礼之所起也。（《荀子》卷十三，第1页）

此谓礼定分以节人之欲。上文谓孔子讲学，一方面注重个人性情之自由，一方面又注重人之行为之外部规范（第四章第五节）。孟子较注重于个人性情之自由，盖孟子既主性善之说，当然亦重视个人之道德判断也（第六章第五节）。荀子较注重于人之行为之外部规范，较注重礼。荀子曰：

> 学恶乎始？恶乎终？曰，其数则始乎诵经，终乎读礼。（《劝学篇》，《荀子》卷一，第11页）

又曰：

> 凡用血气志意知虑，由礼则治通，不由礼则勃乱提僈。食饮衣服居处动静，由礼则和节，不由礼则触陷生疾。容貌态度进退趋行，由礼则雅，不由礼则夷固僻违，庸众而野。故人无礼则不生，事无礼则不成，国家无礼则不宁。《诗》曰"礼仪卒度，笑语卒获"，此之谓也。（《修身篇》，《荀子》卷一，第17页）

盖荀子以为"人之性恶，其善者伪也"；故不能不注重礼以矫人之性也。

礼之用除定分以节人之欲外，又为文以饰人之情。就其节人之欲说，与性恶说相一贯，此方面荀子言之甚精。但就文人之情说，则与性恶说不一贯。如说天地间有血气之属莫不有知，有知之属莫不知爱其类，此爱即孟子所谓恻隐之心也。荀子亦重功利，与墨子有相同处。但荀子对于情感之态度，与墨子大不相同。墨子以其极端的功利主义之观点，以人之许多情感为无用无意义而压抑之，其结果为荀子所谓"蔽于用而不知文"。荀子虽亦主功利，然不如墨子之极端，故亦重视情感，重用亦重文；此可于荀子论丧祭礼中见之。丧祭礼之原始，皆起于人之迷信。荀子以其自然主义的哲学；与丧祭礼以新意义，此荀子之一大贡献也。荀子言乐亦多精义。《礼记》中言丧祭礼及乐诸篇，多与荀子同。大约非抄《荀子》即荀派后学所作也。为叙述方便起见，《荀子》中之《礼论》《乐论》二篇，本章不论，俟于第十四章中与《礼记》中别篇综合论之。

第八节　王　霸

"人道莫不有辨，辨莫大于分，分莫大于礼，礼莫大于圣王。"荀子曰：

> 圣也者，尽伦者也。王也者，尽制者也。两尽者足以为天下极矣。（《解蔽篇》，《荀子》卷十五，第16页）

荀子之政治哲学，亦以为必圣人为王，方能有最善之国家社会。故曰：

> 故天子唯其人。天下者，至重也，非至强莫之能任；至大也，非至辨莫之能分；至众也，非至明莫之能和。此三至者，非圣人莫之能尽，故非圣人莫之能王。（《正论篇》，《荀子》卷十二，第4—5页）

圣人为王，所行之政，即为王政。荀子论王霸之别曰：

> 然而仲尼之门人，五尺之竖子，言羞称乎五伯，是何也？曰，然，彼非本政教也，非致隆高也，非綦文理也，非服人之心也。乡方略，审劳佚，畜积修斗而能颠倒其敌者也。诈心以胜矣。彼以让饰争，依乎仁而蹈利者也。小人之杰也，彼固曷足称乎大君子之门哉！彼王者则不然。致贤而能以救不肖；致强而能以宽弱。战必能殆之，而羞与之斗。委然成文，以示之天下，而暴国安自化矣。有灾缪者，然后诛之，故圣王之诛也綦省矣。（《仲尼篇》，《荀子》卷三，第23—24页）

圣人为王，所行之政为王政。否则即非乱政，亦只霸政耳。此与孟子所说王霸之区别同。不过孟子说王霸之区别，同时又就动机立论。如谓王者之王政，乃自其"不忍人之心"发出。荀子不主性善，故不即此以区别王霸也。

荀子述在王政下人民之生活状况云：

> 王者之法，等赋政事，所以财万物，养万民也。田野什一，关市几而不征，山林泽梁以时禁发而不税，相地而衰政，理道之远近而致贡，通流财物粟米，无有滞留，使相归移也。四海之内若一家，故近者不隐其能，远者不疾其劳，无幽闲隐僻之国，莫不趋使而安乐之。夫是之谓人师，是王者之法也。（《王制篇》，《荀子》卷五，第9—10页）

又曰：

> 君者，善群也。群道当则万物皆得其宜，六畜皆得其长，群生皆得其命。故养长时则六畜育，杀生时则草木殖，政令时则百姓一，贤良服，圣王之制也。草木荣华滋硕之时，则斤斧不入山林，不夭其生，不绝其长也；鼋鼍鱼鳖鳅鳝孕别之时，网罟毒药不入泽，不夭其生，不绝其长也。春耕夏耘，秋收冬藏，四者不失其时，故五谷不绝，而百姓有余食也；污池渊沼川泽，谨其时禁，故鱼鳖优多而百姓有余用也；斩伐养长，不失其时，故山林不童而百姓有余材也。（《王制篇》，《荀子》卷五，第13—14页）

此所说与孟子同，惟未提及井田之制耳。

荀子论汤武征诛之说曰：

> 世俗之为说者曰：桀纣有天下，汤武篡而夺之。是不然。……汤武非取天下也，修其道，行其义，兴天下之同利，除天下之同害，而天下归之也。桀纣非去天下也，反禹汤之德，乱礼义之分，禽兽之行，积其凶，全其恶，而天下去之也。天下归之之谓王，天下去之之谓亡。故桀纣无天下，而汤武不弑君，由此效之也。（《正论篇》，《荀子》卷十二，第2—4页）

荀子论尧舜禅让之说曰：

> 世俗之为说者曰：尧舜擅（同禅）让。是不然。……圣王已没，天下

无圣，则固莫足以擅天下矣。天下有圣而在后子（原无此字，据俞校增）者，则天下不离，朝不易位，国不更制，天下厌然，与乡无以异也。以尧继尧，夫又何变之有矣。圣不在后子，而在三公，则天下如归，犹复而振之矣，天下厌然，与乡无以异也。以尧继尧，夫又何变之有矣。唯其徙朝改制为难。故天子生则天下一隆，致顺而治，论德而定次。死则能任天下者必有之矣。夫礼义之分尽矣，擅让恶用矣哉？（《正论篇》，《荀子》卷十二，第10—12页）

此谓汤武之王，乃天下之人自归之。尧舜不必禅让，盖一圣王死，若其子仍为圣人，则当然相继为王。若圣不在后子，而在三公，则天下归三公。总之一圣王死，必有能任天下者继之。此圣王政治之理想，与孟子同。不过孟子又提出一天字，荀子则专就人事立论耳。

荀子之政治哲学，又有与孟子异者，则因荀子以为人之性恶之故，不注重个人性情之自由，故以为所说圣王之威权，应为绝对的。荀子曰：

> 天子者，势位至尊，无敌于天下。……道德纯备，智惠甚明。南面而听天下，生民之属，莫不振动从服，以化顺之。天下无隐士，无遗善。同焉者是也，异焉者非也。（《正论篇》，《荀子》卷十二，第10—11页）

此与墨子尚同之说相合。盖墨子虽不必以人性为积极的恶，而固亦不以人性为本有善端也。

第九节　正　名

孔子言"正名"，欲使"君君，臣臣，父父，子子"。孟子言"无父无君，是禽兽也"；孟子正人之名而排无父无君者于人之外，是亦孟子之正名主义也。不过孔孟之正名，仅从道德着想，故其正名主义，仅有伦理的兴趣，而无逻辑的兴趣。犹之苏格拉底之"以归纳法求定义"，亦原只有伦理的兴趣也。柏拉图讲概念，其伦理的兴趣，亦较其逻辑的兴趣为大。至亚力士多德始有纯讲逻辑之著作。荀子生当"辩者"正盛时代，故其所讲正名，逻辑的兴趣亦甚大。

上文谓《墨经》及《荀子·正名篇》皆拥护常识，驳辩者之说（第十一章第一节）。《正名篇》所讲之知识论及逻辑，其根本观点，与《墨经》同，兹以之与《墨经》比较论之。

上文谓荀子之心理学中,只有能虑能知之心,及有求而欲满足之情欲。"知"者,《荀子·正名篇》云：

> 所以知之在人者谓之知,知有所合谓之智。……形体色理以目异。声音清浊,调竽奇声,以耳异。甘苦咸淡,辛酸奇味,以口异。香臭芬郁,腥臊洒酸奇臭,以鼻异。疾痒沧热,滑铍轻重,以形体异。说故喜怒哀乐爱恶欲,以心异。心有征知。征知则缘耳而知声可也；缘目而知形可也。然而征知必将待天官之当簿其类然后可也。五官簿之而不知,心征之而无说,则人莫不然谓之不知。(《荀子》卷十六,第2—5页)

《墨经》谓："知,材也。"人皆有能知之才能,即"所以知之在人者"。"知,接也"。此能知之才能与所知之事物相遇,则即有知识。"知有所合谓之智",亦即此意也。能知与所知相合,即有知识,然此知识只是感觉。吾人只感觉一物,严格地说,尚不能即谓为知之。《墨经》于"知,材也","知,接也"之外,尚言"恕,明也"。"恕,明也"之恕,与此所谓"征知"相当。盖人之能知之才能,与所知之事物相遇,则即可感觉其态貌,《墨经》所谓"以其知遇物而能貌之"也。所知之事物,多而且异,形体色理等,皆吾人能知之天官,所感觉之多而且异之种种态貌也。天官者,《天论篇》云："耳目鼻口形能(王念孙曰："能读为态"),各有接不相能也,夫是之谓天官。"(《荀子》卷十一,第17页)吾人能知之才能,遇外物即所知,不但能感觉其态貌,且能知其为何物。如见一树,不但感觉其态貌,且能知其为树。其所以能如此者,以吾人能知之才能中包有心也。《天论篇》云："心居中虚,以治五官,夫是之谓天君。"(同上)"心有征知"；征有证明之意(胡适之先生说)。吾人之眼,遇一树而感觉其形态,吾人之心,即知其为树,此即"征知"之作用也。心有"征知",则"缘耳而知声可也；缘目而知形可也"。若无征知,则耳目等天官,对于所知之事物,只能感觉其形态,不知其为何物也。吾人知此树为树,即吾人之心,将此个体的物列于吾人所已知之树之类中。所谓"征知必待天官之当簿其类然后可也"。如吾人经验中本无树之类,则即不知此个体的物为树。所谓"五官簿之而不知,心征之而无说,则人莫不然谓之不知"也。

至于名之起源及其功用,《荀子·正名篇》曰：

> 制名以指实,上以明贵贱,下以辨同异。贵贱明,同异别,如是则志无

不喻之患，事无困废之祸，此所为有名也。然则何缘而以同异？曰：缘天官。凡同类同情者，其天官之意物也同，故比方之疑似而通，是所以共其约名以相期也。形体色理以目异。声音清浊，调竽奇声，以耳异。……此所缘而以同异也。然后随而命之，同则同之，异则异之。单足以喻则单，单不足以喻则兼。单与兼无所相避则共，虽共不为害矣。知异实者之异名也，故使异实者莫不异名也，不可乱也。犹使异实（杨注云："或曰当为同实。"）者莫不同名也。故万物虽众，有时而欲遍举之，故谓之物。物也者，大共名也，推而共之，共则有共，至于无共，然后止。有时而欲偏（原作遍，据俞校改）举之，故谓之鸟兽。鸟兽也者，大别名也，推而别之，别则有别，至于无别，然后止。名无固宜，约之以命。约定俗成谓之宜，异于约则谓之不宜。名无固实，约之以命实。约定俗成，谓之实名。名有固善，径易而不拂，谓之善名。（《荀子》卷十六，第4—7页）

"凡同类同情者，其天官之意物也同"。吾人同为人类，有相同之感官，故对于外物有相同之知识。故"制名以指实"，以互相喻其志意。实为个体，名不能指个体所全有之性质，故名之于个体，只"比方之疑似而通"而已。名既所以指实，其所指必须确定。物之同者，则以同名指之；物之异者，则以异名指之。"使异实者莫不异名也"，"使同实者莫不同名也"，则名可以"辨同异"矣。共名别名之分，可以普通逻辑书中所说"朴尔斐利之树"表之。其"树"为：

此西洋古代逻辑家朴尔斐利所制，以说明类与种之关系者也。以荀子术语说之，则此中"本体"为最大之共名，其上"至于无共"。"人类"为最小之别名，其下"至于无别"。至于"物质""生物""动物"等，则对于在其上者为别名，对于在其下者为共名也。

指事物之名之功用，在于别同异。指社会上人与人各种关系之名，其功用在于别贵贱。如君、臣、父、子等名。皆所以指出此人对于彼人之关系。孔子所谓正名，即专正此等名，使为君者必合乎君之名，为臣者必合乎臣之名。荀子承儒家之传统的精神。故其所谓正名，除逻辑的意义外，尚有伦理的意义。故曰：

"上以明贵贱，下以辨同异。"

"名无固宜"，谓初制名之时，以某名指某实，本为人所随意约定。人相约以狗名狗。在初制名之时，人本亦可相约以马名狗也。所谓"名无固宜""名无固实"也。但约既已定，人之用某名指某实，既已成为习俗，则即名有固宜，有固实，不可随便乱改矣。然在初制名之时，名虽无"固宜""固实"，而却有"固善"。平顺易呼之名，固较不平顺易呼者为善也。

名必有一定之意义，然后"志无不喻之患，事无困废之祸"。为统一起见，一切名皆由政府制定。制定后人民不能随便改动。《正名篇》曰：

> 故王者之制名，名定而实辨，道行而志通，则慎率民而一焉。故析辞擅作名，以乱正名，使民疑惑，人多辨讼，则谓之大奸，其罪犹为符节度量之罪也。故其民莫敢托为奇辞以乱正名，故其民悫，悫则易使，易使则功（原作公，依顾校改）。其民莫敢托为奇辞以乱正名，故壹于道法，而谨于循令矣。如是则其迹长矣。迹长功成，治之极也，是谨于守名约之功也。……若有王者起，必将有循于旧名，有作于新名。（《荀子》卷十六，第2—3页）

盖人之知识若增加，则名亦须增加也。既有名后，人即可用之以言说辩论，以达心中之意。《正名篇》曰：

> 名闻而实喻，名之用也。累而成文，名之丽也。用丽俱得，谓之知名。名也者，所以期累实也。辞也者，兼异实之名，以论（王念孙云："论当为谕字之误。"）一意也。辨说也者，不异实名，以喻动静之道也。期命也者，辨说之用也。辨说也者，心之象道也。心也者，道之工宰也。道也者，治之经理也。心合于道，说合于心，辞合于说，正名而期，质请而喻，辨异而不过，推类而不悖，听则合文，辨则尽故，以正道而辨奸，犹引绳以持曲直。是故邪说不能乱，百家无所窜。……是以圣人之辨说也。（《荀子》卷十六，第9—11页）

辞"兼异实之名以论一意"，如谓"人是动物"。即《墨子·小取篇》所谓"以辞抒意"之辞也。就某事物详细讨论之，谓之辨说。如《礼论篇》对于礼作详细之讨论，即所谓"不异实名以喻动静之道也"。"质请而喻"，王念孙曰："请读为情。情，实也。"言辨说之时，所用之名既正，所举之实亦喻；又"辨异而不过，推类而不悖，听则合文，辨则尽故"，则以"正道而辨奸，犹引绳以持曲直"矣。"推类而不悖","辨则尽故"二点,《墨子·小取篇》更详言之,荀子仅提及而已。

荀子对于当时诸家学说,俱有辩驳。《正名篇》更就正名之观点,将当时流行彼所认为误谬之学说,分为三科。其第一科为:

> 见侮不辱,圣人不爱己,杀盗非杀人也。此惑于用名以乱名者也。验之所以为有名,而观其孰行,则能禁之矣。(《荀子》卷十六,第7页)

"见侮不辱",为宋轻之学说。"圣人不爱己,杀盗非杀人",为墨者学说。《墨子·大取篇》曰:"爱人不外己,己在所爱之中。己在所爱,爱加于己,伦列之爱己,爱人也。"此谓伦列之爱己,即是爱人,故曰,圣人不爱己。然"见侮"之名之内涵,即包有见辱之义。"盗"之名之内涵,亦包有其是人之义。"己"之名与"人"之名,内涵外延各异。今曰"见侮不辱,杀盗非杀人,爱己即爱人",是"以名乱名"也。试观此诸名之所以为此诸名,而察"见侮"之名之内涵中,是否包有见辱之义;"盗"之名之内涵中,是否包有是人之义。再比较"人""己"之名之内涵外延,即可知为此言者之是否错误矣。

其第二科为:

> 山渊平,情欲寡,刍豢不加甘,大钟不加乐。此惑于用实以乱名者也。验之所缘无(郭云:"无字衍文。")以同异,而观其孰调,则能禁之矣。(《荀子》卷十六,第8页)

"山渊平",即惠施所谓"山与泽平"。"情欲寡",为宋轻之学说。"刍豢不加甘,大钟不加乐",似当时墨者为此辩论,言刍豢本不加甘,大钟本不加乐,以拥护其节用非乐之说。就个体之"实"方面说,山有时亦可谓为卑,渊有时亦可谓为高。有时在高地之渊,实可与在低地上之山平。有些人之情有时亦欲寡。刍豢有时对于有些人亦不加甘。大钟有时对于有些人亦不加乐。然因此即谓山皆与泽平,人之情皆欲寡,刍豢对于一切人皆不加甘,大钟对于一切人皆不加乐,是以个体之实有时之特殊情形,为其名所指之一类之物之共同情形。此所谓以实乱名也。试以吾人之天官,直接观察,山是否皆与泽平,吾人自察吾人之经验,是否情欲寡,刍豢是否加甘,大钟是否加乐,则即可知为此说者之是否错误矣。

其第三科为:

> 非而谒楹，有牛马非马也。此惑于用名以乱实者也。验之名约，以其所受，悖其所辞，则能禁之矣。(《荀子》卷十六，第8页)

"非而谒楹"及"有牛马非马"，皆《墨经》中所说。前者未详其义。牛马非马，谓"牛马"之名，包括牛与马，故谓为非牛非马可。此条上文已详。荀子以为牛马之中有马，今曰牛马非马，是以名乱实也。试察原来之名约，是否以马为马。如以马为马，则为此说者之错误可知矣。

上文就《墨经》说此牛马非马之一条，指出公孙龙与《墨经》之观点根本不同。《墨经》谓就一方面说，牛马非牛；就一方面说，牛马非牛亦未可。其说比公孙龙白马非马之说，已较为近于常识。荀子驳此三科之说，更纯就常识立论。

荀子对待此等彼所认为误谬之学说，更拟有极直截了当之办法。《正名篇》续云：

> 凡邪说辟言之离正道而擅作者，无不类于三惑者矣。故明君知其分而不与辨也。夫民易一以道，而不可与共故。故明君临之以势，道之以道，申之以命，章之以论，禁之以刑。故其民之化道也如神，辨说（原作势，据卢校改）恶用矣哉？今圣王没，天下乱，奸言起，君子无势以临之，无刑以禁之，故辨说也。实不喻然后命，命不喻然后期，期不喻然后说，说不喻然后辨。故期命辨说也者，用之大文也，而王业之始也。(《荀子》卷十六，第8—9页)

"民易一以道，而不可与共故"。故谓事之所以然。此言即孔子所谓"民可使由之，不可使知之"之意也。李斯为荀子弟子，观荀子此言，可知秦皇、李斯统一思想之政策之理论的根据矣。

第十三章　韩非及其他法家

第一节　法家之学与当时社会政治经济各方面之趋势

儒墨及老、庄皆有政治思想，此数家之政治思想，虽不相同，然皆从人民之观点，以论政治。其专从君主或国家之观点，以论政治者，当时称为法术之士（见《韩非子·孤愤篇》），汉人谓之为法家。法家之学说，以在齐及三晋为盛。盖齐桓晋文，皆为一代之霸主；齐晋二国政治之革新进步，亦必有相当之成绩。故能就当时现实政治之趋势，理论化之而自成一派之政治思想者，以齐及三晋人为多也。

春秋战国时，贵族政治崩坏之结果，一方面为平民之解放，一方面为君主之集权。当时现实政治之一种趋势，为由贵族政治趋于君主专制政治，由人治、礼治趋于法治。盖在原来封建政治之制度下，所谓一国之幅员，本已甚狭；而一国之内，又复分为若干"家"。一国内之贵族，"不愆不忘，率由旧章"，即所谓礼者，以治其国及家之事，至于农奴，则惟服从其主人之命令，供其驱策而已。当时之贵族，极讲究威仪。《左传》襄公三十一年，卫北宫文子曰：

> 《诗》云："敬慎威仪，维民之则。"……有威而可畏谓之威；有仪可象谓之仪。君有君之威仪，其臣畏而爱之，则而象之，故能有其国家，令闻长世。臣有臣之威仪，其下畏而爱之，故能守其官职，保族宜家。顺是以下皆如是；是以上下能相固也。（《左传》卷十九，"四部丛刊"本，第16—17页）

又成公十三年，刘定公曰：

> 吾闻之：民受天地之中以生，所谓命也。是以有动作礼义威仪之则，以定命也。能者养以取福，不能者败以取祸。是故君子勤礼，小人尽力。勤礼莫如致敬，尽力莫如敦笃。敬以养神，笃在守业。（《左传》卷十三，第4页）

盖当时所谓国家社会，范围既小，组织又简单。故人与人之关系，无论其为君臣主奴，皆是直接的。故贵族对于贵族，有礼即可维持其应有之关系。贵族对于农奴，只须"有威可畏，有仪可象"，即可为"草上之风"矣。及乎贵族政治渐破坏，一方面一国之君权渐重，故各国旧君，或一二贵族，渐集政权于一国之中央，一方面人民渐独立自由，国家社会之范围既广，组织又日趋复杂，人与人之关系，亦日趋疏远。则以前"以人治人"之方法，行之自有困难。故当时诸国，逐渐颁布法律。如郑子产作刑书（《左传》襄公三十年），晋作刑鼎，"著范宣子所为刑书焉"（《左传》昭公二十九年），皆此等趋势之表现也。郑作刑书，叔向反对之（见第三章第五节引）。子产曰："吾为救世也。"盖子产切见当时之需要矣，晋作刑鼎，孔子批评之，曰：

> 晋其亡乎！失其度矣。夫晋国将守唐叔之所受法度，以经纬其民，卿大夫以序守之。民是以能尊其贵，贵是以能守其业。贵贱不愆，所谓度也。……今弃是度也，而为刑鼎。民在鼎矣，何以尊贵？贵何业之守？贵贱无序，何以为国？（《左传》卷二十六，第10页）

叔向、孔子之言，代表当时比较守旧的人之意见。然此等守旧之意见，不能变当时现实政治之趋势。盖此趋势乃社会经济组织改变所生之结果，本非一部分人之意见所能遏止之。

孔子对于政治之意见，在当时虽为守旧的。然在别方面，孔子则为当时之新人物。自孔子开游说讲学之风，于是不治生产而只以游说讲学为事之人日益多。齐之稷下，即"数百千人"，此外，如孟尝信陵等公子卿相，皆各养"士"数千人。此中所谓"混子"者，当然甚多。盖贵族阶级倒，而士阶级兴，此儒墨提倡尚贤之结果也。由君主或国家观点观之，此等好发议论、不负责任之智识阶级，固已可厌。而一般人民之对于此等不生产而只消费之新贵族阶级，亦必争欲加入。其不能加入者，亦必有嫉恶之心。《老子》曰"不尚贤，使民不争"（"武英殿聚珍版丛书"本，上篇第3页）。荀子对于各家之辩，亦欲"临之以势，道之以道，申之以命，章之以论，禁之以刑"（《正名篇》，《荀子》卷十六，"四部丛刊"本，第9页）。此等言论，虽各自有其前提，然亦皆系针对时弊而言也。

《商君书·开塞篇》曰：

> 天地设而民生之。当此之时也，民知其母而不知其父。其道亲亲而爱私。亲亲则别，爱私则险，民众而以别险为务，则民乱。当此时也，民务胜而力征。务胜则争，力征则讼，讼而无正，则莫得其性也。故贤者立中正，设无私，而民说仁。当此时也，亲亲废，上贤立矣。凡仁者以爱为务，而贤者以相出为道。民众而无制，久而相出为道，则有乱。故圣人承之，作为土地货财男女之分，分定而无制，不可，故立禁。禁立而莫之司，不可，故立官。官设而莫之一，不可，故立君。既立君，则上贤废而贵贵立矣。然则上世亲亲而爱私，中世上贤而说仁，下世贵贵而尊官。上贤者，以道相出也；而立君者，使贤无用也。亲亲者，以私为道也；而中正者，使私无行也。此三者，非事相反也，民道弊而所重易也；世事变而行道异也。（《商子》卷二，"四部丛刊"本，第9页。其脱误处，依王时润《商君书斠注》校改）

此所说上世、中世、下世，自人类学及社会学之观点观之，虽不必尽当。然若以之说春秋战国时代之历史，则此段历史，正可分为此三时期也；春秋之初期，为贵族政治时期，其时即"上世亲亲而爱私"之时也。及后平民阶级得势，儒墨皆主"尊贤使能"，"泛爱众而亲仁"，其时即"中世上贤而悦仁"之时也。国君或国中之一二贵族，以尚贤之故，得贤能之辅，削异己而定一尊。而"贤者"又复以才智互争雄长，"以相出为道"。"久而相出为道则有乱"，君主恶而又制裁之。战国之末期，即"下世贵贵而尊官"之时也。"立君者，使贤无用也"，此为尚贤之弊之反动，而战国末期之现实政治，即以此趋势进行也。

故尊君权，重法治，禁私学，乃当时现实政治之自然趋势。法家之学，不过将其加以理论化而已。贵族政治破坏，人民在农商方面，皆自由竞争，而富豪起。此亦当时社会经济之自然趋势，法家亦以理论拥护之。

第二节　法家之历史观

法家之言，皆应当时现实政治及各方面之趋势。当时各方面之趋势为变古；法家亦拥护变古，其立论亦一扫自孔子以来托古立言之习惯。《商君书·更法篇》曰：

> 前世不同教，何古之法？帝王不相复，何礼之循？伏羲、神农，教而不诛。黄帝、尧、舜，诛而不怒。及至文、武，各当时而立法，因事而制礼。礼法以时而定，制令各顺其宜。兵甲器备，各便其用。臣故曰：治世不一道，便国不必法古。汤、武之王也，不循古而兴。商、夏之灭也，不易礼而亡。然则反古者未必可非，循礼者未足多是也。（《商子》卷一，第2页）

《韩非子·五蠹篇》曰：

> 今有构木钻燧于夏后氏之世者，必为鲧、禹笑矣。有决渎于殷周之世者，必为汤、武笑矣。然则今有美尧、舜、汤、武、禹之道，于当今之世者，必为新圣笑矣。是以圣人不期修古，不法常可。论世之事，因为之备。宋人有耕者，田中有株，兔走触株，折颈而死。因释其耒而守株，冀复得兔。兔不可复得，而身为宋国笑。今欲以先王之政，治当世之民，皆守株之类也。……故事因于世，而备适于事。（《韩非子》卷十九，"四部丛刊"本，第1—2页）

时势常变，政治社会制度，亦须因之而变。此理一部分之道家，亦有言及之者。但法家为当时现实政治趋势加以理论的根据，其反驳当时守旧者之言论，多根据于此历史观也。

第三节　法家之三派

法家中有三派，一重势，一重术，一重法。慎到重势。《韩非子》有《难势篇》，引慎到曰：

> 飞龙乘云；腾蛇游雾。云罢雾霁，而龙蛇与蚓蚁同矣，则失其所乘也。贤人而诎于不肖者，则权轻位卑也。不肖而能服于贤者，则权重位尊也。尧为匹夫，不能治三人。而桀为天子，能乱天下。吾以此知势位之足恃，而贤智之不足慕也。夫弩弱而矢高者，激于风也。身不肖而令行者，得助于众也。尧教于隶属，而民不听；至于南面而王天下，令则行，禁则止。由此观之，贤智未足以服众，而势位足以诎（原作屈，据俞校改）贤者也。（《韩

非子》卷十七，第1页）

《管子·明法解》曰：

> 明主在上位，有必治之势，则群臣不敢为非。是故群臣之不敢欺其主者，非爱主也，以畏主之威势也。百姓之争用，非以爱主也，以畏主之法令也。故明主操必胜之数，以治必用之民；处必尊之势，以制必服之臣。故令行禁止，主尊而臣卑。故《明法》曰："尊君卑臣，非计亲也，以势胜也。"（《管子》卷二十一，"四部丛刊"本，第7页）

《管子》此言，非必即慎到之说，要之亦系重势者之言也。此派谓国君须有威势，方能驱使臣下。

重术者以申不害为宗；重法者以商鞅为宗。《韩非子·定法篇》曰：

> 问者曰："申不害，公孙鞅，此二家之言，孰急于国？"应之曰："是不可程也。人不食十日则死。大寒之隆，不衣亦死。谓之衣食孰急于人，则是不可一无也，皆养生之具也。今申不害言术，而公孙鞅为法。术者，因任而授官，循名而责实，操杀生之柄，课群臣之能者也。此人主之所执也。法者，宪令著于官府，刑罚必于民心，赏存乎慎法，而罚加乎奸令者也。此臣之所师也。君无术则弊于上；臣无法则乱于下。此不可一无，皆帝王之具也。"（《韩非子》卷十七，第4—5页）

术为君主御臣下之技艺；法为臣下所遵之宪令。申不害与商鞅二家之言，所注重各不同也。

第四节　三派与韩非

其能集此三派之大成，又以《老》学、荀学为根据，而能自成一家之言者，则韩非是也。韩非以秦始皇十四年（公元前233年）死于秦（《史记·秦始皇本纪》）。《史记》曰：

> 韩非者，韩之诸公子也。喜刑名法术之学，而其归本于黄老。非为人口

吃，不能道说。而善著书。与李斯俱事荀卿，斯自以为不如非。非见韩之削弱，数以书谏韩王；韩王不能用。于是韩非疾治国不务修明其法制，执势以御其臣下，富国强兵，而以求人任贤，反举浮淫之蠹，而加之于功实之上。……观往者得失之变，故作《孤愤》，《五蠹》，《内外储说》，《说林》，《说难》，十余万言。（《老庄申韩列传》，《史记》卷六十三，同"文影殿刊本"，第5—6页）

韩非以为势、术、法，三者皆"帝王之具"，不可偏废。故曰：

> 势者，胜众之资也。……故明主之行制也天，其用人也鬼。天则不非，鬼则不困，势行教严，逆而不违。……然后一行其法。（《八经》，《韩非子》卷十八，第8页）

"明主之行制也天"，言其依法而行，公而无私也。"其用人也鬼"，言其御人有术，密而不可测也。以赏罚之威，"一行其法"。势、术、法并用，则无不治矣。

第五节　法之重要

自春秋至战国之时，"法"之需要日亟，其原因上文已详。法家更就理论上说明法之重要，《管子·明法解》曰：

> 明主者，一度量，立表仪，而坚守之，故令下而民从。法者，天下之程式也，万事之仪表也。吏者，民之所悬命也。故明主之治也，当于法者诛之。故以法诛罪，则民就死而不怨；以法量功，则民受赏而无德也。此以法举错之功也。故《明法》曰："以法治国，则举错而已。"明主者，有法度之制；故群臣皆出于方正之治，而不敢为奸。百姓知主之从事于法也，故吏之所使者有法，则民从之；无法则止。民以法与吏相距，下以法与上从事。故诈伪之人不得欺其主；嫉妒之人不得用其贼心；谗谀之人不得施其巧；千里之外，不敢擅为非。故《明法》曰："有法度之制者，不可巧以诈伪。"（《管子》卷二十一，第10页）

《韩非子·用人篇》曰：

> 释法术而任心治，尧不能正一国。去规矩而妄意度，奚仲不能成一轮。废尺寸而差短长，王尔不能半中。使中主守法术，拙匠守规矩尺寸，则万不失矣。君人者，能去贤巧之所不能，守中拙之所万不失，则人力尽而功名立。（《韩非子》卷八，第9页）

又《难三篇》曰：

> 法者，编著之图籍，设之于官府，而布之于百姓者也。（《韩非子》卷十六，第5—6页）

"明主"制法以治国。法成则公布之，使一国之人皆遵守之。而明主之举措设施，亦以法为规矩准绳。有此规矩准绳，则后虽有中庸之主，奉之亦足以为治矣。

法既立，则一国之君臣上下，皆须遵守，而不能以私意变更之。《管子·任法篇》曰：

> 法不一，则有国者不祥。……故曰，法者，不可恒也（安井衡云："恒上脱不字"）。存亡治乱之所从出，圣君所以为天下大仪也。……万物百事，非在法之中者，不能动也。故法者，天下之至道也，圣君之实用也。……有生法，有守法，有法于法。夫生法者，君也。守法者，臣也。法于法者，民也。君臣上下贵贱皆从法，此谓为大治。（《管子》卷十五，第5—6页）

《韩非子·有度篇》曰：

> 故明主使其群臣，不游意于法之外，不为惠于法之内，动无非法。（《韩非子》卷二，第3页）

又《难二篇》曰：

> 人主虽使人，必以度量准之，以刑名参之。以事遇于法则行，不遇于法则止。（《韩非子》卷十五，第9页）

"君臣上下贵贱皆从法"，乃能"大治"。此法家最高之理想，而在中国历史中，盖未尝实现者也。

法既已立，则一国之"君臣上下贵贱皆从法"。一切私人之学说，多以非议法令为事，故皆应禁止。《韩非子·问辩篇》曰：

> 或问曰："辩安生乎？"对曰："生于上之不明也"，问者曰："上之不明，因生辩也，何哉？"对曰："明主之国，令者，言最贵者也。法者，事最适者也。言无二贵；法不两适。故言行而不轨于法令者，必禁。若其无法令，而可以接诈应变，生利揣事者，上必采其言而责其实。言当则有大利，不当则有重罪。是以愚者畏罪而不敢言，智者无以讼。此所以无辩之故也。乱世则不然。主上有令，而民以文学非之。官府有法，民以私行矫之。人主顾渐其法令，而尊学者之智行。此世之所以多文学也。……是以儒服带剑者众而耕战之士寡，坚白无厚之词章而宪令之法息。故曰，上不明，则辩生焉。"（《韩非子》卷十七，第3—4页）

盖法既为国人言行最高之标准，故言行而不规于法令者，必禁也。故

> 明主之国，无书简之文，以法为教。无先王之语，以吏为师。（《五蠹篇》，《韩非子》卷十九，第5页）

第六节　正名实

法家所讲之术，为君主驾御臣下之技艺。其中之较有哲学兴趣之一端，为综核名实。盖应用辩者正名实之理论于实际政治者也。《管子·白心篇》曰：

> 名正法备，则圣人无事。（《管子》卷十三，第7页）

又《入国篇》曰：

> 修名而督实，按实而定名。名实相生，反相为情。名实当则治，不当则乱。（《管子》卷十八，第3页）

《韩非子·扬权篇》曰：

> 用一之道，以名为首。名正物定，名倚物徙。故圣人执一以静，使名自命，令事自定。不见其采，下故素正。因而任之，使自事之。因而予之，彼将自举之。正与处之，使皆自定之，上以名举之。不知其名，复修其形。形名参同，用其所生。二者诚信，下乃贡情。……君操其名，臣效其形。形名参同，上下和调也。（《韩非子》卷二，第6—7页）

又《二柄篇》曰：

> 人主将欲禁奸，则审合刑名者，言与事也。为人臣者陈而言，君以其言授之事，专以其事责其功。功当其事，事当其言，则赏。功不当其事，事不当其言，则罚。故群臣其言大而功小者则罚；非罚小功也，罚功不当名也。群臣其言小而功大者亦罚；非不说于大功也，以为不当名也，害甚于有大功，故罚。（《韩非子》卷二，第5页）

儒家孔子之讲正名，盖欲使社会中各种人，皆为其所应该。法家之讲正名，则示君主以驾御臣下之方法。辩者所讲正名实，乃欲"慎其所谓"，使"是实也，必有是名也"。法家之正名实，乃欲"审合形名"，使是名也，必有是实也。如君主与人以位，则必按其位之名，以责其效。责其效，即使其实必副其名也。如其臣有所言，则"君以其言授之事，专以其事责其功"。责其功，即使其实必副其名也。如此则诸执事之臣，皆自然努力以求副其名，而君主只须执名以核诸臣之成绩。所谓"君操其名，臣效其形"也。此以简御繁，以一御万之术也。所谓"圣人执一以静，使名自命，令事自定"也。

第七节　严赏罚

观上所说，亦可知法与术之皆为君主所必需，故《韩非子》曰："此不可一无，皆帝王之具也。"（《定法》，《韩非子》卷十七，第5页）然只有法、术，而无势，上仍不能制驭其下。专恃势固不可以为治，然无势君亦不能推行其法术。《韩非子·功名篇》曰：

> 夫有材而无势，虽贤不能制不肖。故立尺材于高山之上，则临千仞之溪，材非长也，位高也。桀为天子，能制天下，非贤也，势重也；尧为匹夫，不能正三家，非不肖也，位卑也。千钧得船则浮；锱铢失船则沉。非千钧轻而锱铢重也，有势之于无势也。故短之临高也以位；不肖之制贤也以势。（《韩非子》卷八，第11页）

又《人主篇》曰：

> 夫马之所以能任重引车致远道者，以筋力也。万乘之主，千乘之君，所以制天下而征诸侯者，以其威势也。威势者，人主之筋力也。（《韩非子》卷二十，第3页）

君之势，之表现于外者为赏罚。赏罚为君之二柄，《韩非子·二柄篇》曰：

> 明主之所导制其臣者，二柄而已矣。二柄者，刑德也。何谓刑德？杀戮之谓刑；庆赏之谓德。为人臣者，畏诛罚而利庆赏。故人主自用其刑德，则群臣畏其威而归其利矣。（《韩非子》卷二，第4页）

人莫不畏诛罚而利庆赏，故君主利用人之此心理，而行其威势。《韩非子·八经篇》曰：

> 凡治天下，必因人情。人情者有好恶，故赏罚可用。赏罚可用，则禁令可立，而治道具矣。君执柄以处势，故令行禁止。柄者，杀生之制也；势者，胜众之资也。（《韩非子》卷十八，第4页）

因"人情有好恶"而用赏罚，即顺人心以治人。故曰，"逆人心，虽贲育不能尽人力"；"得人心，则不趣而自劝"也。（《功名篇》，《韩非子》卷八，第11页）

第八节 性 恶

"人情有好恶，故赏罚可用"。盖人之性惟知趋利避害，故惟利害可以驱使之。法家多以为人之性恶。韩非为荀子弟子，对于此点，尤有明显之主张。《韩非子·扬权篇》曰：

> 黄帝有言曰：上下一日百战。下匿其私，用试其上；上操度量，以割其下。（《韩非子》卷二，第8—9页）

《外储说左上篇》曰：

> 夫卖庸而播耕者，主人费家而美食，调布而求易钱者，非爱庸客也。曰，如是，耕者且深，耨者熟耘也。庸客致力而疾耘耕者，尽巧而正畦陌畦畔時（顾云："当衍二字。"）者，非爱主人也。曰，如是，羹且美，钱布且易云也。此其养功力，有父子之泽矣。而心调于用者，皆挟自为心也。故人行事施予，以利之为心，则越人易和；以害之为心，则父子离且怨。（《韩非子》卷十一，第6页）

《六反篇》云：

> 且父母之于子也，产男则相贺，产女则杀之。此俱出父母之怀衽，然男子受贺，女子杀之者，虑其后便，计之长利也。故父母之于子也，犹用计算之心以相待也。而况无父子之泽乎？（《韩非子》卷十八，第1—2页）

韩非以为天下之人，皆自私自利，"皆挟自为心"，互"用计算之心以相待"。然正因其如此，故赏罚之道可用也。

在经济方面，韩非以为人既各"挟自为心"，即亦听其"自为"，使自由竞争。故反对儒者"平均地权"之主张。《韩非子·显学篇》曰：

> 今世之学士语治者，多曰，与贫穷地，以实无资。今夫与人相若也，无丰年旁入之利，而独以完给者，非力则俭也。与人相若也，无饥馑疾疚祸罪之殃，独以贫穷者，非侈则惰也。侈而惰者贫，而力而俭者富。今上征敛于富人，以布施于贫家，是夺力俭而与侈惰也。而欲索民之疾作而节用，不可得也。（《韩非子》卷十九，第8页）

听人之自由竞争，则人皆疾作而节用，生产增加矣。

儒家谓古代风俗淳厚，且多圣人；韩非亦不认为完全不合事实。《韩非子·五蠹篇》曰：

> 古者丈夫不耕，草木之实足食也；妇人不织，禽兽之皮足衣也。不事力而养足，人民少而财有余，故民不争。是以厚赏不行，重罚不用，而民自治。今人有五子，不为多，子又有五子，大父未死，而有二十五孙。是以人民众而货财寡，事力劳而供养薄，故民争。虽倍赏累罚，而不免于乱。尧之王天下也，茅茨不翦，采椽不斲，粝粢之食，藜藿之羹，冬日麑裘，夏日葛衣，虽监门之服养，不亏于此矣。禹之王天下也，身执耒锸，以为民先，股无胈，胫不生毛。虽臣虏之劳，不苦于此矣。以是言之，夫古之让天子者，是去监门之养，而离臣虏之劳也。古传天下而不足多也。今之县令，一日身死，子孙累世絜驾，故人重之。是以人之于让也，轻辞古之天子，难去今之县令者，薄厚之实异也。夫山居而谷汲者，膢腊而相遗以水。泽居苦水者，买庸而决窦。故饥岁之春，幼弟不饷。穰岁之秋，疏客必食。非疏骨肉，爱过客也，多少之实异也。是以古之易财，非仁也，财多也。今之争夺，非鄙也，财寡也。轻辞天子，非高也，势薄也。重争士橐，非下也，权重也。故圣人议多少，论薄厚，为之政。故罚薄不为慈，诛严不为戾，称俗而行也。（《韩非子》卷十九，第1—2页）

古今人之行为不同，盖因古今人之环境不同，非古今人之性异也。谓古者民俗淳厚可，但因此即谓人之性善则不可。

因人性如此，故必"道之以政，齐之以刑"，然后天下可以必治。若孔孟所说"道之以德，齐之以礼"之政治，则不能必其有效。《韩非子·显学篇》曰：

> 夫严家无悍虏，而慈母有败子。吾以此知威势之可以禁暴，而德厚之不足以止乱也。夫圣人之治国，不恃人之为吾善也，而用其不得为非也。恃人之为吾善也，境内不什数。用人不得为非，一国可使齐。为治者用众而舍寡，故不务德而务法。夫必恃自直之箭，百世无矢；恃自圆之木，千世无轮矣。自直之箭，自圆之木，百世无有一，然而世皆乘车射禽者，何也？隐括之道用也。虽有不恃隐括，而有自直之箭，自圆之木，良工弗贵也。何则？乘者非一人，射者非一发也。不恃赏罚，而恃自善之民，明主弗贵也。何则？国法不可失，而所治非一人也。故有术之君，不随适然之善，而行必然之道。（《韩非子》卷十九，第9—10页）

用法、用术、用势，必可以为治，即"必然之道"也。

第九节　无　为

若君主能用此道，则可以"无为而治"矣。《韩非子·扬权篇》曰：

> 事在四方，要在中央。圣人执要，四方来效。虚而待之，彼自以之。四海既藏，道阴见阳。左右既立，开门而当。勿变勿易，与二俱行。行之不已，是谓履理也。夫物者有所宜，材者有所施。各处其宜，故上下无为。使鸡司夜，令狸执鼠。皆用其能，上乃无事。上有所长，事乃不方。矜而好能，下之所欺。辩惠好生，下因其材。上下易用，国故不治。（《韩非子》卷二，第6页）

《大体篇》曰：

> 古之全大体者，望天地，观江海，因山谷。日月所照，四时所行，云布风动，不以智累心，不以私累己。寄治乱于法术，托是非于赏罚，属轻重于权衡。不逆天理，不伤情性。不吹毛而求小疵，不洗垢而察难知。不引绳之外，不推绳之内。不急法之外，不缓法之内。守成理，因自然。祸福生乎道法，而不出乎爱恶。荣辱之责，在乎己，而不在乎人。（《韩非子》卷八，第11—12页）

君主任群臣之自为，而自执"二柄"以责其效。君主之职责，如大轮船上之掌舵者然。但高处深居，略举手足，而船自能随其意而运动。此所谓以一御万，以静制动之道也。

一部分之道家，本已有此种学说。《庄子·天道篇》云：

> 夫帝王之德，以天地为宗，以道德为主，以无为为常。无为也，则用天下而有余。有为也，则为天下用而不足。故古之人贵夫无为也。上无为也，下亦无为也，是下与上同德。下与上同德则不臣。下有为也，上亦有为也，是上与下同道。上与下同道则不主。上必无为而用天下，下必有为为天下

用，此不易之道也。故古之王天下者，知虽落天地，不自虑也。辨虽雕万物，不自说也。能虽穷海内，不自为也。天不产而万物化，地不长而万物育，帝王无为而天下功。故曰，莫神于天，莫富于地，莫大于帝王。故曰，帝王之德配天地。此乘天地，驰万物，而用人群之道也。……是故古之明大道者，先明天而道德次之。道德已明，而仁义次之。仁义已明，而分守次之。分守已明，而形名次之。形名已明，而因任次之。因任已明，而原省次之。原省已明，而是非次之。是非已明，而赏罚次之。赏罚已明，而愚知处宜，贵贱履位，仁贤不肖袭情，必分其能，必由其名。以此事上，以此畜下，以此治物，以此修身。知谋不用，必归其天。此之谓大平，治之至也。故《书》曰，有形有名。形名者，古人有之，而非所以先也。古之语大道者，五变而形名可举，九变而赏罚可言也。(《庄子》卷五，"四部丛刊"本，第25—28页)

天下之事甚多，若君主必皆自为之，姑无论其不能有此万能之全才，即令有之，而顾此则失彼，顾彼则失此。一人之精力时间有限，而天下之事无穷，此所以"有为"则"为天下用而不足"也。所以"古之王天下者，能虽穷海内，不自为也"。故"帝王之德"，必以"无为为常"。一切事皆使人为之，则人尽其能而无废事，此所以"无为"则"用天下而有余"也。此帝王"用人群之道"也。至于施行此道之详细方法，则即以下所举九变是也。分守者，设官分职，并明定其所应管之事也。分守已明，则即用某人以为某职。某人者，形也；某职者，名也。所谓"分守已明，而形名次之"也。既以某人为某职，则即任其自为而不可干涉。此所谓"形名已明而因任次之"也。君主虽不干涉其如何办其职分内之事，但却常考察其成效。所谓"因任已明而原省次之"也。省读为省察之省，既已考察其成效，则其成效佳者为是，不佳者为非，此所谓"原省已明而是非次之"也。是非既明，则是者赏之，而非者罚之。此所谓"是非已明而赏罚次之"也。如此则愚知仁贤不肖，各处其应处之地位，而天下治矣。《在宥篇》曰：

> 贱而不可不任者，物也。卑而不可不因者，民也。匿而不可不为者，事也。粗而不可不陈者，法也。远而不可不居者，义也。亲而不可不广者，仁也。节而不可不积者，礼也。中而不可不高者，德也。一而不可不易者，道也。神而不可不为者，天也。故圣人观于天而不助，成于德而不累，出于道而不谋，会于仁而不恃，薄于义而不积，应于礼而不讳，接于事而不辞，齐

于法而不乱，恃于民而不轻，因于物而不去。物者，莫足为也，而不可不为。不明于天者，不纯于德。不通于道者，无自而可。不明于道者，悲夫！何谓道？有天道，有人道。无为而尊者，天道也。有为而累者，人道也。主者，天道也。臣者，人道也。天道之与人道也，相去远矣，不可不察也。（《庄子》卷四，第41—42页）

韩非"喜刑名法术之学，而归本于黄老"。盖法家之学，实大受道家之影响。道家谓道任万物之自为，故无为而无不为。推之于政治哲学，则帝王应端拱于上，而任人民之自为。所谓"无为而尊者，天道也。有为而累者，人道也。主者，天道也。臣者，人道也"。然人民若各自为，果能皆相调和，而不致有冲突耶？一部分之道家，理想化天然，以为苟任人性之自然，自无所不可。此庄学正宗之见解，荀子所谓"蔽于天而不知人"者也。一部分之道家，谓若使人皆无知寡欲，亦自能相安于淳朴，此《老》学之见解也。一部分之道家，知"物者，莫足为也，而不可不为"。事虽"匿"而不可不为，法虽"粗"而不可不陈。故亦讲"分守"，"形名"，"因任"，"原省"，"是非"，"赏罚"。使人民皆"齐于法而不乱"。此部分之道家，亦受当时现实政治趋势之暗示，异于别一部分道家之专谈"乌托邦"矣。法家更就此点，彻底发挥。今《管子》书中，有《内业》《白心》诸篇。《韩非子》书中，有《解老》《喻老》诸篇。虽此等书皆后人所编辑，然可想知原来法家各派中，皆兼讲道家之学也。不过此讲形名赏罚之一部分道家，虽讲形名赏罚，而又以其为"非所以先也"；讲法而又以其为"粗"，以"物"为"不可不为"，而又以其为"莫足为"。仍未全离道家观点，此其所以与法家终异也。

第十节　法家与当时贵族

当时现实政治之趋势，为由贵族政治，趋于君主专制政治。法家予此趋势以理论的根据，而其才智学力，又足以辅君主作彻底的改革。故此等人最为当时之大臣贵族所不喜。《韩非子·孤愤篇》曰：

智术之士，必远见而明察，不明察不能烛私。能法之士，必强毅而劲直，不劲直不能矫奸。……智术之士，明察听用，且烛重人之阴情。能法之士，劲直听用，且矫重人之奸行。故智术能法之士用，则贵重之臣必在绳之外矣。是智法之士，与当涂之人，不可两存之仇也。……故资必不胜，而势不两存，法术之士，焉得不危？其可以罪过诬者，以公法而诛之。其不可被以罪过者，以私剑而穷之。是明法术而逆主上者，不僇于吏诛，必死于私剑矣。（《韩非子》卷四，第1—2页）

《问田篇》曰：

> 堂溪公谓韩子曰："臣闻服礼辞让，全之术也。修行退智，遂之道也。今先生立法术，设度数，臣窃以为危于身而殆于躯。……夫舍乎全遂之道，而肆乎危殆之行，窃为先生无取焉。"韩子曰："臣明先生之言矣。夫治天下之柄，齐民萌之度，甚未易处也。然所以废先生之教，而行贱臣之所取者，窃以为立法术，设度数，所以利民萌，便众庶之道也。故不惮乱主暗上之患祸，而必思以齐民萌之资利者，仁智之行也。惮乱主暗上之患祸，而避乎死亡之害，知明夫身而不见民萌之资利者，贪鄙之为也。臣不忍向贪鄙之为，不敢伤仁智之行。先生有幸臣之意，然有大伤臣之实。"（《韩非子》卷十七，第4页）

盖当时国家社会，范围日趋广大，组织日趋复杂。旧日"用人群之道"已不适用，而需要新者。韩非之徒，以为"立法术，设度数"，足以"利民萌，便众庶"，不"避死亡之害"，鼓吹新"用人群之道"，亦积极救世之士也。

第十四章　秦汉之际之儒家

《韩非子·显学篇》曰：

> 自孔子之死也，有子张之儒，有子思之儒，有颜氏之儒，有孟氏之儒，有漆雕氏之儒，有仲良氏之儒，有孙氏之儒，有乐正氏之儒。（《韩非子》卷十九，"四部丛刊"本，第7页）

此战国末年儒家中之派别也。战国末及汉初一般儒者之著作，大小戴《礼记》为其总集。《孝经》相传为孔子所作，然《论语》中并未言及。至《吕氏春秋》始称引之（见《察微篇》），当亦战国末年儒者所作。兹均于本章论之。

第一节　关于礼之普通理论

本书上文谓孔子言"直"又言"礼"；言直则注重个人性情之自由；言礼则注重社会规范对于个人之制裁（第四章第五节）。但孔子虽注重礼，而尚未有普通理论，以说明礼之性质，及其对于人生之关系。儒家以述为作，孔子之言礼，盖述之成分较大，而作之成分较少也。

战国末汉初之儒者，对于礼始有普通之理论，以说明其性质，及其对于人生之关系。荀子对于礼之普通理论，上文已略言之。《檀弓》曰：

> 曾子谓子思曰："伋，吾执亲之丧也，水浆不入于口者七日。"子思曰："先王之制礼也，过之者俯而就之。不至焉者，跂而及之。故君子之执亲之丧也，水浆不入于口者三日，杖而后能起。"（《礼记》卷二，"四部丛刊"本，第8页）

又曰：

> 子夏既除丧而见。予之琴，和之而不和，弹之而不成声。作而曰："哀未忘也，先王制礼而弗敢过也。"子张既除丧而见。予之琴，和之而和，弹之而成声。作而曰："先王制礼，不敢不至焉。"（《礼记》卷二，第12页）

《礼运》曰：

> 饮食男女，人之大欲存焉。死亡贫苦，人之大恶存焉。故欲恶者，心之大端也。人藏其心，不可测度也。美恶皆在其心，不见其色也。欲一以穷之，舍礼何以哉？（《礼记》卷七，第7页）

《仲尼燕居》曰：

> 仲尼燕居，子张、子贡、言游侍。……子曰："师尔过，而商也不及。子产犹众人之母也，能食之，不能教也。"子贡越席而对曰："敢问将何以为此中者也？"子曰："礼乎礼，夫礼所以制中也。"（《礼记》卷十五，第6页）

《坊记》曰：

> 礼者，因人之情而为之节文，以为民坊者也。（《礼记》卷十五，第12页）

礼之用有二方面，一方面为"节""人之情"，一方面为"文""人之情"。兹先就其"节""人之情"一方面言之。盖人之情欲之流露，须合乎适当之节度分限。合乎节度分限者，即是合乎中。中即人之情欲之流露之一恰好之点，过此即与人或与己之别方面有冲突。礼即所以使人得中之标准的外部规范也。孔子注重人之性情之真的流露。但同时又谓须"以礼节之"。其意似即如此，不过孔子尚未明白说出耳。孟子谓："仁之实，事亲是也。义之实，从兄是也。礼之实，节文斯二者是也。"（《离娄上》，《孟子》卷七，"四部丛刊"本，第16页）孟子亦以"节文"为礼之功用。不过孟子以为"辞让之心"人皆生而有之。"节文斯二者"之礼，不过此"辞让之心"之具体的表现。故孟子对于关于礼之理论，亦未多言及。荀子以为人之性恶，人皆有欲，若无节制，则人与人必互相冲突而乱。故"先王制礼义以分之"（《礼论篇》，《荀子》卷十三，"四部丛刊"本，第1页）。不过荀子所说，多以为礼乃所以防人与人之冲突。至于礼亦所以调和一己自身间诸情欲之冲突，则未言及。若《檀弓》所说，则礼亦所以调和一己自身之诸情欲，如所说思亲之情，及饮食求乐之欲，以使之皆遵一标准的规范而不自相冲突也。荀子对于关于礼之理论，言之已详。上所引《礼记》诸篇，更有论述。盖儒家对于礼之普通理论，至此始完成也。

《礼记》诸篇中，又有以礼为规定社会上诸种差别者，《曲礼》曰：

> 夫礼者，所以定亲疏，决嫌疑，别同异，明是非也。（《礼记》卷一，第2页）

《哀公问》曰：

> 民之所由生，礼为大。非礼无以节事天地之神也。非礼无以辨君臣上下长幼之位也。非礼无以别男女父子兄弟之亲，婚姻疏数之交也。（《礼记》卷十五，第3页）

礼所以规定社会上诸种差别。此诸种差别所以需要，亦因必如此方能使人与人不相冲突也。

吾人既知礼之原理，则知具体的礼，可以因时宜而变动，非一成不变者。《礼运》曰：

> 故圣王修义之柄，礼之序，以治人情。故人情者，圣王之田也。修礼以耕之，陈义以种之，讲学以耨之，本仁以聚之，播乐以安之。故礼也者，义之实也。协诸义而协，则礼虽先王未之有，可以义起也。（《礼记》卷七，第9页）

《礼器》曰：

> 礼，时为大。……尧授舜，舜授禹；汤放桀，武王伐纣；时也。（《礼记》卷七，第12页）

《乐记》曰：

> 五帝殊时，不相沿乐。三王异世，不相袭礼。（《礼记》卷十一，第9页）

《郊特牲》曰：

> 礼之所尊，尊其义也。失其义，陈其数，祝史之事也。故其数可陈也，其义难知也。知其义而敬守之，天子之所以治天下也。（《礼记》卷八，第9页）

礼之"义"即礼之普通原理。知"其义"，则可"因人之情而为之节文"，可以制礼矣。礼之"义"不变，至于"其数"，即具体的礼，则非不变者也。

礼与法之比较，《大戴礼记·礼察篇》言及之曰：

> 凡人之知，能见已然，不能见将然。礼者，禁于将然之前；而法者，禁于已然之后。是故法之用易见，而礼之所为生难知也。若夫庆赏以劝善，刑罚以惩恶，先王执此之正，坚如金石，行此之信，顺如四时，处此之功，无私如天地尔。岂顾不用哉？然如曰礼云礼云，贵绝恶于未萌，而起敬于微眇，使民日徙善远罪，而不自知也。孔子曰："听讼吾犹人也，必也使无讼乎？"此之谓也。……以礼义治之者积礼义；以刑罚治之者积刑罚。刑罚积而民怨倍，礼义积而民和亲。故世主欲民之善同，而所以使民之善者异。或导之以德教，或欧之以法令。导之以德教者，德教行而民康乐。欧之以法令者，法令极而民哀戚。哀乐之感，祸福之应也。（《大戴礼记》卷二，"四部丛刊"本，第1—2页）

此文取自贾谊《论时政疏》。礼固不必皆"禁于将然之前"，法亦不必皆"禁于已然之后"。不过礼所规定，多为积极的。法所规定，多为消极的。又法有国家之赏罚为后盾，而礼则不必有也。

第二节 关于乐之普通理论

孔子甚重乐，但关于乐之普通理论，如乐之起源及其对于人生之关系，孔子亦未言及。荀子《乐论篇》及《礼记·乐记》，对此始有详细之讨论。荀子《乐论篇》云：

> 夫乐者，乐也。人情之所必不免也。故人不能无乐，乐则必发于声音，形于动静。而人之道，声音动静，性术之变尽是矣。故人不能不乐，乐则不能无形。形而不为道，则不能无乱。先王恶其乱也，故制雅颂之声以道之。使其声足以乐而不流，使其文足以辨而不愆（原作偲，依郝懿行校改），使其曲直繁省，廉肉节奏，足以感动人之善心。使夫邪污之气，无由得接焉，是先王立乐之方也。（《荀子》卷十四，第1页）

《乐记》云：

> 凡音之起，由人心生也。人心之动，物使之然也。感于物而动，故形于声。……是故其哀心感者，其声噍以杀。其乐心感者，其声啴以缓。其喜心感者，其声发以散。其怒心感者，其声粗以厉。其敬心感者，其声直以廉。其爱心感者，其声和以柔。六者，非性也，感于物而后动。是故先王慎所以感之者。（《礼记》卷十一，第5—6页）

由此而言，则乐之功用，乃所以节人之情，使其发而合乎"道"，即发而得中也。礼节人之欲，乐节人之情。盖礼乐之目的，皆在于使人有节而得中。《乐记》云：

> 是故先王之制礼乐也，非以极口腹耳目之欲也。将以教民平好恶，而反人道之正也。人生而静，天之性也。感于物而动，性之欲也。夫物之感人无穷，而人之好恶无节，则是物至而人化物也。人化物也者，灭天理而穷人欲者也。于是有悖逆诈伪之心，有淫佚作乱之事。……此大乱之道也。是故先王之制礼乐，人为之节。（《礼记》卷十一，第7—8页）

至于礼乐之功效，则《乐记》云：

> 礼节民心；乐和民声。政以行之；刑以防之。礼乐刑政，四达而不悖，则王道备矣。乐者为同；礼者为异。同则相亲；异则相敬。乐胜则流；礼胜则离。合情饰貌者，礼乐之事也。……乐由中出；礼自外作。乐由中出故静；礼自外作故文。大乐必易；大礼必简。乐至则无怨；礼至则不争。揖让而治天下者，礼乐之谓也。（《礼记》卷十一，第8页）

儒家主以礼乐治天下，至于政刑，不过所以推行礼乐而已。《乐记》并以礼乐为有形上学的根据。《乐记》云：

> 天高地下，万物散殊，而礼制行矣。流而不息，合同而化，而乐兴焉。春作夏长，仁也。秋敛冬藏，义也。仁近于乐；义近于礼。……天尊地卑，君臣定矣。卑高已陈，贵贱位矣。动静有常，大小殊矣。方以类聚，物以群分，则性命不同矣。在天成象，在地成形。如此则礼者，天地之别也。地气上齐，天气下降，阴阳相摩，天地相荡。鼓之以雷霆，奋之以风雨，动之以四时，暖之以日月，而百化兴焉。如此则乐者，天地之和也。化不时则不生，男女无辨则乱升，天地之情也。及夫礼乐之极乎天而蟠乎地，行乎阴阳而通乎鬼神，穷高极远而测深厚。乐著大始，而礼居成物。著不息者，天也。著不动者，地也。一动一静者，天地之间也。故圣人曰礼乐云。（《礼记》卷十一，第9—10页）

由此而言，则宇宙本来即有天然之秩序，即是一大调和，而礼乐则此秩序调和之具体的例证也。

第三节　关于丧礼之理论

上文谓荀子一方面谓礼所以节人之欲，一方面谓礼所以饰人之情（第十二章第七节）。又谓礼之用有二方面；一方面为"节""人之情"，一方面为"文""人之情"。其"文""人之情"之功用，依《荀子》《礼记》所说，在丧祭礼中最可见，兹述之。

吾人之心，有情感及理智二方面。如吾人之所亲者死，自吾人理智之观点观之，则死者不可复生，而灵魂继续存在之说，又不可证明，渺茫难信。不过吾人之感情又极望死者之可复生，死者之灵魂继续存在。吾人于此，若惟从理智，则对于死者尽可采用《列子·杨朱篇》中所说："焚之亦可，沉之亦可，瘗之亦可，露之亦可，衣薪而弃诸沟壑亦可。"（《列子》，"四部丛刊"本，卷七，第2页）若纯自理智之观点观之，则一切送死之礼节，皆是无意义；反之若专凭情感，则尽可以种种迷信为真理，而否认理智之判断。世之宗教，皆以合于人之情感之想像为真，而否认理智之判断者也。

吾人对待死者，若纯依理智，则为情感所不许；若专凭情感，则使人流于迷信，而妨碍进步。《荀子》及《礼记》中所说对待死者之道，则折中于此二者之间，兼顾理智与情感。依其所与之理论与解释，《荀子》及《礼记》中所说之丧礼祭礼，是诗与艺术而非宗教。其对待死者之态度，是诗的，艺术的，而非宗教的①。

近人桑戴延纳（George Santayana）主张宗教亦宜放弃其迷信与独断而自比于诗。但依《荀子》、《礼记》对于其所拥护之丧礼与祭礼之解释与理论，则《荀子》《礼记》早已将古时之宗教修正为诗。古时所已有之丧祭礼，或为宗教的仪式，其中或包含不少之迷信与独断。但《荀子》《礼记》以述为作，加以澄清，与之以新意义，使之由宗教而变为诗。例如古时与死者预备器具，未尝非以为死者灵魂继续存在，能用器具。但后来儒者则与所谓明器以新意义。《礼记》云：

> 孔子曰："之死而致死之，不仁而不可为也。之死而致生之，不智而不可为也。是故竹不成用，瓦不成味，木不成斲，琴瑟张而不平，竽笙备而不和，有钟磬而无簨虡。其曰明器，神明之也。"（《檀弓》，《礼记》卷二，第14—15页）

又曰：

---

① 诗对于宇宙及其间各事物，皆可随时随地，依人之情感，加以推测解释；可将合于人之情感之想像，任意加于真实之上；亦可依人情感，说自欺欺人之话。此诗与散文，艺术与科学，根本不同之处也。不过诗与艺术所代表非真实，而亦即自己承认其所代表为非真实，所以虽离开理智，专凭情感，而却仍与理智不相冲突。诗与艺术是最不科学的，而却与科学并行不悖。我们在诗与艺术中，可得情感的安慰，而同时又不碍理智之发展。宗教亦是人之情感之表现，其所以与诗及艺术异者，即在其真以合于人之情感之想像为真实，因即否认理智之判断，此其所以为独断（dogma）也。

孔子谓为明器者，知丧道矣，备物而不可用也。（《檀弓》，《礼记》卷三，第5页）

专从理智之观点待死者，断其无知，则为不仁。专从情感之观点待死者，断其有知，则为不智。折衷于二者，为死者"备物而不可用"。为之"备物"者，冀其能用，所以副吾人情感之期望也。"不可用"者，吾人理智明知死者之不能用之也。《荀子》《礼记》对于丧礼祭礼之理论，皆专就主观情感方面立论，盖吾人理智明知死者已矣，客观对象方面，固无可再说者也。兹再引《荀子》《礼记》以见此意。《礼记》云：

丧礼，哀戚之至也，节哀顺变也，君子念始之者也，复，尽爱之道也。有祷祠之心焉。……饭用米贝，弗忍虚也，不以食道，用美焉耳。铭，明旌也。以死者为不可别已，故以其旗识之。爱之斯录之矣，敬之斯尽其道焉耳。……奠以素器，以生者有哀素之心也。惟祭祀之礼，主人自尽焉耳，岂知神之所飨？亦以主人有斋敬之心也。（《檀弓》，《礼记》卷三，第3页）

"主人自尽焉耳，岂知神之所享？""自尽"以得情感之慰安；不计"神之所飨"，则不以情感欺理智也。

亲死三日而殓，《礼记》云：

或问曰，死三日而后敛者何也？曰，孝子亲死，悲哀志懑，故匍匐而哭之，若将复生然，安可得夺而敛之也。故曰：三日而敛者，以俟其生也。三日而不生，亦不生矣。孝子之心，亦益哀矣。家室之计，衣服之具，亦可以成矣。亲戚之远者，亦可以至矣。是故圣人为之断决，以三日为之礼制也。（《问丧》，《礼记》卷十八，第6页）

三月而葬，《礼记》云：

子思曰："丧三日而殡，凡附于身者，必诚必信，勿之有悔焉耳矣。三月而葬，凡附于棺者，必诚必信，勿之有悔焉耳矣。"（《檀弓》，《礼记》卷二，第3页）

荀子云：

> 殡久不过七十日，速不损五十日，是何也？曰：远者可以至矣，百求可以得矣，百事可以成矣。其忠至矣，其节大矣，其文备矣。然后月朝卜宅，月夕卜日（据王引之校），然后葬也。（《礼论篇》，《荀子》卷十三，第12页）

葬毕反哭。《礼记》云：

> 送形而往，迎精而反也。其往送也，望望然，汲汲然，如有追而弗及也。其反哭也，皇皇然，若有求而复得也。故其往送也如慕，其反也如疑。求而无所得之也，入门而弗见也，上堂又弗见也，入室又不见也，亡矣，丧矣，不可复见已矣！故哭泣辟踊，尽哀而止矣。心怅焉，怆焉，惚焉，忾焉，心绝志悲而已矣。祭之宗庙，以鬼飨之，徼幸复反也。（《问丧》，《礼记》卷十八，第5页）

"祭之宗庙，以鬼飨之"。情感希望死者之"复反"也；曰"徼幸复反"者，不以情感欺理智也。

葬后又为亲服三年之丧。《礼记》云：

> 凡生天地之间者，有血气之属必有知；有知之属莫不知爱其类。今夫大鸟兽，则失丧其群匹，越月逾时焉，则必反巡过其故乡，翔回焉，鸣号焉，蹢躅焉，踟蹰焉，然后乃能去之。小者至于燕雀，犹有啁噍之顷焉，然后乃能去之。故有血气之属者，莫知于人。故人于其亲也，至死不穷。将由夫患邪淫之人与，则彼朝死而夕忘之。然而从之，则是曾禽兽之不若也，夫焉能相与群居而不乱乎？将由夫修饰之君子与，则三年之丧，二十五月而毕，若驷之过隙。然而遂之，则是无穷也。是故先王为之立中制节，壹使足以成文理，则释之矣。（《三年问》，《礼记》卷十八，第11—12页，《荀子·礼论篇》同）

以上所引，皆就主观的情感方面立论。盖丧礼之本意本只以求情感之慰安耳。

荀子总论丧礼云：

礼者，谨于治生死者也。生，人之始也；死，人之终也。终始俱善，人道毕矣。故君子敬始而慎终，终始如一，是君子之道，礼义之文也。夫厚其生而薄其死，是敬其有知而慢其无知也。……故死之为道也，一而不可得再复也，臣之所以致重其君，子之所以致重其亲，于是尽矣。……丧礼者，以生者饰死者也，大象其生以送其死也，故事死如生，事亡如存（据郝懿行校），终始一也。……具生器以适墓，象徙之道也。略而不尽，貌而不功。……故生器文而不功，明器貌而不用。……故丧礼者，无它焉，明死生之义，送以哀敬而终周藏也。……事生，饰始也。送死，饰终也；终始具而孝子之事毕，圣人之道备矣。刻死而附生谓之墨，刻生而附死谓之惑，杀生而送死谓之贼。大象其生，以送其死，使死生终始，莫不称宜而好善，是礼义之法式也，儒者是矣。（《礼论篇》，《荀子》卷十三，第9—20页）

衣衾棺椁，皆"大象其生，以送其死也"，吾人理智明知死者之已死，而吾人情感仍望死者之犹生。于此际专依理智则"不仁"，专依情感则"不智"，故"大象其生以送其死"，则理智情感兼顾，仁而且智之道也。然圣人之为此制度，亦非武断。

此孝子之志也，人情之实也，礼义之经也。非从天降也，非从地出也，人情而已矣。（《问丧》，《礼记》卷十八，第7页）

第四节　关于祭礼之理论

以上为《荀子》《礼记》对于丧礼之理论。其对于祭礼之理论，亦全就主观情感方面立言。祭礼之本意，依《荀子》《礼记》之眼光视之，亦只以求情感之慰安。《礼记》云：

凡治人之道，莫急于礼。礼有五经，莫重于祭。夫祭者，非物自外至者也，自中出生于心也。心怵而奉之以礼，是故惟贤者能尽祭之义。贤者之祭也，必受其福。非世所谓福也，福者，备也，备者，百顺之名也。无所不顺者之谓备，言内尽于己而外顺于道也。……是故贤者之祭也，致其诚信，与其忠敬，奉之以物，道之以礼，安之以乐，参之以时，明荐之而已矣。不求其为，此孝子之心也。……凡天之所生，地之所长，苟可荐者，莫不咸在，示尽物也。外则尽物，内则尽志，此祭之心也。(《祭统》，《礼记》卷十四，第15—16页)

"外则尽物，内则尽志"；"不求其为"。专重祭祀而不重祭祀之对象也。荀子云：

> 祭者，志意思慕之情也。忠信爱敬之至矣，礼节文貌之盛矣。苟非圣人，莫之能知也。圣人明知之，士君子安行之，官人以为守，百姓以成俗。其在君子以为人道也，其在百姓以为鬼事也。……卜筮视日，斋戒修涂，几筵馈荐告祝，如或飨之。物取而皆祭之，如或尝之。毋利举爵，主人有尊，如或觞之。宾出，主人拜送；反，易服，即位而哭，如或去之。哀夫敬夫，事死如事生，事亡如事存，状乎无形影，然而成文。(《礼论篇》，《荀子》卷十三，第24—26页)

因主人主观方面对死者有"志意思慕之情"，故祭之。然其所祭之对象，则"无形影"，只"如或飨之""如或尝之"而已。一方面郑重其事以祭祀，一方面又知其为"状乎无形影"；"然而成文"。此其所以为诗也。

《礼记》更描写祭者祭时之心理状态云：

> 致斋于内，散斋于外。斋之日，思其居处，思其笑语，思其志意，思其所乐，思其所嗜，斋三日乃见其所谓斋者。祭之日，入室，僾然必有见乎其位；周还出户，肃然必有闻乎其容声，出户而听，忾然必有闻乎其叹息之声。……惟圣人为能飨帝，孝子为能飨亲。飨者，乡也，乡之然后能飨焉。……齐齐乎其敬也，愉愉乎其忠也，勿勿诸其欲其飨之也。……洞洞乎，属属乎，如弗胜，如将失之，其孝敬之心至也与。……于是谕其志意，以其恍惚；以与神明交，庶或飨之；庶或飨之，孝子之志也。(《祭义》，《礼记》卷十四，第5—7页)

近人以为人之见鬼，乃由于心理作用。依《礼记》此说，则祭者正宜利用此等心理作用，"乡"死者而想像之，庶得"恍惚"而见其鬼焉。"以其恍惚，以与神明交"，而冀其"庶或飨之"，无非以使"志意思慕之情"得慰安而已。故祭祀，"君子以为人道"，而"百姓以为鬼事"也。

此等诗的态度，荀子不但于讲祭祀祖宗之祭礼时持之。即讲任何祭礼，亦持此态度。荀子云：

> 雩而雨，何也？曰：无他也，犹不雩而雨也。日月食而救之，天旱而雩，卜筮然后决大事，非以为得求也，以文之也。故君子以为文，而百姓以为神。以为文则吉，以为神则凶。(《天论篇》，《荀子》卷十一，第22页)

"旱而雩"，无非表示惶急之情。"卜筮然后决大事"，无非表示郑重之意。此所谓"以为文"也。若"以为神"则必为迷信所误而凶矣。

祭祀祖宗，一方面因吾人本有"志意思慕之情"，一方面因吾人须讲报恩之义。荀子曰：

> 礼有三本：天地者，生之本也。先祖者，类之本也。君师者，治之本也。无天地恶生？无先祖恶出？无君师恶治？三者偏亡焉无安人。故礼上事天，下事地，尊先祖而隆君师，是礼之三本也。(《礼论篇》，《荀子》卷十三，第3页)

《礼记》云：

> 万物本乎天，人本乎祖，此所以配上帝也。郊之祭也，大报本反始也。(《郊特牲》，《礼记》卷八，第6页)

除祖宗之外，人之所以祭祀诸神祇，亦皆报本反始之义。《礼记》云：

> 天子大蜡八。……蜡也者，索也。岁十二月合聚万物而索飨之也。蜡之祭也，主先啬而祭司啬也，祭百种以报啬也。飨农及邮表畷，禽兽，仁之至义之尽也。古之君子，使之必报之。迎猫，为其食田鼠也。迎虎，为其食田豕也。迎而祭之也。祭坊与水庸事也。曰："土反其宅，水归其壑，昆虫毋作，草木归其泽。"……蜡之祭，仁之至，义之尽也。(同上)

又云：

> 夫圣王之制祭祀也，法施于民则祀之，以死勤事则祀之，以劳定国则祀之，能御大灾则祀之，能捍大患则祀之。是故厉山氏之有天下也，其子曰

农，能殖百谷。夏之衰也，周弃继之，故祀以为稷。共工氏之霸九州也，其子曰后土，能平九州，故祀以为社。……汤以宽治民，而除其虐；文王以文治，武王以武功，去民之灾；此皆有功烈于民者也。及夫日月星辰，民之所瞻仰也。山林川谷丘陵，民所取财用也。非此族也，不在祀典。(《祭法》，《礼记》卷十四，第3—4页)

根于崇德报功之义，以人为祭祀之对象，孔德所谓"人之宗教"，即有此意。中国旧社会中，每行之人，皆供奉其行之神，如木匠供鲁班、酒家奉葛仙。其意即谓，各种手艺，皆有其发明者。后来以此手艺为生者，饮水思源，崇德报功，故奉原来发明者为神明，而祀之焉。至于天地星辰，鸟兽草木，亦以崇德报功之义，而崇拜之。此或起源于原始社会中之拜物教，但依儒家所与之意义，则此已为诗而非宗教矣。

有一派儒者谓所以特别提倡报本反始之义者，欲使民德之厚也。曾子曰：

慎终追远，民德归厚矣。(《学而》，《论语》卷一，"四部丛刊"本，第6页)

《大戴礼记》云：

丧祭之礼，所以教仁爱也，致爱故能致丧祭，春秋祭祀之不绝，致思慕之心也。夫祭祀，致馈养之道也。死且思慕馈养，况于生而存乎？故曰：丧祭之礼明，则民孝矣。(《盛德》，《大戴礼记》卷八，第6页)

对于死者，对于无知者，尚崇其德而报其功，况对于生者，对于有知者乎？社会之中，人人皆互相报答，而不互相争斗，则社会太平矣。然此等功利主义，多数儒家者流不持之。

此外则公共祭祀之举行，亦与人民以一种休息游戏之机会。故《礼记·郊特牲》论蜡祭云：

黄衣黄冠而祭，息田夫也。……既蜡而收，民息已。故既蜡，君子不兴功。(《礼记》卷八，第6—7页)

《礼记》又云：

第十四章　秦汉之际之儒家

257

> 子贡观于蜡，孔子曰："赐也乐乎？"对曰："一国之人皆若狂，赐未知其乐也。"子曰："百日之蜡，一日之泽，非尔所知也。张而不弛，文武弗能也；弛而不张，文武弗为也；一张一弛，文武之道也。"（《杂记》，《礼记》卷十二，第17页）

从此观点看祭祀，则祭祀更为艺术而非宗教矣。

第五节　关于婚礼之理论

以上为《荀子》《礼记》中对于丧祭礼之诸理论。此外另有一端，《礼记》中虽未明言，而实可为其所理论化之丧礼祭礼应有之含义，兹申言之。

依上所引，则儒者，至少一部分的儒者，对于人死之意见，不以为人死后尚有灵魂继续存在。然灵魂不死之说，虽为理智所不能承认，而人死之可不即等于完全断灭，则为事实，盖人所生之子孙，即其身体一部之继续存在生活者，故人若有后，即为不死。凡生物皆如此，更无须特别证明。再则某人之于某时曾经生于某地，乃宇宙间之一固定的事实，无论如何，不能磨灭；盖已有之事，无论何人，不能使之再为无有。就此方面说，孔子时代之平常人，与孔子同为不可磨灭，其差异只在受人知与不受人知。亦犹现在之人，同样生存，而因其受知之范围之小大，而有小大人物之分。然即绝不受人知之人物，吾人亦不能谓其不存在。盖受人之知与否，与其人之存在与否，固无关系也。就此方面说，则凡人皆不死。不过此等不死，与生物学的不死，性质不同，可名为理想的不死，或不朽。

不过不受人知之不朽，普通认为无价值。故不朽二字，普通专以谓曾经存在之受人知之大人物。所谓人有三不朽：太上有立德，其次有立功，其次有立言。人能有所立，则即能为人所知，为人所记忆，而不死或不朽。然若惟立德立功立言之人，方能为人所记忆，则世之能得此受人知之不朽者必甚寡。大多数之人，皆平庸无特异之处，不能使社会知而记忆之。可知而记忆之者，惟其家族与子孙。特别注重祭祀祖先，则人人皆得在其子孙之记忆中，得受人知之不朽。此儒家所理论化之丧礼祭礼所应有之含义也。

后来儒者对于不死问题之注意，可于其对于婚礼之理论见之。儒者对于婚姻之意见，完全注意于其生物学的功用。《礼记》云：

> 昏礼者，将合二姓之好，上以事宗庙，下以继后世也。故君子重之。（《昏义》，《礼记》卷二十，第2页）

又曰：

> 天地不合，万物不生。大昏，万世之嗣也，君何谓已重焉？（《哀公问》，《礼记》卷十五，第4页）

又曰：

> 舅姑降自西阶，妇降自阼阶，授之室也。……昏礼不贺，人之序也。（《郊特牲》，《礼记》卷八，第10页）

又曰：

> 嫁女之家，三夜不息烛，思相离也。取妇之家，三日不举乐，思嗣亲也。（《曾子问》，《礼记》卷六，第4页）

孟子亦云：

> 不孝有三，无后为大。舜不告而娶，为无后也。（《离娄上》，《孟子》卷七，第16页）

据上所引，可知儒者以为婚姻之功用，在于使人有后。结婚生子，造"新吾"以代"故吾"，以使人得生物学的不死。由此观点，则吾人之预备结婚生子，实与吾人之预备棺材，同一可悲，盖吾人若非有死，则无需乎此等事物也。本来男女会合，其真正目的，即在于生殖。至于由此而发生之爱情与快感，乃系一种附带的心理情形。自生物学的眼光观之，实无关重要，故儒家亦不重视之。儒者论夫妇之关系时，但言夫妇有别，从未言夫妇有爱也。

凡人皆有死，而人多畏死，于是种种迷信生焉。许多宗教皆以灵魂不死相号召。儒家，至少一部分的儒家，即不主灵魂不死，乃特注重于使人人得生物学的不死，及理想的不死之道。旧社会中，人及暮年，即为子娶妻生子，以为自己生命已有寄托，即安然以俟死，更不计死后灵魂之有无。此实儒家思想所养成之精神也。

第六节 关于孝之理论

儒者以为结婚之功用，在于造"新吾"以代"故吾"。"故吾"对于"新吾"之希望，在其能继续"故吾"之生命及其事业，为其"万世之嗣"。"新吾"若能副此希望，即为孝子。其所以副此希望之道，即孝子"嗣亲"之道，谓之孝道。孝子"嗣亲"之道，可分为两方面：一为肉体方面，一为精神方面。其肉体方面，又可分为三方面：一方面为养父母之身体；一方面须念此身为父母所遗留而慎重保护之；一方面须另造"新吾"以续传父母之生命。《礼记·祭义》曰：

> 乐正子春下堂而伤其足，数月不出，犹有忧色。门弟子曰："夫子之足瘳矣，数月不出，犹有忧色，何也？"乐正子春曰："善如尔之问也！善如尔之问也！吾闻诸曾子；曾子闻诸夫子曰：'天之所生，地之所养，无人为大。父母全而生之，子全而归之，可谓孝矣。不亏其体，不辱其身，可谓全矣。故君子顷步而弗敢忘孝也。'今予忘孝之道，予是以有忧色也。壹举足而不敢忘父母，壹出言而不敢忘父母。壹举足而不敢忘父母，是故道而不径，舟而不游，不敢以先父母之遗体行殆。壹出言而不敢忘父母，是故恶言不出于口，忿言不反于身。不辱其身，不羞其亲，可谓孝矣。"（《礼记》卷十四，第12—13页）

"父母全而生之，子全而归之。""曾子有疾，召门弟子曰：'启予足，启予手。《诗》云："战战兢兢，如临深渊，如履薄冰。"而今而后，吾知免夫，小子！'"（《泰伯》，《论语》卷四，第12页）盖深幸其能以父母之遗体，"全而归之"也。然若只将此身"全而归之"，此身死后，父母之生命，不能再有"新吾"以继续之，则仍为不孝。孟子曰："不孝有三，无后为大。"盖人若无后，则自古以来之祖先所传下之"万世之嗣"，即自此而斩，或少一支，故为不孝之大也。

孝子在精神方面者，在吾人之亲存时，须顺其志意，不独养其口体，且养其志（《孟子·离娄上》），有过并规劝之，使归于正。在吾人之亲殁后，一方面为致祭祀而思慕之，使吾人之亲，在吾人之思慕记忆中得不朽。此点上节已详。又一方面为继吾人之亲之事业，使其未竟之志得申；或吾人自有述作，使吾人之亲之名，"附骥尾而致千里"，因亦在众人之思慕记忆中，得不朽焉。《中庸》曰：

> 子曰："舜其大孝也欤！德为圣人，尊为天子，富有四海之内，宗庙飨之，子孙保之。"（《礼记》卷十六，第4页）

又曰：

> 子曰："武王、周公，其达孝矣乎！夫孝者，善继人之志，善述人之事者也。春秋修其宗庙，陈其宗器，设其裳衣，荐其时食。……践其位，行其礼，奏其乐，敬其所尊，爱其所亲，事死如事生，事亡如事存，孝之至也。"（《礼记》卷十六，第5—6页）

此等精神方面之孝为大孝、达孝。盖较肉体方面之孝为尤重要也。《祭义》曰：

> 曾子曰："孝有三：大孝尊亲；其次弗辱；其下能养。"公明仪问于曾子曰："夫子可以为孝乎？"曾子曰："是何言与！是何言与！君子之所为孝者，先意承志，谕父母于道。参直养者也，安能为孝乎？"（《礼记》卷十四，第11页）

此皆以精神方面之孝为最重要也。

父母之遗体，孝子欲"全而归之"，不但须"不亏其体"，且须"不辱其身"。"大孝尊亲，其次弗辱"。"尊亲"谓积极的有善行，使亲能享令名；"弗辱"谓消极的无恶行，使亲不被恶名。人若能存此心，自能力行诸德。故《礼记》中有几篇及《孝经》以孝为一切道德之根本。《祭义》曰：

> 曾子曰："身也者，父母之遗体也。行父母之遗体，敢不敬乎！居处不庄，非孝也。事君不忠，非孝也。莅官不敬，非孝也。朋友不信，非孝也。战阵无勇，非孝也。五者不遂，灾及于亲，敢不敬乎！烹孰膻芗，尝而荐之，非孝也，养也。君子之所谓孝也者，国人称愿然曰：幸哉有子如此，所谓孝也已！众之本教曰孝，其行曰养。养可能也，敬为难。敬可能也，安为难。安可能也，卒为难。父母既没，慎行其身，不遗父母恶名，可谓能终矣。仁者，仁此者也；礼者，履此者也；义者，宜此者也；信者，信此者

也；强者，强此者也。乐自顺此生；刑自反此作。"曾子曰："夫孝置之而塞乎天地，薄之而横乎四海。施诸后世而无朝夕。推而放诸东海而准，推而放诸西海而准，推而放诸南海而准，推而放诸北海而准。《诗》云：'自西自东，自南自北，无思不服。'此之谓也。"（《礼记》卷十四，第11—12页）

《孝经》曰：

夫孝，德之本也，教之所由生也……身体发肤，受之父母，不敢毁伤，孝之始也。立身行道，扬名于后世，以显父母，孝之终也。夫孝，始于事亲，中于事君，终于立身。《大雅》云："无念尔祖，聿修厥德。"……夫孝，天之经也，地之义也，民之行也。天地之经而民是则之。（《孝经》，"四部丛刊"本，第1—7页）

依此言，则凡有孝之德者，必有一切诸德；故孝为一切道德之根本也。此种学说在汉时极有势力，在汉时"孝弟力田"者，皆受奖励。汉之诸帝谥号，上皆冠孝字，可见其对于孝之特别重视矣。①

第七节　《大学》

《小戴礼记》中之《大学》《中庸》二篇，在中国以后哲学中，有甚大势力。《大学》，朱熹以为系曾子所作，王柏以为系子思所作，盖皆以意度之，以前未有其说也。《大学》曰：

---

① 以孝为一切道德之根本之说，当系后起。《论语》中载孔子言孝之言甚多。又谓："有子曰：'……君子务本，本立而道生。孝弟也者，其为仁之本欤。'"（《学而》，《论语》卷一，第4页）此谓仁之要素，为推己及人。己之所亲对己之关系，至亲至密；若对于己之所亲，尚不能推，则对于别人，当更不能推矣。故推己及人，须自己之所亲始。此孝悌所以"为仁之本"也。孔子、孟子皆注重孝，但未以孝为一切道德之根本。一切道德之根本为仁，仁者自然孝。孟子所谓"未有仁而遗其亲者也"。

[又注]《礼记》中此诸篇之作者皆以其所述为曾子之言。《孝经》一书，亦标明为孔子答曾子之辞。盖曾子在当时以孝名，故孟子数称曾子事曾皙之道，曰："事亲若曾子者可也。"不过曾子虽有孝行，而以孝为一切道德之根本之说，是否果曾子所主张，不易断定。盖孟、荀于此皆未言及，而《礼记》中所述某曰某曰甚滥，几不能辨何者真为某曰也。

> 大学之道，在明明德，在亲民，在止于至善。知止而后有定，定而后能静，静而后能安，安而后能虑，虑而后能得。物有本末，事有终始，知所先后，则近道矣。古之欲明明德于天下者，先治其国。欲治其国者，先齐其家。欲齐其家者，先修其身。欲修其身者，先正其心。欲正其心者，先诚其意。欲诚其意者，先致其知。致知在格物。物格而后知至。知至而后意诚。意诚而后心正。心正而后身修。身修而后家齐。家齐而后国治。国治而后天下平。自天子以至于庶人，壹是皆以修身为本。其本乱，而末治者，否矣。其所厚者薄，而其所薄者厚，未之有也。此谓知本，此谓知之至也。（《礼记》卷十九，第7—8页）

此段所说，为《大学》之主要意思，所谓《大学》之三纲领（明德，亲民，止至善）八条目（格物，致知，诚意，正心，修身，齐家，治国，平天下）也。此段所说之意思，大致虽甚明白，无须解释；惟所谓致知格物，下文未详细论及，致后来学者，解释纷纭。宋明时代程朱陆王二派之一主要争点，亦在其对于致知格物解释之不同。此四字对于以后哲学，甚为重要，不容不解释。但如欲解释之，则以后诸家之"格物说"，何者为合于《大学》之原意乎？荀子为战国末年之儒家大师。后来儒者，多出其门。荀子又多言礼，故大小戴《礼记》中诸篇，大半皆从荀学之观点以言礼。观本章上数节所论，亦可见矣。其言教育者，《大戴礼记》中直录荀子《劝学篇》。《小戴礼记》中之《学记》，亦自荀子之观点以言教育。盖当时荀学之势力，固比较汉以后人所想像者大多多也。《学记》云：

> 古之教者，家有塾，党有庠，术有序，国有学。比年入学，中年考校。一年视离经辨志，三年视敬业乐群，五年视博习亲师，七年视论学取友，谓之小成；九年知类通达，强立而不反，谓之大成。夫然后足以化民易俗，近者悦服而远者怀之，此大学之道也。（《礼记》卷十一，第1—2页）

"强立而不反"即《荀子·不苟篇》所谓"长迁而不反其初则化矣"之意。其义上文已详（见第十二章第五节）。《学记》以"知类通达，强立而不反"，"足以化民成俗，近者悦服而远者怀之"，为"大学之道"；《大学》以"格物，致知，正心，诚意，修身，齐家，治国，平天下"为"大学之道"；二者主要意思相同。《大学》中所说"大学之道"，当亦用荀学之观点以解释之。

《荀子·解蔽篇》曰：

> 凡以知，人之性也。可以知，物之理也。以可以知人之性，求可以知物之理，而无所疑（俞云："疑训定一"）止之，则没世穷年，不能遍也。其所以贯理焉虽亿万，已不足以浃万物之变，与愚者若一。学，老身长子，而与愚者若一，犹不知错，夫是之谓妄人。故学也者，固学止之也。恶乎止之？曰，止诸至足。曷谓至足？曰圣也。（《荀子》卷十五，第16页）

《大学》亦教人"学止之"。"恶乎止之？"荀子曰："止诸至足。"《大学》曰："止于至善。"其义一也。《大学》曰：

> 《诗》云："邦畿千里，惟民所止。"《诗》云："缗蛮黄鸟，止于丘隅。"子曰："于止知其所止，可以人而不如鸟乎？"《诗》云："穆穆文王，于缉熙敬止。"为人君，止于仁。为人臣，止于敬。为人子，止于孝。为人父，止于慈。与国人交，止于信。（《礼记》卷十九，第9页）

荀子以圣为"至足"。又曰："圣也者，尽伦者也。"《大学》所说"为人君止于仁"等，即尽伦之义也。

人苟知止，则向一定之目的以进行，心不旁骛而定，定则能静，静则能安，安则能虑，虑则能得矣。

孟子曰：

> 人有恒言，皆曰天下国家。天下之本在国；国之本在家；家之本在身。（《离娄上》，《孟子》卷七，第5页）

此以身为家、国、天下之本之所在。《大学》谓："古之欲明明德于天下者，先治其国。欲治其国者，先齐其家。欲齐其家者，先修其身。"或亦本于孟子此言。然《荀子·君道篇》亦言：

> 请问为国？曰，闻修身，未尝闻为国也。君者，仪也；民者，景也；仪正而景正。君者，槃也；民者，水也；槃圆而水圆。君射则臣决。楚庄王好细腰，故朝有饿人。故曰，闻修身，未尝闻为国也。（《荀子》卷八，第4—5页）

在上者为一国之仪表，故在上者能修身则国及天下之人皆修其身，而国治天下平矣。《大学》曰：

> 尧舜率天下以仁，而民从之。桀纣率天下以暴，而民从之。其所令反其所好，而民不从。是故君子有诸己而后求诸人，无诸己而后非诸人。所藏乎身不恕，而能喻诸人者，未之有也。故治国在齐其家。《诗》云："桃之夭夭，其叶蓁蓁，之子于归，宜其家人。"宜其家人，而后可以教国人。《诗》云："宜兄宜弟。"宜兄宜弟，而后可以教国人，《诗》云："其仪不忒，正是四国。"其为父子兄弟足法，而后民法之也。（《礼记》卷十九，第10页）

在上者足法，则民自法之；故修身为齐家、治国、平天下之本也。再则人之治国，乃"以人治人"；"以人治人"，"其则不远"，此《中庸》之言也。荀子亦曰："圣人者，以己度者也。故以人度人，以情度情。"又曰："五寸之矩，尽天下之方也。"（原文见第十二章第三节引）能修身者，自能"以人度人，以情度情"；"操五寸之矩，尽天下之方"矣。《大学》曰：

> 所谓平天下在治其国者，上老老而民兴孝，上长长而民兴弟，上恤孤而民不倍；是以君子有絜矩之道也。所恶于上，毋以使下；所恶于下，毋以事上；所恶于前，毋以先后，所恶于后，毋以从前；所恶于右，毋以交于左；所恶于左，毋以交于右；此之谓絜矩之道。（《礼记》卷十九，第11页）

絜矩之道，即"操五寸之矩，尽天下之方"之道也。

欲修其身，先正其心者，盖圣必须"知道"（见第十二章第四节）；而心必"虚壹而静"，方能知道。《荀子·解蔽篇》曰：

> 故人心譬如槃水，正错而勿动，则湛浊在下，而清明在上，则足以见须眉而察理矣。微风过之，湛浊动乎下，清明乱于上，则不可得本（原作大，依王校改）形之正也。心亦如是矣。故导之以理，养之以清，物莫之倾，则足以定是非，决嫌疑矣。（《荀子》卷十五，第11页）

《大学》曰：

> 所谓修身在其心者，心有所忿懥，则不得其正；有所恐惧，则不得其正；有所好乐，则不得其正；有所忧患，则不得其正。(《礼记》卷十九，第9页)

心所好乐等，则如"微风过之，湛浊动乎下，清明乱于上，则不可以得本形之正也"。心不能"正错而勿动"，则不"足以定是非，决嫌疑矣"。
《荀子》续曰：

> 小物引之，则其正外易，其心内倾，则不足以决庶理矣。故好书者众矣，而仓颉独传者，壹也。好稼者众矣，而后稷独传者，壹也。好乐者众矣，而夔独传者，壹也。好义者众矣，而舜独传者，壹也。倕作弓，浮游作矢，而羿精于射。奚仲作车乘，杜作乘马，而造父精于御。自古及今，未尝有两而能精者也。(《荀子》卷十五，第11—12页)

此谓心不专一，则乱而不正。《大学》谓"心不在焉，视而不见，听而不闻，食而不知其味"。皆心不专一之过也。欲无此过，须对于一事物真实求之。《大学》曰：

> 《康诰》曰："如保赤子。"心诚求之，虽不中，不远矣。未有学养子而后嫁者也。(《礼记》卷十九，第10页)

慈母于赤子，真实保之，此即诚之具体的例也。
《大学》曰：

> 所谓诚其意者，毋自欺也。如恶恶臭，如好好色，此之谓自慊，故君子必慎其独也。小人闲居为不善，无所不至，见君子而后厌然，掩其不善，而著其善，人之视己，如见其肺肝然，则何益矣。此谓诚于中，形于外，故君子必慎其独也。曾子曰："十目所视，十手所指，其严乎！"富润屋，德润身，心广体胖。故君子必诚其意。(《礼记》卷十九，第8页)

人之恶恶臭，皆真实恶之；其好好色，皆真实好之，此皆诚之具体的例也。《大学》此处言"诚于中，形于外"及"慎独"等语，均见《荀子》。不过荀子所谓"独"，乃专一之意。人若能对于一事物，真实求之，自能对于其事物，专一求之（见第十二章第五节引）。《大学》于此，似以"慎独"为使内外一致之意，与荀子小异。

吾人之心，必须有其所"诚求"，心方能不乱而正。即"知止而后有定"云云之义。此所以"欲正其心者，先诚其意"也。诚意系由"知止"得来。故"欲诚其意者，先致其知"也。"物有本末，事有终始，知所先后，则近道矣。"致知即知此也。故曰："自天子以至于庶人，壹是皆以修身为本。其本乱，而末治者，否矣。其所厚者薄，而其所薄者厚，未之有也。此谓知本，此谓知之至也。"① "知本"为"知之至"，知修身为本，而专一真实以修身，即"知至而意诚"矣。《大学》又曰："德者，本也。财者，末也。外本内末，争民施夺。"（《礼记》卷十九，第11页）知德为本即专一真实以"明明德于天下"，亦即"知至而意诚"矣。

然吾人如欲知物之本末，事之终始，则须对于事物，先有若干正确之知识。否则所谓本者或非本，所谓末者或非末。若此一错误，则以后皆错误矣。《荀子·解蔽篇》曰：

> 凡观物有疑，中心不定，则外物不清。吾虑不清，则未可定然否也。冥冥而行者，见寝石以为伏虎也，见植林以为后（俞樾云："疑本作立"）人也；冥冥蔽其明也。醉者越百步之沟，以为蹞步之浍也；俯而出城门，以为小之闺也；酒乱其神也。厌目而视者，视一以为两；掩耳而听者，听漠漠而以为哅哅；势乱其官也。故从山上望牛者若羊，而求羊者不下牵也；远蔽其大也。从山下望木者，十仞之木若箸，而求箸者不上折也；高蔽其长也。水动而景摇，人不以定美恶；水势玄也。瞽者仰视而不见星，人不以定有无；用精惑也。有人焉，以此时定物，则世之愚者也。彼愚者之定物，以疑决疑，决必不当。夫苟不当，安能无过乎？（《荀子》卷十五，第14—15页）

观物时为物之现象所蔽，则不能对之有真知识；故致知在格物。格者，至也（《尔雅·释诂》）。必看穿物之现象，而至其本来面目，方可得其真相，此所以"致知在格物"也②。否则，"以疑决疑，决必不当"。然如此须先不使"心中不

---

① 宋儒车玉峰、王柏以为此段即致知格物之传。见《鲁斋集》卷二。
② 郑康成曰："格，来也。物犹事也。其知于善深则来善物，知于恶深则来恶物。言事缘人所好来也。"此即荀子所谓"唯所居以其类至"之意。惟《大学》此所说以格物为致知之方法，非以其为致知之结果。故郑似误。

定"，盖致知格物，仍皆心之事，故与正心互为因果也。

第八节 《中庸》

《小戴礼记》中之《中庸》，相传为孔子之孙子思所作。《史记·孔子世家》谓："子思作《中庸》。"《荀子·非十二子篇》以子思、孟轲为一派。今《小戴礼记》中，《中庸》所说义理，亦实与孟子之学说为一类。则似此篇实为子思所作。然《小戴礼记》中之《中庸》，有"今天下车同轨，书同文，行同伦"之言，所说乃秦汉统一中国后之景象。《中庸》中又有"载华岳而不重"之言，亦似非鲁人之语。且所谓论命，性，诚，明，诸点，皆较孟子为详明，似就孟子之学说，加以发挥者。则此篇又似秦汉时孟子一派之儒者所作。王柏曰：

> 《中庸》者，子思子所著之书……愚滞之见，常觉其文势时有断续，语脉时有交互。一日偶见西汉《艺文志》有曰，《中庸说》二篇。……惕然有感，然后知班固时尚见其初为二也。合而乱之，有出于小戴氏之手乎？（《古中庸跋》，《鲁斋集》卷五，"金华丛书"本，第16—17页）

又曰：

> 今既以《中庸》名篇，而中庸二字，不见于首章，何也？曰，道也者，非他道也，非可离离之道也，即中庸之道也。……不然，则次章忽曰君子中庸，与首章全不相属，恐子思之文章，决不如是之无原也。（《中庸论》下，《鲁斋集》卷二，第11—12页）

王柏能提出此二问题，可谓有识。惜其对于第一问题之答案，以《中庸》之后段，分为一篇，名之曰"诚明"，殊无根据。于第二问题又曲为之词。然其所说，固已与吾人以不少提示矣。细观《中庸》所说义理，首段自"天命之谓性"至"天地位焉，万物育焉"，末段自"在下位不获乎上"，至"无声无臭至矣"，多言人与宇宙之关系，似就孟子哲学中之神秘主义之倾向，加以发挥。其文体亦大概为论著体裁。中段自"仲尼曰，君子中庸"，至"道前定则不穷"，多言人事，似就孔子之学说，加以发挥。其文体亦大概为记言体裁。由此异点推测，则此中段似为子思原来所作之《中庸》，即《汉书·艺文志》儒家中之《子思》二十三篇之类（此亦不过就其大概言之，其实中段中似亦未尝无后人附加之部分，不过有大部分似为子思原来所作之《中庸》耳）。首末二段，乃后来儒家所加，即《汉书·艺文志》"凡礼十三家"中之《中庸说》二篇之类也。"今天下车同轨"等言，皆在后段，更可见矣。《中庸说》之作者，名其书为《中庸说》，必系所谓"子思之儒"；但其中又发挥孟子之学说，则又为所谓"孟氏之儒"。盖二派本来相近，故《荀子·非十二子篇》以之为一派也。

今先论《中庸》之中段。《中庸》云：

> 仲尼曰："君子中庸，小人反中庸。君子之中庸也，君子而时中；小人之反中庸也，小人而无忌惮也。"（《礼记》卷十六，第1页）

按中庸二观念，乃孔子所已有（见《论语》《雍也》）。《中庸》又言时中，盖人事中之中，乃亚里士多德所谓相对的，而非绝对的。所谓人之情感之发，及其他一切举动，其时，其地，及其所向之人，均随时不同。故其如何为中，亦难一定（亚里士多德《伦理学》第二章第五节）。《中庸》言时中，意即如此。孟子即注重时，孟子曰：

> 非其君不事，非其民不使，治则进，乱则退。伯夷也。何事非君，何使非民，治亦进，乱亦进，伊尹也。可以仕则仕，可以止则止，可以久则久，可以速则速，孔子也（《公孙丑上》，《孟子》卷三，第9页）

又曰：

> 伯夷，圣之清者也。伊尹，圣之任者也。柳下惠，圣之和者也。孔子，圣之时者也。（《万章下》，《孟子》卷十，第2页）

又曰：

> 子莫执中，执中为近之；执中无权，犹执一也。所恶执一者，为其贼道也，举一而废百也。（《尽心》上，《孟子》卷十三，第11页）

孟子以"圣之时"赞孔子。伯夷、伊尹、柳下惠，对于出处，皆有一定不移之规则。此《论语》所谓"可与立，未可与权"也。此所谓"执一"也。若只言中而不言时，则"执中无权，犹执一也"。执一以为中，则必"举一而废百"矣。

《中庸》云：

> 子曰："道不远人，人之为道而远人，不可以为道。《诗》云：'伐柯伐柯，其则不远。'执柯以伐柯，睨而视之，犹以为远。故君子以人治人，改而止。忠恕违道不远，施诸己而不愿，亦勿施于人。君子之道四，丘未能一焉。所求乎子，以事父，未能也；所求乎臣，以事君，未能也；所求乎弟，以事兄，未能也；所求乎朋友，先施之，未能也。庸德之行，庸言之谨。有所不足，不敢不勉，有余不敢尽，言顾行，行顾言，君子胡不慥慥尔。"（《礼记》卷十六，第3页）

此就孔子所说之"忠恕之道"，加以发挥。"忠恕之道"，推己及人，所谓"以人治人"，诚哉"其则不远"也。"忠恕之道"，简易如此，此所谓庸也①。

《中庸》云：

> 天下之达道五，所以行之者三，曰，君臣也，父子也，夫妇也，昆弟也，朋友之交也。五者，天下之达道也。知仁勇三者，天下之达德也，所以行之者一也。或生而知之，或学而知之，或困而知之，及其知之一也。或安而行之，或利而行之，或勉强而行之，及其成功一也。子曰：'好学近乎知，力行近乎仁，知耻近乎勇。'知斯三者，则知所以修身。知所以修身，则知所以治人。知所以治人，则知所以治天下国家矣。（《礼记》卷十六，第7页）

此亦就孔子之学说，加以发挥，以君臣父子等人与人之关系，为天下之达道。以仁知勇等个人修养之成就，为天下之达德。以达德行达道，即可以修身治人矣。

以上系就《中庸》之中段论之。其首段末段，将孟子哲学中之反功利主义，及其神秘主义之倾向，加以有系统的说明。《中庸》云：

> 天命之谓性，率性之为道，修道之为教。（《礼记》卷十六，第1页）

---

① 忠恕皆主推己及人，故往往举一可以概二。如此所说"所求乎子"即"以事父"；"所求乎臣"即"以事君"等，实只讲忠，（大学）所说"絜矩之道"，"所恶于上毋以使下"等，实只讲恕。合而观之，则忠恕之道见矣。

《大戴礼记·本命篇》云：

> 分于道谓之命，形于一谓之性。化于阴阳，象形而发，谓之生。化穷数尽谓之死。（《大戴礼记》卷十三，第3页）

《中庸》所说之天，即《本命篇》所说之道。"分于道谓之命，形于一谓之性。"儒家所说天与性之关系，与道家所说道与德之关系相同（参看第八章第四节，第十章第二节）。盖天为含有道德之宇宙的原理，而性则天所"命"于人，人所"分"于天者也。孔子一方面注重人之性情之真的流露，一方面主张须以"礼节之"。《中庸》亦一方面主张"率性"，一方面又主张以"教""修"之。《中庸》云："喜怒哀乐之未发谓之中，发而皆中节谓之和。"（《礼记》卷十六，第1页）喜怒哀乐，皆是天然的，当听其"发"；但须以"教"修之，使其"发"无过不及而已。

上文谓墨家哲学，与儒家不同。儒家"正其谊不谋其利，明其道不计其功"。墨子则专注重利，专注重功（第五章第四节）。不计功利者，以为吾人行为之意义及价值，并不在行为之外，而即在行为之自身。《中庸》与此人生态度，以形而上学的根据。《中庸》云：

> 《诗》曰："惟天之命，于穆不已。"盖曰，天之所以为天也。"于乎不显，文王之德之纯"，盖曰，文王之所以为文也，纯亦不已。（《礼记》卷十六，第10页）

又云：

> 故至诚无息。不息则久，久则征，征则悠远，悠远则博厚，博厚则高明。博厚所以载物也，高明所以覆物也，悠久所以成物也。博厚配地，高明配天，悠久无疆。如此者，不见而章，不动而变，无为而成。天地之道，可一言而尽也。其为物不贰，则其生物不测。天地之道，博也，厚也，高也，明也，悠也，久也。（《礼记》卷十六，第9—10页）

"天"活动不息，无所为而为。君子以"天"为法，故亦应自强不息，无所为而为。

上文谓孟子哲学中有神秘主义之倾向。《中庸》更就孟子之言，加以引申说明，以"合内外之道"，为人之修养之最高境界。此盖一境界，于其中虽仍有活动，与一切事物，而内外即人己之分，则已不复存在。《中庸》所谓诚，似即指此境界。"天"本来即诚，盖"天"本不分所谓内外也。故《中庸》云：

> 诚者，天之道也。诚之者，人之道也。……自诚明，谓之性。自明诚，谓之教。诚则明矣，明则诚矣。(《礼记》卷十六，第8页)

诚为天之道，而人则必用"教"以求自明而诚，所谓"诚之者，人之道也"。《中庸》云：

> 诚者，物之终始，不诚无物。是故君子诚之为贵。诚者，非自成己而已也，所以成物也。成己，仁也；成物，智也；性之德也，合内外之道也，故时措之宜也。(《礼记》卷十六，第9页)

以成己成物为"内合外之道"，即叔本华所说以"爱之事业"，超过"个性原理"也。诚为"性之德"，"教"非能于性外更有所加，不过助性使得尽量发展而已。性之尽量发展，即所谓尽性。《中庸》云：

> 唯天下至诚，为能尽其性。能尽其性，则能尽人之性。能尽人之性，则能尽物之性。能尽物之性，则可以赞天地之化育。可以赞天地之化育，则可以与天地参矣。(同上)

人物之性，皆"天"之部分，故"能尽其性"之人，亦能"尽人之性""尽物之性"也。至诚之人，既无内外之分，人我之见，则已至万物一体之境界矣。既与万物为一体，故能赞天地之化育而与天地参也。此等人有圣人之德，若再居天子之位，则可以"议礼、制度、考文"矣。《中庸》云：

> 故君子之道，本诸身，征诸庶民。考诸三王而不缪，建诸天地而不悖，质诸鬼神而不疑，百世以俟圣人而不惑。质诸鬼神而无疑，知天也。百世以俟圣人而不惑，知人也。是故君子动而世为天下道，行而世为天下法，言而世为天下则。远之则有望，近之则不厌。《诗》曰："在彼无恶，在此无射。庶几夙夜，以永终誉。"君子未有不如此而蚤有誉于天下者也。(《礼记》卷

十六，第11页）

以如此之人居君位，将"揖让而治天下"。在此情形之中，在此世界之内：

> 万物并育而不相害，道并行而不相背。小德川流，大德敦化。此天地之所以为大也。（《中庸》，《礼记》卷十六，第11—12页）

据此可知《中庸》大部分为孟学，而《大学》则大部分为荀学。此二篇在后来中国哲学中，有甚大势力。而此二篇亦即分别代表战国时儒家之孟荀二大学派，盖亦非偶然也。

第九节　《礼运》

后来之儒家哲学，颇受有道家哲学之影响（荀子受道家影响，详第十二章第五节）。一部分儒家之政治社会哲学之受道家影响者，可以《小戴礼记》中之《礼运》首段所说代表之。

《礼运》云：

> 孔子曰："大道之行也，与三代之英，丘未之逮也，而有志焉。大道之行也，天下为公，选贤与能，讲信修睦。故人不独亲其亲，不独子其子。使老有所终，壮有所用，幼有所长，矜寡孤独废疾者皆有所养。男有分，女有归。货恶其弃于地也，不必藏于己。力恶其不出于身也，不必为己。是故谋闭而不兴，盗窃乱贼而不作。故外户而不闭，是谓大同。今大道既隐，天下为家。各亲其亲，各子其子。货力为己。大人世及以为礼，城郭沟池以为固。礼义以为纪，以正君臣，以笃父子，以睦兄弟，以和夫妇，以设制度，以立田里，以贤勇知，以功为己。故谋用是作而兵由此起。禹、汤、文、武、成王、周公，由此其选也。此六君子者，未有不谨于礼者也。以著其义，以考其信，著有过，刑仁讲让，示民有常。如有不由此者，在势者去，众以为殃，是谓小康。"（《礼记》卷七，第1—2页）

此谓一般儒家所殷殷提倡之政治社会，为仅小康之治，于其上另有大同之治。此采用道家学说之政治社会哲学也。此儒家之新政治社会哲学，最近人极力推崇之。

第十五章　《易传》及《淮南鸿烈》中之宇宙论

第一节　《周易》之起源及《易传》之作者

《易》之八卦，相传为伏羲所画。六十四卦，或云为伏羲所自重（王弼等说），或云为文王所重（司马迁等说）。卦辞爻辞，或云系文王所作（司马迁等说），或云卦辞文王作，爻辞周公作（马融等说）。"《彖》、《象》、《系辞》、《文言》、《序卦》之属十篇"，即所谓《十翼》者，相传皆孔子作。然此等传说，俱乏根据。商代无八卦，商人有卜而无筮。筮法乃周人所创，以替代或补助卜法者。卦及卦爻等于龟卜之兆。卦辞爻辞等于龟卜之繇辞。繇辞乃掌卜之人，视兆而占者。此等临时占辞，有时出于新造，有时亦沿用旧辞。如有与以前所卜相同之事，卜时又有与以前相同之兆，则占辞即可沿用其旧；如前无此兆，则须新造。灼龟自然的兆象，既多繁难不易辨识；而以前之占辞，又多繁难不易记忆。筮法之兴，即所以解决此种困难者。卦爻仿自兆而数有一定，每卦爻之下又系有一定之辞。筮时遇何卦何爻，即可依卦辞爻辞，引申推论。比之龟卜，实为简易（自商代无八卦以下至此，余永梁先生说，见《中央研究院历史语言研究所集刊》第一本第一分）。《周易》之名，或即由此起。因其为周人所作，故冠曰周，因其用法简易，故名曰《易》。

《易》本为筮用，但后则虽不于筮时，人亦常引申卦爻辞中之意义，以为立说之根据。《左传》宣公十二年云：

> 晋师救郑。……彘子……以中军佐济。知庄子曰："此师殆哉！《周易》有之，在师䷆之临䷒曰："师出以律，否臧凶。"执事顺成为臧，逆为否。众散为弱，川壅为泽，有律以如己也，故曰"律否臧"；且律竭也。盈而以竭，天且不整，所以凶也。不行之谓临；有帅而不从，临孰甚焉？此之谓

矣。果遇必败，龟子尸之。虽免而归，必有大咎。(《左传》卷十一，"四部丛刊"本，第1—3页)

又襄公二十八年云：

> 子展曰："楚子将死矣！不修其政德，而贪昧于诸侯，以逞其愿，欲久得乎？《周易》有之，在复䷗之颐䷚曰：'迷复，凶。'其楚子之谓乎？欲复其愿，而弃其本；复归无所，是谓迷复，能无凶乎？"(《左传》卷十八，第16页)

孔子引申《恒》卦九三爻辞之意义，以教人须有恒（见第四章第一节），亦此类也。荀子亦常就卦爻辞之意义，加以引申，以为立说之根据。《非相篇》云：

> 故赠人以言，重于金石珠玉；观人以言，美于黼黻文章；听人以言，乐于钟鼓琴瑟。故君子之于言无厌。鄙夫反是，好其实不恤其文，是以终身不免埤污庸俗。故《易》曰："括囊无咎无誉"，腐儒之谓也。(《荀子》卷三，"四部丛刊"本，第8—9页)

"括囊无咎无誉"，为《易·坤》六四爻辞。《大略篇》云：

> 《易》曰："复自道，何其咎。"《春秋》贤穆公，以为能变也。(《荀子》卷十九，第10页)

"复自道，何其咎"，为《易·小畜》初九爻辞。《大略篇》云：

> 《易》之《咸》，见夫妇。夫妇之道，不可不正也，君臣父子之本也。咸，感也。以高下下，以男下女，柔上而刚下。(《荀子》卷十九，第9页)

此更就一卦之义而引申之，与《易传》中之《咸卦》彖辞意同文异。从此等观点观《易》，则《易》已非止为筮用之书，而为涵有各种意义之书矣。《易传》之作者，非止一人，然皆本此观点以观《易》，本前人之说，附以己见，务与《易》之卦爻及卦辞爻辞以最大之涵义，以使《易》成为一有系统的哲学书也。

所谓《十翼》非孔子所作，前人及时人论之已详①。《汉书·儒林传》曰：

> 及秦禁学，《易》为卜筮之书，独不禁，故传授者不绝也。汉兴，田何以齐徙杜陵，号杜田生。授东武王同子中；洛阳周王孙，丁宽；齐服生；皆著《易传》数篇。（《汉书》卷八十八，同"文影殿刊"本，第7页）

王同、周王孙、丁宽、服生等所著之《易传》，不知是否即在现有之《易·十翼》中。要之现在所有之《易·十翼》，皆王同等所作《易传》之类也。

第二节　八卦及阴阳

周人为八卦，又重之为六十四卦，以仿龟兆。其初八卦本不必有何意义，及后日益附演，八卦乃各有其所代表之事物。如《说卦》云：

> 乾，天也，故称乎父。坤，地也，故称乎母。震一索而得男，故谓之长男。巽一索而得女，故谓之长女。坎再索而得男，故谓之中男。离再索而得女，故谓之中女。艮三索而得男，故谓之少男。兑三索而得女，故谓之少女。乾为天，为圜，为君，为父……坤为地，为母……震为雷……巽为木，为风……坎为水……为月……离为火，为日……艮为山……兑为泽……（《周易》卷九，"四部丛刊"本，第3—4页）

《说卦》《序卦》《杂卦》三篇，在所谓《十翼》中，尤为晚出。然据《左传》《国语》所记，春秋时人亦已以乾为天，坤为土，巽为风（见《左传》庄公二十二年），离为火，艮为山（见《左传》昭公十五年），震为雷，坎为水（见《国语·晋语》）；又以震为长男，坤为母（同上）。可见《说卦》所说，亦本前人所已言者而整齐排比之耳。八卦已有此诸种意义时，讲《周易》者之宇宙论，系以个人生命之来源为根据，而类推及其他事物之来源。《易·系辞》云："天地氤氲，万物化醇；男女构精，万物化生。"（《周易》卷八，第5—6页）男女交合而生人，故类推而以为宇宙间亦有二原理。其男性的原理为阳，其卦为乾；其

---

① 说见欧阳修《易童子问》，崔东壁《洙泗考信录》，顾颉刚先生《古史辨》及拙作《孔子在中国历史中之地位》。

女性的原理为阴，其卦为坤。而天地乃其具体的代表。乾坤相交，乾一之坤为震，为长男，而雷为其具体的代表；坤一之乾为巽，为长女，而风为其具体的代表；乾二之坤为坎，为中男，而水为其具体的代表；坤二之乾为离，为中女，而火为其具体的代表；乾三之坤为艮，为少男，而山为其具体的代表；坤三之乾为兑，为少女，而泽为其具体的代表。总之，宇宙间之最大者为天地，天上之最惹人注意者为日月风雷；地上之最惹人注意者为山泽，人生之最切用者为水火；古人以此数者为宇宙之根本，于是以八卦配之；而又依人间父母子女之关系，而推定其间之关系焉。

此以八卦所代表者为宇宙之根本。此八卦说与前所述之五行说（见前第七章第七节）在先秦似为两独立的系统。在其时，讲五行者不讲八卦，讲八卦者不讲五行。至汉此两说始相混合。汉人称驺衍等为阴阳家，其实阴阳乃八卦说之系统中所讲，驺衍等不讲八卦也。

古本已有以阴阳之说，解释宇宙间诸现象者（见第三章第四节）。此后常言及阴阳者为道家，如《老子》："道生一，一生二，二生三，三生万物。万物负阴而抱阳，冲气以为和。"（见上第八章第四节引）《吕氏春秋》亦曰：

> 太一生两仪，两仪生阴阳。（《大乐篇》，《吕氏春秋》卷五，"四部丛刊"本，第3页）

《礼记·礼运篇》亦曰：

> 礼必本于大一，分而为天地，转而为阴阳。（《礼记》卷七，"四部丛刊"本，第8—9页）

《易·系辞》亦曰：

> 《易》有太极，是生两仪。两仪生四象，四象生八卦。（《周易》卷七，第10页）

又曰：

> 一阴一阳之为道；继之者善也，成之者性也。仁者见之谓之仁，知者见之谓之知。百姓日用而不知，故君子之道鲜矣。显诸仁，藏诸用，鼓万物而

不与圣人同忧。盛德大业，至矣哉。富有之谓大业；日新之谓盛德；生生之谓《易》。(《周易》卷七，第3—4页)

《老子》所谓二，乃指天地。《吕氏春秋》所谓两仪，亦似指天地。《易·系辞》所谓两仪，则似指阴阳，此观于"一阴一阳之谓道"之言可见也。焦循云："一阴一阳之谓道；分于道之谓命；形于一之谓性。分道之一，以成一人之性。合万物之性，以为一贯之道。一阴一阳，道之所以不已。"(《论语通释·一贯忠恕》)此所说道与性之关系，正如道家所说道与德之关系。道指万物全体之所以生之原理，而人物之性，则所分于道之一部分也。凡道所生，皆非是恶；故曰"继之者善也"。道分为确定的部分，然后被决定而为有所成；故曰"成之者性也"。"仁者见之谓之仁，智者见之谓之智"，则《老子》所说"道可道，非常道；名可名，非常名"也。(一章，《老子》上篇，"武英殿聚珍版丛书"本，第1页) 道"生而不有，为而不恃，长而不宰"(五十一章，《老子》下篇第17页)，故"百姓日用而不知"也。道"鼓万物而不与圣人同忧"；《老子》亦云："天地不仁，以万物为刍狗。"(五章，《老子》上篇第5页) 盖万物自然而生，天地本无心于为仁，亦无心为万物忧也。《易传》采《老》学道之观念，又采阴阳之说，以之配于乾坤。使之为道或太极所生之二宇宙的原理。关于此二原理之性质，《易传》云：

> 大哉乾元，万物资始，乃统天。……乾道变化，各正性命。(《乾·彖》，《周易》卷一，第1页)
> 至哉坤元，万物资生，乃顺承天。(《坤·彖》，《周易》卷一，第5页)
> 乾道成男；坤道成女。乾知大始；坤作成物。乾以易知；坤以简能。(《系辞》上，《周易》卷七，第1页)
> 夫乾，其静也专，其动也直，是以大生焉。夫坤，其静也翕，其动也辟，是以广生焉。(《系辞》上，《周易》卷七，第4页)
> 乾，阳物也；坤，阴物也；阴阳合德，而刚柔有体，以体天地之撰。(《系辞》下，《周易》卷八，第6页)

此亦以个人生命之来源为根据，类推万物之来源。以"男女构精，万物化生"之事实，类推而定为"天地氤氲，万物化醇"之原理。"天施地生，其益无方"(《益·彖》，《周易》卷四，第14页)，天地即乾坤阴阳之具体代表也。此二原理，一刚一柔，一施一受，一为万物之所"资始"，一为万物之所"资生"。"夫乾，其静也专，其动也直"；"夫坤，其静也翕，其动也辟"。"阖户谓之坤，辟户谓之乾。"（《系辞》上，《周易》卷七，第10页）皆根据男女两性对于生殖之活动，以说明乾坤。

乾与坤在别方面之关系，《易传》亦以当时男女在社会之地位与关系为根据，而类推之。《坤·彖》云：

> 至哉坤元，万物资生，乃顺承天。坤厚载物，德合无疆。含弘光大，品物咸亨。牝马地类，行地无疆。柔顺利贞，君子攸行。先迷失道，后顺得常。……安贞之吉，应地无疆。（《周易》卷一，第5页）

《文言》云：

> 坤至柔而动也刚，至静而德方。后得主而有常，含万物而化光。坤道其顺乎？承天而时行。……阴虽有美，含之以从王事，弗敢成也。地道也，妻道也，臣道也；地道无成而代有终也。（《周易》卷一，第6—7页）

乾阳为主，坤阴为辅。坤阴自为先，则"迷而失道"；从乾阳后，则"得主而有常"。所谓"以顺为正者，妾妇之道也"。

男女必须交合而后能生子，阴阳亦必须交合而后能生万物。《易传》云：

> 泰……则是天地交而万物通也，上下交而其志同也。（《泰·彖》，《周易》卷二，第1页）
> 天地感而万物化生。（《咸·彖》，《周易》卷四，第1页）
> 天地相遇，品物咸章也。（《姤·彖》，《周易》卷五，第2页）
> 归妹，天地之大义也。天地不交，而万物不兴。归妹，人之终始也。（《归妹·彖》，《周易》卷五，第15页）

天地即乾坤之具体的表现；乾坤即天地所代表之抽象的原理。"天地不交而万物不兴"；天地交则生万物。"天地睽而其事同也，男女睽而其志通也，万物睽而其事类也。"（《睽·彖》，《周易》卷四，第8页）因交则天地虽睽隔而事同，犹男女虽睽隔而志通。

第三节 宇宙间诸事物之发展变化

因乾坤之交感，而乃有万物，而乃有发展变化。《易传》曰：

> 天地解而雷雨作；雷雨作而百果草木皆甲坼。（王弼注曰："天地否结，则雷雨不作；交通感散，雷雨乃作也。"）（《解·彖》，《周易》卷四，第11页）
>
> 天地革而四时成。（《革·彖》，《周易》卷五，第9页）
>
> 显诸仁，藏诸用。鼓万物而不与圣人同忧，盛德大业，至矣哉！富有之谓大业，日新之谓盛德。（《系辞》上，《周易》卷七，第4页）
>
> 阖户谓之坤，辟户谓之乾；一阖一辟谓之变，往来不穷谓之通。（《系辞》上，《周易》卷七，第10页）

宇宙间诸事物时时革新，时时变化，所谓日新也。

宇宙间诸事物之变化，皆依一定之秩序。《易传》云：

> 天地以顺动，故日月不过，而四时不忒。（《豫·彖》，《周易》卷二，第6页）
>
> 天地节而四时成。（《节·彖》，《周易》卷六，第6页）
>
> 天地之道，恒久而不已也。利有攸往，终则有始也。日月得天而能久照，四时变化而能久成。……观其所恒，而天地万物之情可见矣。（《恒·彖》，《周易》卷四，第2页）
>
> 吉凶者，贞胜者也。天地之道，贞观者也。日月之道，贞明者也。天下之动贞夫一者也。（《系辞》下，《周易》卷八，第1页）

此皆谓宇宙间诸事物，皆依一定之秩序，永久进行。《中庸》曰："天地之道，可一言而尽也。其为物不贰，则其生物不测。"《易传》所谓"天下之动贞夫一"，正此意也。惟其如此，故宇宙演化，永无止期，故《序卦》云：

> 物不可穷也，故受之以未济终焉。（《周易》卷九，第8页）

第四节　宇宙间事物变化之循环

宇宙间事物时时变化。其变化是循环的。《易传》云：

> 无往不复，天地际也。(《泰·象》，《周易》卷二，第1页)
> 终则有始，天行也。(《蛊·彖》，《周易》卷二，第9页)
> 反复其道，七日来复。……复，其见天地之心乎！(《复·彖》，《周易》卷三，第4页)
> 日中则昃，月盈则食；天地盈虚，与时消息。(《丰·彖》，《周易》卷六，第1页)
> 日往则月来，月往则日来，日月相推，而明生焉。寒往则暑来，暑往则寒来，寒暑相推，而岁成焉。往者，屈也；来者，信也；屈信相感而利生焉。(《系辞》下，《周易》卷八，第3—4页)

"反复其道"，"无往不复"，宇宙间事物之"往来""屈信"，皆如日月寒暑之循环往来，此所谓"复"。此为宇宙间事物变化所依之一大通则。故曰："复，其见天地之心乎！"

惟其如此，所以宇宙间任何事物，若发展至一定程度，则即变而为其反面。"日中则昃，月盈则食"，故《乾卦》六爻，以九五为最善。至于《乾》之上九，则为"亢龙有悔"，有"穷之灾"矣。孔子于此云：

> 亢之为言也，知进而不知退，知存而不知亡，知得而不知丧。其唯圣人乎！知进退存亡而不失其正者，其惟圣人乎！(《文言》，《周易》卷一，第5页)

"物极必反"，此《易》理亦《老子》所持之理也。依《易传》所解释，六十四卦之次序，亦表示物极必反之义。《序卦》云：

> ……履而泰然后安，故受之以泰。泰者，通也。物不可以终通，故受之以否。物不可以终否，故受之以同人。(《周易》卷九，第5页)
> 物不可以苟合而已，故受之以贲。贲者，饰也。致饰然后亨则尽矣，故

受之以剥。剥者，剥也。物不可以终尽，剥穷上反下，故受之以复。……（同上）

震者，动也。物不可以终动，止之，故受之以艮。艮者，止也。物不可以终止，故受之以渐。（《周易》卷九，第7页）

惟其如此，故在宇宙变化程序中，有好亦必有不好。故《系辞》云：

吉凶悔吝者，生乎动者也。（《周易》卷八，第1页）
爻也者，效天下之动者也，是故吉凶生而悔吝著也。（《周易》卷八，第3页）

吉凶既与动常相即不离，而宇宙演化，即是一动。所以宇宙之有恶，乃必然之势。故《系辞》又云："八卦定吉凶，吉凶生大业。"大业必与吉凶为缘，此即叔本华所说之"永久公道"也。①

第五节　易象与人事

宇宙间有诸事物，诸事物之发展变化，有如此诸公例。《易》之为书，依《易传》说，即所以将宇宙诸事物及其发展变化之公例，以简明之象征，摹拟之，代表之，以便人之取法。《易》之一书，即宇宙全体之一缩影也。《系辞》云：

易者，象也；象也者，像也。（《周易》卷八，第3页）
夫象，圣人有以见天下之赜，而拟诸其形容，象其物宜，是故谓之象。（《周易》卷七，第12页）
见乃谓之象；形乃谓之器；制而用之谓之法；利用出入，民咸用之，谓之神。（《周易》卷七，第10页）

---

① 按《序卦》在所谓《十翼》中尤为晚出。然《淮南子·缪称训》云："动而有益则损随之。故（易）曰：'剥之不可终尽也，故受之以复。'"（《淮南子》卷十，刘文典先生《淮南鸿烈集解》，商务铅印本，第7页）是《序卦》所说诸义，淮南王时已有之矣。

[又注] 某笔记中谓，一仙人谓：下棋无必胜之法，但有必不输之法。问必不输之法为何？曰：不下棋。下棋为一动，动则必有吉凶悔吝也。

圣人见"天下之赜",而"拟其形容,象其物宜",以得其"象";又摹拟此象,造为"器",制为"法";"民咸用之"。故曰:

> 天生神物,圣人则之。天地变化,圣人效之。天垂象见吉凶,圣人象之。(《系辞》上,《周易》卷七,第11页)

宇宙间诸事物,时时革新,时时变化;《易》摹拟宇宙间诸事物,摹拟其变化。《易传》云:

> 爻也者,效天下之动者也。(《系辞》下,《周易》卷八,第3页)
>
> 《易》之为书也不可远,其为道也屡迁。变动不居,周流六虚,上下无常,刚柔相易,不可为典要,惟变所适。(《系辞》下,《周易》卷八,第7页)

惟其如此,故《易传》屡言"时";事物之发展若至于极点则一变而为其反面,故《易传》屡言"中"。惠栋曰:

> 《易》道深矣!一言以蔽之曰,时中。孔子作彖传,言时者二十四卦,言中者三十五卦;象传,言时者六卦,言中者三十六卦。其言时也,有所谓:时者,待时者,时行者,时成者,时变者,时用者,时义,时发,时舍,时极者。其言中,有所谓:中者,中正者,正中者,大中者,中道者,中行者,行中者,刚中,柔中者。而《蒙》之彖,则又合时中而命之。……子思作《中庸》,述孔子之意,而曰:"君子而时中。"孟子亦曰:"孔子圣之时。"夫执中之训,肇于中天;时中之义,明于孔子;乃尧舜以来,相传之心法也。其在《丰·彖》曰:"天地盈虚,与时消息。"在《剥》曰:"君子尚消息盈虚,天行也。"《文言》曰:"知进退存亡,而不失其正者,其惟圣人乎?"皆时中之义也。(《易尚时中说》,《易汉学》,《续经解》本,卷七,第4页)

盖儒家向来所说时中之义,至《易传》而又得一形上学的根据矣。①

《易传》亦根据"物极则反"之义,与人以与《老子》所说相似之处世接物之方法。《谦·彖》云:

> 天道下济而光明,地道卑而上行。天道亏盈而益谦,地道变盈而流谦,鬼神害盈而福谦,人道恶盈而好谦。谦尊而光,卑而不可逾,君子之终也。(《周易》卷二,第5页)

《系辞》云:

> 劳谦,君子有终吉。子曰:"劳而不伐,有功而不德,厚之至也。"语以其功下人者也。德言盛,礼言恭,谦也者,致恭以存其位者也。(《周易》卷七,第6页)

又云:

> 危者,安其位者也;亡者,保其存者也;乱者,有其治者也。是故君子安而不忘危,存而不忘亡,治而不忘乱;是以身安而国家可保也。《易》曰:"其亡其亡,系于苞桑"。(《周易》卷八,第5页)

此《老》学之说,而《易传》取之者也。

然《易传》所说之处世接物的方法,与《老子》所说,相似而不相同。盖《老子》注重"合",而《易传》注重"中"。"合"者,两极端所生之新事情;而"中"者,则两极端中间之一境界也。如《老子》言:"大巧若拙。"大巧非巧与拙中间之一境界,而实乃巧与拙之合也。《易传》似只持"执两用中"之

---

① 《易传》屡言中,故可疑为至少其中一部分,系"子思之儒"所作。《文言》中之字句,且有与《中庸》同者。如《文言》乾初九云:"不易乎世,不成乎名;遯世无闷,不见是而无闷。"《中庸》亦云:"君子依乎中庸,遯世不见知而不悔。"九二云:"庸言之信,庸行之谨。"《中庸》亦言:"庸德之行,庸言之谨。"《文言》又云:"夫大人者,与天地合其德,与日月合其明,与四时合其序,与鬼神合其吉凶。先天而天弗违,后天而奉天时。"《中庸》亦言:"君子之道,建诸天地而不悖,质诸鬼神而无疑。"《中庸》又言:"至诚之道,可以前知。国家将兴,必有祯祥;国家将亡,必有妖孽。见乎蓍龟,动乎四体。"《中庸》对《易》,亦有信仰也。

义；此其所以为儒家之典籍也。

《易传》以当时男女在社会上之地位与关系为根据，而类推乾与坤之关系。乾与坤之关系既如《易传》所说，而当时男女在社会上之地位与关系，乃更似为合理，且有形上学的根据。《家人·彖》曰：

> 家人，女正位乎内，男正位乎外；男女正，天地之大义也。家人有严君焉，父母之谓也。父父，子子，兄兄，弟弟，夫夫，妇妇，而家道正；正家而天下定矣。(《周易》卷四，第7页)

以男女"正位"为"天地之大义"，即与当时男女在社会上之地位与关系以形上学的根据也。

《系辞》云：

> 天尊地卑，乾坤定矣。卑高以陈，贵贱位矣。(《周易》卷七，第1页)

社会上之有贵贱，正如天地之有高卑，同为自然，此亦易象所昭示者也。

此外六十四卦中之"象曰"，皆言易象之可为人事所取法。如：

> 天行健，君子以自强不息。(《乾·象》，《周易》卷一，第2页)
> 地势坤，君子以厚德载物。(《坤·象》，《周易》卷一，第5页)

此易象之可应用于个人之修养者也。又如：

> 上天下泽。履，君子以辩上下，定民志。(《履·象》，《周易》卷一，第16页)
> 天地交泰，后以财成天地之道，辅相天地之宜，以左右民。(《泰·象》，《周易》卷二，第1页)

此易象之可应用于政治社会者也。《系辞》曰：

> 《易》有圣人之道四焉：以言者尚其辞，以动者尚其变，以制器者尚其象，以卜筮者尚其占。(《周易》卷七，第9页)

《易》本为筮用，故曰："以卜筮者尚其占。"引申《易》卦辞爻辞之义，以为自己立言之根据，即所谓"以言者尚其辞"也。取法易象，应用之于吾人之行为，即所谓"以动者尚其变"也。"以制器者尚其象"者，《系辞》于此有具体的说明云：

> 古者包牺氏之王天下也，仰则观象于天，俯则观法于地，观鸟兽之文与地之宜，近取诸身，远取诸物，于是始作八卦，以通神明之德，以类万物之情。……包牺氏殁，神农氏作，斲木为耜，揉木为耒；耒耨之利，以教天下，盖取诸《益》。(《周易》卷八，第2页)

《益》卦䷩巽上震下；巽为风，为木；震为雷，为动。上有木而下动，故神农即因其象而发明耒耜。《系辞》又云：

> 刳木为舟，剡木为楫；舟楫之利，以济不通，致远以利天下。盖取诸《涣》。(同上)

《涣》卦䷺巽上坎下；巽为风，为木；坎为水。木在水上，故黄帝即因其象而制舟楫。《系辞》又云：

> 服牛乘马，引重致远，以利天下，盖取诸《随》。(同上，"四部丛刊"本有误，依通行本)

《随》卦䷐兑上震下；兑为泽，为悦；震为动。下动而上悦，故黄帝即因其象而利用牛马，以"引重致远"。

总之，《易》之一书，即宇宙全体之缩影。故《系辞》云：

> 《易》与天地准，故能弥纶天地之道。仰以观于天文，俯以察于地理，是故知幽明之故。原死反终，故知死生之说。(《周易》卷七，第3页)

又云：

> 夫《易》，广矣，大矣；以言乎远则不御，以言乎迩则静而正，以言乎

天地之间则备矣。(《周易》卷七，第4页)

吾人行为，能取法于《易》，即可不致有错。

《系辞》云：

> 是故君子所居而安者，易之序也。所乐而玩者，爻之辞也。是故居则观其象而玩其辞，动则观其变而玩其占，是以自天佑之，吉无不利。(《周易》卷七，第2页)

经此解释，《易》之重要可知矣。

第六节 《淮南鸿烈》中之宇宙论

《淮南鸿烈》为汉淮南王刘安宾客所共著之书，杂取各家之言，无中心思想。惟其中讲宇宙发生之部分，比以前哲学家所讲，皆较详明。盖中国早期之哲学家，皆多较注意于人事，故中国哲学中之宇宙论亦至汉初始有较完整之规模，如《易传》及《淮南鸿烈》中所说是也。《俶真训》云：

> 有始者，有未始有有始者，有未始有夫未始有有始者。有有者，有无者，有未始有有无者，有未始有夫未始有有无者。所谓有始者，繁愤未发，萌兆牙蘖，未有形埒（垠锷），冯冯翼翼，将欲生兴，而未成物类。有未始有有始者，天气始下，地气始上，阴阳错合，相与优游竞畅于宇宙之间，被德含和，缤纷茏苁，欲与物接，而未成兆朕。有未始有夫未始有有始者，天含和而未降，地怀气而未扬，虚无寂寞，萧条霄霓，无有仿佛，气遂而大通冥冥者也。有有者，言万物掺落，根茎枝叶，青葱苓茏，萑扈炫煌，蜎飞蠕动，蚑行噱息，可切循把握，而有数量。有无者，视之不见其形，听之不闻其声，扪之不可得也，望之不可极也，储与扈冶，浩浩瀚瀚，不可隐仪揆度，而通光耀者。有未始有有无者，包裹天地，陶冶万物，大通混冥，深闳广大，不可为外；析毫剖芒，不可为内。无环堵之宇，而生有无之根。有未始有夫未始有有无者，天地未剖，阴阳未判，四时未分，万物未生。汪然平静，寂然清澄，莫见其形。若光耀之间于无有，退而自失也。(《淮南子》卷一，第1—2页)

又《天文训》云：

> 天地未形，冯冯翼翼，洞洞灟灟，故曰太始。太始生虚廓，虚廓生宇宙，宇宙生元气。元气有涯垠，清阳者薄靡而为天，重浊者凝滞而为地。清妙之合专易，重浊之凝竭难；故天先成而地后定。天地之袭精为阴阳，阴阳之专精为四时，四时之散精为万物。积阳之热气久者生火，火气之精者为日。积阴之寒气为水，水气之精者为月。日月之淫气，精者为星辰。天受日月星辰，地受水潦尘埃。昔者共工与颛顼争为帝，怒而触不周之山，天柱折，地维绝。天倾西北，故日月星辰移焉；地不满东南，故水潦尘埃归焉。天道曰圆，地道曰方。方者主幽，圆者主明。明者吐气者也，是故火曰外景；幽者含气者也，是故水曰内景。吐气者施，含气者化；是故阳施阴化。天地之偏气，怒者为风，天地之合气，和者为雨。阴阳相薄，感而为雷，激而为霆，乱而为雾。阳气胜则散而为雨露，阴气胜则凝而为霜雪。毛羽者，飞行之类也，故属于阳；介鳞者，蛰伏之类也，故属于阴。日者，阳之主也，是故春夏则群兽除，日至而麋鹿解；月者，阴之宗也，是以月亏而鱼脑流，月死而蠃蛖膲。火上荨，水下流；故鸟飞而高，鱼动而下。物类相动，本标相应；故阳燧见日则燃而为火，方诸见月则津而为水，虎啸而谷风至，龙举而景云属，麒麟斗而日月食，鲸鱼死而彗星出，蚕珥丝而商弦绝，贲星坠而勃海决。（《淮南子》卷三，第1—3页）

此本一极有系统之宇宙论，对于天地万物之发生，皆有有系统的解释。但中间忽插"共工与颛顼争帝"一段神话，与前后文皆不类。盖淮南宾客之为别一家学者所加入也。人与宇宙之关系及其在其中之地位，《淮南子》亦有论及。

《精神训》云：

> 古未有天地之时，惟象无形，窈窈冥冥，芒芠漠闵，澒濛鸿洞，莫知其门。有二神混生，经天营地，孔乎莫知其所终极，滔乎莫知其所止息。于是乃别为阴阳，离为八极。刚柔相成，万物乃形。烦气为虫，精气为人。是故精神，天之有也；而骨骸者，地之有也。精神入其门，而骨骸反其根，我尚何存？……夫精神者，所受于天也；而形体者，所禀于地也。故曰，一生二，二生三，三生万物。万物背阴而抱阳，冲气以为和。故曰，一月而膏，二月而胅，三月而胎，四月而肌，五月而筋，六月而骨，七月而成，八月而

动，九月而躁，十月而生。形体以成。五脏乃形。是故肺主目，肾主鼻，胆主口，肝主耳。外为表而内为里，开闭张歙，各有经纪。故头之圆也象天，足之方也象地。天有四时，五行，九解，三百六十日，人亦有四支，五脏，九窍，三百六十节。天有风雨寒暑，人亦有取与喜怒。故胆为云，肺为气，肝为风，肾为雨，脾为雷，以与天地相参也，而心为之主。是故耳目者，日月也；血气者，风雨也。日中有踆鸟，而月中有蟾蜍，日月失其行，薄蚀无光；风雨非其时，毁折生灾；五星失其行，州国受殃。夫天地之道，至纮以大，尚犹节其章光，爱其神明；人之耳目，曷能久勤劳而不息乎！精神何能久驰骋而不既乎！（《淮南子》卷七，第1—3页）

此以天地为一大宇宙，人身为一小宇宙。又《诠言训》云：

> 洞同天地，浑沌为朴，未造而成物，谓之太一。同出于一，所为各异。有虫有鱼，有鸟有兽，谓之分物。方以类别，物以群分，性命不同，皆形于有。隔而不通，分而为万物，莫能反宗。故动而谓之生，死而谓之穷，皆为物矣，非不物而物物者也。物物者，亡乎万物之中也。稽古太初，人生于无，形于有，有形而制于物；能反其所生，若未有形，谓之真人。真人者，未始分于太一者也。（《淮南子》卷十四，第1页）

真人"反其所生"，"未始分于太一"，即能与天地万物为一体者也。

第十六章　儒家之六艺论及儒家之独尊

第一节　儒家之六艺论

孔子教人有各种功课，即所谓六艺是也（第四章第一节）。然孔子虽以六艺教人，而尚未立六艺之名，亦未有总论六艺功用之言论。至战国末年，始有人对于六艺之功用，作总括普通之理论。《荀子·劝学篇》曰：

> 故书者，政事之纪也；诗者，中声之所止也；礼者，法之大分，类之纲纪也。……礼之敬文也，乐之中和也，诗书之博也，春秋之微也，在天地之间者毕矣。（《荀子》卷一，"四部丛刊"本，第11—12页）

此泛论《诗》《书》《礼》《乐》《春秋》而不及《易》，盖孔子虽尝就《易》卦爻辞之有道德的意义者，引申之以教人；但其一生究以讲《诗》《书》《礼》《乐》者为多。孟子始终未言及《易》。荀子言《易》（见第十五章第一节）；而泛论《诗》《书》《礼》《乐》《春秋》之功用时，未尝言及之。盖孟子以前之儒家，虽亦以《易》教人，而视之固不如《诗》《书》《礼》《乐》《春秋》之重也。及荀子之后，儒者对于《易》卦辞爻辞引申之言渐多，于是《易》乃与《诗》《书》《礼》《乐》《春秋》并重。《庄子·天下篇》云：

> 诗以道志，书以道事，礼以道行，乐以道和，易以道阴阳，春秋以道名分。（《庄子》卷十，"四部丛刊"本，第25页）

《礼记·经解》曰：

孔子曰："入其国，其教可知也。其为人也，温柔敦厚，诗教也；疏通知远，书教也；广博易良，乐教也；洁静精微，易教也；恭俭庄敬，礼教也；属辞比事，春秋教也。故诗之失愚，书之失诬，乐之失奢，易之失贼，礼之失烦，春秋之失乱。其为人也，温柔敦厚而不愚，则深于诗者也；疏通知远而不诬，则深于书者也；广博易良而不奢，则深于乐者也；洁静精微而不贼，则深于易者也；恭俭庄敬而不烦，则深于礼者也；属辞比事而不乱，则深于春秋者也。"（《礼记》卷十五，"四部丛刊"本，第1页）

《淮南鸿烈·泰族篇》曰：

六艺异科而皆同道。温惠柔良者，诗之风也；淳庞敦厚者，书之教也；清明条达者，易之义也；恭俭尊让者，礼之为也；宽裕简易者，乐之化也；刺几辩议者，春秋之靡也。故易之失鬼，乐之失淫，诗之失愚，书之失拘，礼之失忮，春秋之失訾。六者，圣人兼用而财制之。（《淮南子》卷二十，刘文典先生《淮南鸿烈集解》，商务铅印本，第9页）

董仲舒《春秋繁露》曰：

君子知在位者之不能以恶服人也，是故简六艺以赡养之。诗、书，序其志；礼、乐，纯其美；易、春秋，明其知。六学皆大，而各有所长；诗道志，故长于质；礼制节，故长于文；乐咏德，故长于风；书著功，故长于事；易本天地，故长于数；春秋正是非，故长于治人。（《玉杯》，苏舆《春秋繁露义证》卷一，第24页）

《史记·太史公自序》曰：

易著天地，阴阳，四时，五行，故长于变；礼经纪人伦，故长于行；书记先王之事，故长于政；诗记山川，谿谷，禽兽，草木，牝牡雌雄，故长于风；乐乐所以立，故长于和；春秋辩是非，故长于治人。（《史记》卷百三十，同"文影殿刊本"，第9页）

《汉书·艺文志》曰：

> 六艺之文，乐以和神，仁之表也；诗以正言，义之用也；礼以明体，明者著见，故无训也；书以广听，知之术也；春秋以断事，信之符也。五者盖五常之道，相须而备，而易为之原；故曰，"易不可见，则乾坤或几乎息矣"，言与天地为终始也。至于五学，世有变改，犹五行之更用事焉。（《汉书》卷三十，同"文影殿刊本"，第16页）

此皆以后儒者对于六艺之普通理论，而六艺之名亦于是确立。六艺亦曰六学，《汉书·儒林传》曰：

> 古之儒者，博学乎六艺之文。六学者，王教之典籍，先圣所以明天道，正人伦，致至治之成法也。（《汉书》卷八十八，第1页）

《儒林传》又言，"于是诸儒始得修其经学"（《汉书》卷八十八，第3页）；经学即六学，亦即六艺也。

自汉武用董仲舒之策，"诸不在六艺之科，孔子之术者，皆绝其道，勿使并进"，于是中国大部分之思想统一于儒，而儒家之学，又确定为经学。自此以后，自董仲舒至康有为，大多数著书立说之人，其学说无论如何新奇，皆须于经学中求有根据，方可为一般人所信爱。经学虽常随时代而变，而各时代精神，大部分必于经学中表现之。故就历史上中国学术思想变迁之大概言之，自孔子至淮南王为子学时代，自董仲舒至康有为则为经学时代也。

第二节　儒家所以能独尊之原因

儒家之兴起，为子学时代之开端；儒家之独尊，为子学时代之结局。一时波澜壮阔之思想，其政治的、社会的、经济的背景，上文已述（见第二章）。及汉之初叶，政治上既开以前所未有之大统一之局，而社会及经济各方面之变动，开始自春秋时代者，至此亦渐成立新秩序；故此后思想之亦渐归统一，乃自然之趋势。秦皇、李斯行统一思想之政策于前，汉武、董仲舒行统一思想之政策于后，盖皆代表一种自然之趋势，非只推行一二人之理想也。

秦始皇虽立各家学者为博士，而所设施，用儒家思想甚多。顾亭林云：

> 秦始皇刻石凡六，皆铺张其灭六王，并天下之事。其言黔首风俗，在泰

山则云："男女礼顺，慎导职事，昭隔内外，靡不清静。"在碣石门则云："男乐其畴，女修其业。"如此而已。惟会稽一刻，其辞曰："饰省宣义，有子而嫁，倍死不贞，防隔内外，禁止淫佚，男女洁诚。夫为寄豭，杀之无罪，男秉义程。妻为逃嫁，子不得母，咸化廉清。"何其繁而不杀也。……然则秦之任刑虽过，而其坊民正俗之意，固未始异于三王也。（《日知录》卷十三，第2页）

秦用儒家之说，以"坊民正俗"，即其焚书，禁私学，亦未尝不合于儒家同道德、一风俗之主张，不过为之过甚耳。秦皇、李斯废私学，为统一思想之第一步。汉武、董仲舒罢黜百家，为统一思想之第二步。不过战国末至汉初，诸家派别甚多，汉武、董仲舒何以必拥立儒家为正统思想？岂汉偶有一董仲舒，汉武又偶用董仲舒之言，遂有此结果欤？

或谓儒家在政治上主张尊君抑臣，故为专制皇帝所喜；然于专制皇帝最方便之学说，为法家非儒家。后来君主多"阳儒阴法"；"阴法"即"阴法"矣，而又"阳儒"何哉？

自春秋至汉初，一时政治、社会、经济方面，均有根本的变化。然其时无机械之发明，故无可以无限发达之工业，因之亦无可以无限发达之商业。多数人民，仍以农为业，不过昔之为农奴者，今得为自由农民耳。多数人仍为农民，聚其宗族，耕其田畴。故昔日之宗法社会，仍保留而未大破坏。故昔日之礼教制度，一部分仍可适用。不过昔之仅贵族得用者，现在大部分平民亦用之而已。平民得解放后，亦乐用昔日贵族之一部分礼教制度，以自豪自娱也。即在政治方面，秦汉虽变古，然秦之帝室，仍是古代之贵族。汉高祖起自平民，而以后天子仍为世袭。就此点而论，秦汉仍未尽变古也。且人不能离其环境而独立，天下无完全新创之制度。即秦汉大一统后，欲另定政治上、社会上各种新制度，亦须用儒者为之。盖儒者通以前之典籍，知以前之制度，又有自孔子以来所与各种原有制度之理论。《庄子·天下篇》曰：

古之人其备乎！配神明，醇天地，育万物，和天下。泽及百姓，明于本数，系于末度。六通四辟，大小精粗，其运无乎不在。其明而在数度者，旧法世传之史，尚多有之；其在于诗、书、礼、乐者，邹鲁之士、缙绅先生，多能明之。（《庄子》卷十，每25页）

盖儒者通以前之典籍，知以前之制度，而又理想化之，理论化之，使之秩然有序，粲然可观。若别家则仅有政治、社会哲学，而无对于政治社会之具体办法，或虽有亦不如儒家完全；在秦汉大一统后之"建设时代"，当然不能与儒家争胜也。

再有一点，即儒家之六艺，本非一人之家学，其中有多种思想之萌芽，易为人所引申附会。此富有弹力性之六艺，对于不同之思想，有兼容并包之可能。儒家独尊后，与儒家本来不同之学说，仍可在六艺之大帽子下，改头换面，保持其存在。儒家既不必完全制别家之死命，别家亦不必竭力反对之，故其独尊之招牌，终能敷衍维持。经学在以后历史上中国思想中之地位，如君主立宪国之君主。君主固"万世一系"，然其治国之政策，固常随其内阁改变也。迄今中国与西洋接触，政治、社会、经济各方面，又有根本的变化，于是此两千年来为中国人思想之君主之经学，乃始被革命而退位；而中国人之思想，乃将有较新之局面焉。

附录一　审查报告一

陈寅恪

　　窃查此书，取材谨严，持论精确，允宜列入清华丛书，以贡献于学界。兹将其优点概括言之：凡著中国古代哲学史者，其对于古人之学说，应具了解之同情，方可下笔。盖古人著书立说，皆有所为而发；故其所处之环境，所受之背景，非完全明了，则其学说不易评论。而古代哲学家去今数千年，其时代之真相，极难推知。吾人今日可依据之材料，仅为当时所遗存最小之一部；欲借此残余断片，以窥测其全部结构，必须备艺术家欣赏古代绘画雕刻之眼光及精神，然后古人立说之用意与对象，始可以真了解。所谓真了解者，必神游冥想，与立说之古人，处于同一境界，而对于其持论所以不得不如是之苦心孤诣，表一种之同情，始能批评其学说之是非得失，而无隔阂肤廓之论。否则数千年前之陈言旧说，与今日之情势迥殊，何一不可以可笑可怪目之乎？但此种同情之态度，最易流于穿凿傅会之恶习；因今日所能见之古代材料，或散佚而仅存，或晦涩而难解，非经过解释及排比之程序，绝无哲学史之可言。然若加以联贯综合之搜集，及统系条理之整理，则著者有意无意之间，往往依其自身所遭际之时代，所居处之环境，所薰染之学说，以推测解释古人之意志。由此之故，今日之谈中国古代哲学者，大抵即谈其今日自身之哲学者也；所著之中国哲学史者，即其今日自身之哲学史者也。其言论愈有条理系统，则去古人学说之真相愈远；此弊至今日之谈墨学而极矣。今日之墨学者，任何古书古字，绝无依据，亦可随其一时偶然兴会，而为之改移，几若善博者能呼卢成卢，喝雉成雉之比；此近日中国号称整理国故之普通状况，诚可为长叹息者也。今欲求一中国古代哲学史，能矫傅会之恶习，而具了解之同情者，则冯君此作庶几近之；所以宜加以表扬，为之流布者，其理由实在于是。至于冯君之书，其取用材料，亦具通识，请略言之：以中国今日之考据学，已足辨别古书之真伪；然真伪者，不过相对问题，而最要在能审定伪材料之时代及作者而利用之。盖伪材料亦有时与真材料同一可贵。如某种伪材料，若径认为其所依托之时代及作者之真产物，固不可也；但能考出其作伪时代及作者，即据以说明此时代及作者之思想，则变为一真材料矣。中国古代史之材料，如儒家及诸子等经典，皆非一时代一作者之产物。昔人笼统认为一人一时之作，其误固不俟论。今人能知其非一人一时之所作，而不知以纵贯之眼光，视为一种学术之丛书，或一宗传灯之语录，而断断致辩于其横切方面，此亦缺乏史学之通识所致。而冯君之书，独能于此别具特识，利用材料，此亦应为表彰者也。若推此意而及于中国之史学，则史论者，治史者皆认为无关史学而且有害者也；然史论之作者，或有意或无意，其发为言论之时，即已印入作者及其时代之环境背景，实无异于今日新闻纸之社论时评，若善用之，皆有助于考史。故苏子瞻之史论，北宋之政论也；胡致堂之史论，南宋之政论也；王船山之史论，明末之政论也。今日取诸人论史之文，与旧史互证，当日政治社会情势，益可借此增加了解，此所谓废物利用，盖不仅能供习文者之摹拟练习而已也。若更推论及于文艺批评，如纪晓岚之批评古人诗集，辄加涂抹，诋为不通，初怪其何以狂妄至是。后读清高宗御制诗集，颇疑其有所为而发；此事固难证明，或亦间接与时代性有关，斯又利用材料之别一例也。寅恪承命审查冯君之书，谨具报告书，并附著推论之余义于后，以求教正焉。

六月十一日

附录二　审查报告二

金岳霖

对于中国哲学，或在中国的哲学，我是门外汉，不敢有所批评，有所建议。但读了冯先生的《中国哲学史》，有一点感想胡乱写出来。

我很赞成冯先生的话，哲学根本是说出一种道理来的道理。但我的意见似乎趋于极端，我以为哲学是说出一个道理来的成见。哲学一定要有所"见"，这个道理冯先生已经说过，但何以又要成见呢？哲学中的见，其论理上最根本的部分，或者是假设，或者是信仰；严格地说起来，大都是永远或暂时不能证明与反证的思想。如果一个思想家一定要等这一部分的思想证明之后，才承认他成立，他就不能有哲学。这不是哲学的特殊情形，无论什么学问，无论什么思想都有，其所以如此者就是论理学不让我们丢圈子。现在的论理学还是欧克理"直线式"的论理学，我们既以甲证乙，以乙证丙，则不能再以丙证甲。论理学既不让我们丢圈子，这无论什么思想的起点（就是论理上最根本的部分）总是在论理学范围之外。则一部分思想在论理上是假设，在心理方面或者是信仰。各思想家有"选择"的余地。所谓"选择"者，是说各个人既有他的性情，在他的环境之下，大约就有某种思想。这类的思想，就是上面所说的成见。何以要说出一个道理来呢？对于这一层，冯先生说得清楚，可以不必再提。

各人既有各人的性情，又有各人的环境，有些人受环境的刺激就发生许多的问题。有些问题容易解决，有些不容易解决，这些不容易解决的问题有种种不同的关系可能，而问题的总数可以无限。在这样多的问题里面，有些是已经讨论过的，有些是未曾讨论过的；有些是一时一地的，有些是另一时一地的；有些是一国所注重的，有些是另一国所注重的。哲学的问题也是这些问题中的问题。欧洲各国的哲学问题，因为有同一来源，所以很一致。现在的趋势，是把欧洲的哲学问题当做普通的哲学问题。如果先秦诸子所讨论的问题与欧洲哲学问题一致，那么他们所讨论的问题也是哲学问题。以欧洲的哲学问题为普遍的哲学问题当然有武断的地方，但是这种趋势不容易中止。既然如此，先秦诸子所讨论的问题，或者整个的是，或者整个的不是哲学问题，或者部分的是，或者部分的不是哲学问题；这是写中国哲学史的先决条件。这个问题是否是一重要问题，要看写哲学史的人的意见如何。如果他注重思想的实质，这个问题比较的要紧；如果他注重思想的架格，这个问题比较的不甚要紧。若是一个人完全注重思想的架格，则所有的问题都可以是哲学问题；先秦诸子所讨论的问题也都可以是哲学问题。至于他究竟是哲学问题与否？就不得不看思想的架格如何。

谈到思想的架格，就谈到论理学。所谓"说出一个道理来"者，就是以论理的方式组织对于各问题的答案。问题既如上所述有那样多，论理是否与问题一样呢？那就是问：有多少种论理呢？对于这一个问题，当然要看论理两字的解释。寻常谈到论理两字，就有空架子与实架子的分别。如果我们以"V"代表可以代表任何事物而不代表一定的事物的符号，"V_1"是最先的符号，我们可以有以下的表示：

（1）$V_1 \rightarrow V_2 \rightarrow V_3 \rightarrow V_4 \rightarrow \cdots\cdots V_n \rightarrow \cdots\cdots$

如果我们以甲、乙、丙、丁等代表一定事物的符号，我们可以有以下的表示：

（2）甲→乙→丙→丁→……

前一表示是空架子的论理，后一表示是实架子的论理。严格地说，只有空架子是论理，实架子的论理可以是科学，可以是哲学，可以是律师的呈文，可以是法庭的辩论。如果我们把论理限制到空架子的论理，我们还是有多数论理呢？还是只有一种论理呢？对于这个问题有两个看法：一是从论理本身方面看，一是从事实方面看。从论理本身方面看来，我们只能有一种论理，对于这一层，我在《哲学评论》讨论过，此处不赘。事实方面，我们似乎有很多的论理。各种不同的论理学都各代表一种论理，即在欧美，论理的种类也不在少数。先秦诸子的思想的架格能不能代表一种论理呢？他们的思想既然是思想，当然是一种实架子的论理。我们的问题是把实质除开外，表现于这种思想之中的是否能代表一种空架子的论理。如果有一空架子的论理，我们可以接下去问这种论理是否与欧洲的空架子的论理相似。现在的趋势是把欧洲的论理当做普通的论理。如果先秦诸子有论理，这论理是普通的呢？还是特别的呢？这也是写中国哲学史的一先决问题。

哲学有实质也有形式，有问题也有方法。如果一种思想的实质与形式均与普遍哲学的实质与形式相同，那种思想当然是哲学。如果一种思想的实质与形式都异于普遍哲学，那种思想是否是一种哲学颇是一问题。有哲学的实质而无哲学的形式，或有哲学的形式而无哲学的实质的思想，都给哲学史家一种困难。"中国哲学"，这名称就有这个困难问题。所谓中国哲学史是中国哲学的史呢？还是在中国的哲学史呢？如果一个人写一本英国物理学史，他所写的实在是在英国的物理学史，而不是英国物理学的史；因为严格地说起来，没有英国物理学。哲学没有进步到物理学的地步，所以这个问题比较复杂。写中国哲学史就有根本态度的问题。这根本的态度至少有两个：一个态度是把中国哲学当做中国国学中之一种特别学问，与普遍哲学不必发生异同的程度问题；另一态度是把中国哲学当做发现于中国的哲学。

根据前一种态度来写中国哲学史，恐怕不容易办到。现在的中国人免不了时代与西学的影响，就是善于考古的人，把古人的思想重写出来，自以为是述而不作，其结果恐怕仍不免是一种翻译。同时即令古人的思想可以完全述而不作地述出来，所写出来的书不见得就可以称为哲学史。

如果我们把中国的哲学当做发现于中国的哲学，中国哲学史就是在中国的哲学史，而写中国哲学史的态度就是以上所说的第二个根本态度；但这不过是一种根本的态度而已。我们可以根据一种哲学的主张来写中国哲学史，我们也可以不根据任何一种主张而仅以普通哲学形式来写中国哲学史。胡适之先生的《中国哲学史大纲》就是根据于一种哲学的主张而写出来的。我们看那本书的时候，难免一种奇怪的印象，有的时候简直觉得那本书的作者是一个研究中国思想的美国人；胡先生于不知不觉间流露出来的成见，是多数美国人的成见。在工商实业那样发达的美国，竞争是生活的常态，多数人民不免以动作为生命，以变迁为进步，以一件事体之完了为成功，而思想与汽车一样也就是后来居上。胡先生既有此成见，所以注重效果，既注重效果，则经他的眼光看来，乐天安命的人难免变成一种达观的废物。对于他所最得意的思想，让他们保存古色，他总觉得不行，一定要把他们安插到近代学说里面，他才觉得舒服。同时西洋哲学与名学又非胡先生之所长，所以在他兼论中西学说的时候，就不免牵强附会。哲学要成见，而哲学史不要成见。哲学既离不了成见，若再以一种哲学主张去写哲学史，等于以一种成见去形容其他的成见，写出来的书无论从别的观点看起来价值如何，总不会是一本好的哲学史。

冯先生的态度也是以中国哲学史为在中国的哲学史；但他没有以一种哲学的成见来写中国哲学史。成见他当然是有的，主见他当然也是有的。据个人所知道的，冯先生的思想倾向于实在主义；但他没有以实在主义的观点去批评中国固有的哲学。因其如此，他对于古人的思想未必赞成，而竟能如陈先生所云："神游冥想，与立说之古人，处于同一境界。"同情于一种学说与赞成那一种学说，根本是两件事。冯先生对于儒家对于丧礼与祭礼之理论似乎有十二分的同情，至于赞成与否就不敢说了。冯先生当然有主见，不然他可以不写这本书。他说哲学是说出一个道理来的道理，这也可以说是他主见之一；但这种意见是一种普遍哲学的形式问题，而不是一种哲学主张的问题。冯先生既以哲学为说出一个道理来的道理，则他所注重的不仅是道，而且是理；不仅是实质而且是形式，不仅是问题，而且是方法。或者因其如此，所以讨论《易经》比较辞简，而讨论惠施与公孙龙比较的辞长。对于其他的思想，或者依个人的主见，遂致无形地发生长短轻重的情形亦未可知。对于这一层，我最初就说不能有所批评或建议。但从大处看来，冯先生这本书，确是一本哲学史而不是一种主义的宣传。

十六，二十六